见解

洞察中国经济的变局与未来

丁安华 著

中信出版集团 | 北京

图书在版编目（CIP）数据

见解 / 丁安华著 . -- 北京：中信出版社，2021.12
ISBN 978-7-5217-3678-6

Ⅰ . ①见… Ⅱ . ①丁… Ⅲ . ①中国经济－经济发展－研究 Ⅳ . ① F124

中国版本图书馆 CIP 数据核字（2021）第 218583 号

见解
著者：　丁安华
出版发行：中信出版集团股份有限公司
（北京市朝阳区惠新东街甲 4 号富盛大厦 2 座　邮编　100029）
承印者：　三河市中晟雅豪印务有限公司

开本：787mm×1092mm 1/16　　印张：26.5　　字数：360 千字
版次：2021 年 12 月第 1 版　　印次：2021 年 12 月第 1 次印刷
书号：978-7-5217-3678-6
定价：79.00 元

目录

第二章
转型与增长

我国会成为一个怎样的“高收入国家”
高质量发展的经济学含义
人口发展的道德意义
国有企业应该提高向全民的分红
民营企业经历了怎样的经营困境

见解 下

第三章 金融监管

积极股东主义与控制权市场
如何认识中国的债务风险
金融监管架构改革路径
金融控股公司监管
金融科技与数据治理

第四章 资本市场策略

负利率政策下的投资策略
分析房地产市场的异象
探讨棚户区改革政策的得失
美元长周期熊市的可能性

第五章 中美经贸关系

特朗普的贸易保护主义
破解美国对华征税清单中的密码
中美第一季度贸易协议的执行情况
拜登新政与中美经贸关系

序言

高善文
安信证券首席经济学家

一

2018年晚秋的一天，我像往常一样，坐在办公桌前，静静地望着窗外发呆。远处的楼群高低起伏，错落有致，与北京的天际线融为一体，下午的太阳照耀着高大的玻璃幕墙，闪烁出金色的光芒，一阵风吹过，黄叶在空中飘落。

城市的秋日风光没有吸引我太多的注意力，我在心中一遍遍地梳理着前期的经济数据、市场涨落和政策动向，试图在纷乱的信号中找到把握内外变化的关键线索。由于一系列复杂原因，当时的资本市场持续大幅下挫，估值不断跌破历史极值，投资者的情绪十分悲观和沮丧，对宏观形势的关注程度空前高涨。我抬眼望向深蓝色的长空，默默地在心中搜寻着答案，这时，敲门声响起了。

一位同事拿着一摞纸，笑盈盈地走了进来，说："我知道你很少看中文的研究资料，但我还是要向你推荐一篇研究报告。"他扬了扬手中的纸，接着说："这是一篇正在微信群里刷屏的报告，投资者纷纷阅读、议论和转发。"

我转过身靠在椅背上，仰起头问道："这篇报告讨论的是什么内容？好在哪里呢？”

他一边把报告递给我，一边坐下来，开始认真地讲：“它从幸存者偏差这一统计概念出发，讨论了工业数据的背离和反常，进一步使用细分行业的企业数量和性质等数据进行横断面对照，指明了主要来源于去产能和环保限产等政策的影响，从而揭示了平稳的经济数据背后不平稳的现实。通篇报告逻辑严密，数据扎实，细节可靠，行文平实，很有说服力。”

我望向报告的封面，在《落花无言：民营企业的衰退》的醒目标题之下，看到了一个熟悉的名字：丁安华。

我笑了起来：“丁安华是我的好友，他受过很好的学术训练，为人谦逊内敛，做研究很扎实，不忽悠，不煽情，属于实力派高手，你们慢慢会熟悉他的。”

二

事实也正是如此，从国有企业该怎样分红，到蚂蚁金服该如何监管；从中国债务和不良资产到底有多严重，到应该如何为中小银行补充资本。在中国诸多公共政策的公开讨论中，丁安华平和理性、中立客观、富有启发性的意见都引起了广泛的关注。

近日，丁安华将他多年来的报告结集成册，在付梓之际请我写几句话。我很荣幸有这样的机会，在系统地学习他多年来的思考和观点的同时，分享我的点滴心得。

当代经济社会的运行日益复杂，公共政策的调整常常牵一发而动全身，其制定过程无疑需要将具有预见性的深入分析作为依托。在移动互联网广泛普及的当下，信息的传播异常便捷迅速，上情下达和下情上达都十分通畅，这很有利于进行公开深入的政策讨论。然而，对从计划生育政策调整到中美贸易摩擦应对等事实的观察来看，现实情况似乎不尽如人意，这无疑值得我们进行深入思考。

从过往的情况看，围绕公共政策的讨论大致有三种类型。

第一类主要诉诸感情共鸣，以感性的叙事为手段，以形象化的比喻来说理，常借助一定形式的阴谋论作为解释体系，通过广泛的传播和巨大的流量来获得影响力，也许还有商业上的利益。由于政府对舆情颇为关注，这类讨论一旦成为网络热点，不能不对政策有所牵制。这种做法在思维方式上十分朴素，有相当广泛的潜在受众，但无疑缺乏深度、前瞻性和建设性。

第二类主要在事后解读政府的政策，判断政府的意图，分析政策的必要性和合理性。由于政府的公开文件通常微言大义，言近旨远，受众常不易理解，因此具有政府背景，甚至参与过政策讨论和文件起草的专家学者就充当了解释者的角色，这对于引导公众预期，推动政策执行无疑是很必要的，但似乎无助于改善事前的政策制定。

第三类以必要的专业理论为基础，以对事实和数据的详尽调查为依据，通过密实的逻辑演绎来揭示真相，并合理地推断在不同的政策情景下，真相会如何变化，从而为政府制定政策提供依据。

应该说这类分析和讨论是政府制定良好政策所迫切需要的，但也是当下高度缺乏的，而丁安华无疑属于这种类型角色的佼佼者。

三

一个自然的问题是：为什么会如此缺乏第三类讨论呢？简单的答案是：因为这存在很高的专业门槛，也需要必要的制度保障。

真相往往隐藏在数据的迷雾中。

在一些方面，经济社会系统的复杂性，使得弄清真相及其演化路径十分困难，从而需要适当的理论准备和必要的数据处理技巧。

这一专业上的门槛，使大多数人难以有效地深入参与公共政策的讨论中。由于学术训练方面的原因，许多人在处理复杂数据的能力和技巧方面也存在明显短板，这进一步制约了其分析能力和理解能力的发展。

此外，研究公共政策需要必要的财力保障，从而使研究人员可以心无旁骛地专心思考；还需要必要的防火墙，使研究人员可以免受各种压力和利益的干扰，始终保持必要的独立性、客观性和专业性。

大学里的学者忙于论文发表和课堂教学，对公共政策的兴趣不足，也缺乏充分了解政策面对各种困境的必要渠道；政府里的研究人员需要始终坚守政府的立场和利益，无法具有独立性；社会上的研究机构常面临财力上的制约，处于“等米下锅”的困境。

这些方面的原因综合在一起，基本揭示了高质量的公共政策研究缺乏的关键原因。

四

丁安华自 2017 年初从招商证券调入招商银行任首席经济学家起，就创建了招商银行研究院。作为立足服务公共政策的智库，招商银行研究院具有雄厚的财力支持和必要的独立性；由于丁安华受过良好的学术训练，具有出色的数据分析能力，再加上开阔的国际视野和以天下为己任的家国情怀，我们就可以理解为什么他会是实力派高手，能不断撰写出具有广泛影响力的研究报告。

在喧嚣的舆论场上，他的声音也许不是最大的，他所说的内容也许不是最激动人心的，但一定是耐人寻味、传播久远的，这就像一杯陈年的老酒，初闻之下未必芳香扑鼻，入口才体会到醇厚绵密，回甘悠长。

眼前的这本书，涵盖了过去多年大多数宏观政策的最重要的议题，记录了人们围绕这些议题展开的讨论和进行的思考，见证了时代的进步和变迁，这无疑是作者花费经年酿出的一杯老酒，值得我们认真收藏，细细品味。

是为序。

见解

上

第一章

大流行病与经济对策

2020 年，突如其来的新冠肺炎疫情席卷全球，对全球经济和金融市场造成了巨大冲击。严格防疫所造成的经济损失，极大地增加了经济的系统性风险，也深刻地改变了居民、企业、政府的传统生产和生活方式。从一无所知到积极抗疫，本章顺着新冠肺炎疫情“全球性大流行”，向读者拆解疫情对经济增长、宏观政策和金融市场的冲击及影响。

2020 年初始，新冠肺炎疫情在国内快速蔓延。如何平衡防疫与经济发展的关系成为政府制定政策的关键。从公共经济学理论框架来看，决策层的目标函数是实现疫情所产生的预期经济成本最小化，也就是使预期边际防疫成本与预期边际疫病损失相一致。为实现社会福利最大化，我国政府采取了“防疫压倒一切”的疫情防控政策，从而有效地控制住了疫情的蔓延。进入 2020 年 3 月，海外新增确诊病例数量快速攀升，出现了全球性大流行。疫情不仅对国内消费和投资产生了不利影响，还对进出口产生了负面影响，2020 年我国第一季度经济增长出现了自进入 21 世纪以来第一次季度同比负增长。从全球来看，新冠肺炎疫情对供给侧的伤害逐步显现，并通过金融渠道影响全球资本市场，加深市场对金融危机发生的忧虑。值得庆幸的是，疫苗的研发与临床试验取得了积极进展。随着疫苗的问世和接种，防疫对线下生产生活的限制逐步放开，全球主要经济体增速均出现“V”形复苏。而我国有效防疫带来的复苏前置使得中国与外部世界在疫情防控期间构成了一种特殊的经济关系，即中国生产替代海外进口，而海外需求向中国外溢，从而形成了我国出口高增长和高景气的局面。

在新冠肺炎疫情大流行对经济的冲击下，全球宏观政策也开始转向。凯恩斯主义再度兴起，财政政策重新站到舞台的中央。事实上，当前主要央行的货币政策已无空间，主要经济体不得不出台大规模财政刺激政策来提振经济，公共债务快速积累。而全球低利率环境无疑有利于增强财政的可持续性。往前一步追溯，其实是疲弱的通货膨胀（以下简称“通胀”）将利率水平维持在低位，为财政扩张打开了空间。也就是说，一旦低通胀的前提被打破，低利率也将难以为继，债务危机一触即发。从通胀、利率与债务之间的关联性出发，就不难理解缘何进入 2021 年，市场持续担忧通胀的上行。虽然美国联邦储备委员会主席杰罗姆·鲍威尔多次强调，通胀只是“暂时性”的，一段时间后通胀率会回落到 2% 附近，但目前持续高涨的通胀水平不免使得投资者惶惶然。毫无疑问，疫情还将持续对经济增长、宏观政策和金融市场产生冲击和影响，我们所面对的，是一个崭新的不断变化的时代。

新冠肺炎疫情防控的公共经济学分析*

一、防疫公共经济学：防疫政策的成本收益分析

（一）疫病的经济成本

人类的历史，就是一部与疾病抗争的历史，病毒时刻威胁着人的健康乃至生命。疫病一旦暴发，将对经济运行产生无法避免的冲击。疫病带来的经济成本包括两方面。一是疫病损失：病患需要入院治疗，重症患者甚至可能死亡，使人民的生命财产遭受损失。二是防疫成本：大型流行性疾病暴发后，政府会采取各项防疫措施，例如，强制检疫、隔离观察，乃至封锁疫区，限制人际交往和扩大社交距离的目的是要隔断病毒的传播，生产活动和消费活动将不可避免地受到影响。

需要说明的是，我们这里讲的经济成本是指经济学中的机会成本，有别于人们所谈的会计成本。从经济成本看，疫病损失和防疫成本之间有着此消彼长的关系。防疫力度加大，能有效隔断疫病在

---

* 本文首次发表为招商银行“首席观点”研究报告，2020 年 2 月 24 日。

人群中的传播，从而减少疫病带来的损失，代价是防疫成本相应地增加。所以，从公共政策的角度来看，我们需要通过适当的成本收益分析，来决定最优的防疫强度。

（二）最优防疫政策

可以根据分析得出的防疫强度来制定防疫政策。理性公共决策的目标是使疫病的经济成本最小化，即将预期疫病损失与预期防疫成本之和最小化（见公式 1.1）。就决策而言，政策制定者基于预期成本与收益做出判断，而预期成本与收益需要科学的支持，包括医学上的判断和经济学方面的专业知识。理论上，可以将被减少的疫病损失视作采取防疫政策得到的收益，即通过强化防疫政策来降低流行性疫病对人群的冲击程度。

Min 预期疫病经济成本 = Min（预期疫病损失 + 预期防疫成本）（1.1）

对这一最小化问题求解，不难得到最优防疫政策的一阶条件是政策的预期边际疫病损失等于其预期边际防疫成本（见公式 1.2，图 1.1）。这一逻辑与厂商利润最大化的行为准则相一致（边际收入等于边际成本）。

预期边际疫病损失 = 预期边际防疫成本（1.2）

反之，若预期边际疫病损失小于预期边际防疫成本，则意味着应该降低防疫强度，以增进社会福利。

最优防疫强度：边际疫病损失等于边际防疫成本。

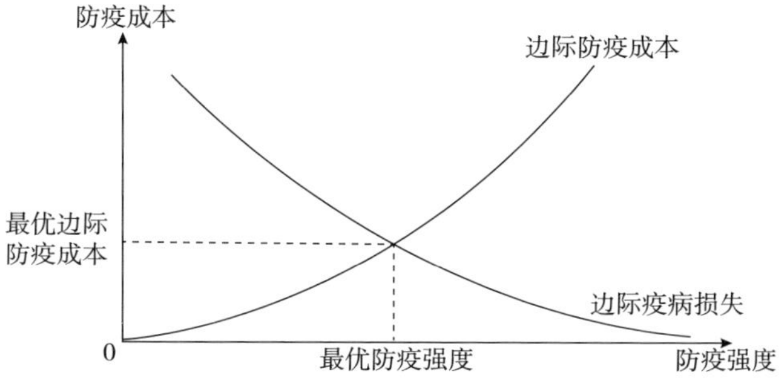

注：如果预期边际疫病损失大于预期边际防疫成本，意味着对于整个社会或经济体而言，加强防疫可以增进社会福利。

图 1.1　最优防疫政策的一阶条件

资料来源：招商银行研究院。

（三）疫病损失估算

一个不可避免的问题是，如何通过估算疫病损失来决定防疫政策的强度？理论上最简单的方法，便是估算疫病导致劳动力暂时或永久无法工作所造成的经济损失。在公共经济学中有一个 VSL（统计生命价值）的概念，用以估算为了让一个人避免某种特定的风险而付出的合理的社会成本。

以美国的经验来看，自里根政府开始，美国联邦机构就采用 VSL 来进行公共政策的成本收益分析。2016 年美国农业部估算的 VSL 为 890 万美元，美国国家环境保护局估算的 VSL 高达 1 000 万美元。近年来美国各政府部门估算的 VSL 数额还在不断提升。作为比照，2011 年毕业的美国大学生在整个工作周期（从 22 岁到 60 岁）能赚取的工资现值约为 240 万美元[①]。

---

① 参见 No One Values Your Life More Than the Federal Government，https://www.bloomberg.com/graphics/2017-value-of-life。

换句话说，假定 VSL 为 1 000 万美元，若一项公共政策的实施能够降低一个美国人 1 个百分点的死亡风险率，那么这项政策便能为社会带来大约 10 万美元的效益。如果该项政策需要付出的社会成本低于 10 万美元，那么就是划算的，总的社会福利就获得了改进；反之则不划算。

当然，全面量化评估疫病损失面临着诸多未知和不确定的问题，是一项异常艰巨且困难的任务。除 VSL、患者的年龄、收入等数据之外，疫病本身的特征（传播性、死亡率等）和疫情的发展甚为关键，因为这些因素决定了疫情冲击的范围（患者数量）及伤害程度（重症及死亡率），进而决定了整个社会的疫病损失（见公式 1.3）。但成本收益分析的基本框架仍然有助于我们深入理解公共政策的决策逻辑，把握政策的松紧和变化的方向。

$$\text{预期边际疫病损失} = \sum_{\text{预期病患数量}} \text{VSL} \times \text{预期疫病伤害程度} \qquad (1.3)$$

二、新冠肺炎疫情造成的经济社会损失

（一）疫情回顾：公共卫生危机

新冠病毒快速传播，从现有的证据看，这是 21 世纪以来发生的重大的公共卫生事件之一。从国内出现第 1 例不明肺炎患者到 2020 年 1 月 20 日，我们大致有一个月的政策空白期，新冠肺炎疫情起初并未得到重视，病毒在不设防的社区中迅速蔓延。感染者数量呈几何级数增长，武汉乃至湖北的医疗资源严重不足。

从 1 月 21 日开始，面临着严峻的发展态势，出现了“医疗挤兑”现象，国家迅速加大了对新冠病毒防疫工作的力度，武汉封

城、社区隔离，全国医疗资源向湖北疫区集中。与此同时，疫情也在向国内其他地区蔓延。

（二）经济损失：难以估量

要估算新冠肺炎疫情带来的经济损失，是极为困难的。运用 VSL 的方法，可以大致估算出新冠病毒导致感染者死亡带来的经济损失。粗略估算一下我国的大学毕业生整个生命周期的工资现值：2019 年全国城镇居民的年平均收入约为 4.2 万元，假设 22 岁的大学毕业生年均收入为 6 万元，并假设其收入增速与折现率一致，那么其工作生命周期（从 22 岁到 60 岁）的收入现值为 228 万元。考虑到个人获取的劳动报酬仅仅是其创造的社会价值的一小部分，参考美国的收入水平与 VSL 的数据关系，我国的 VSL 应在 800 万 ~1 000 万元。

数据是冰冷的。即便在统计上，生命对于任何社会或经济体而言都是昂贵的。截至 2020 年 2 月 20 日，新冠肺炎疫情导致的全国累计死亡病例已达 3 144 例，这对整个社会而言意味着数百亿级的经济损失。这还远远不是经济损失的全部，全面限制人员流动，停工、停课、停运，全国进行大规模筛查，在两个最长潜伏期过后，理论上可以阻绝新冠病毒在人与人之间的传播，但这需要付出严重拖累经济发展的高昂代价。

（三）社会损失：负外部性

新冠病毒蔓延对于整个社会而言无异于梦魇，其可怕之处在于高传染性以及长潜伏期带来的负外部性：无症状感染者是行走的传染源，而长时间的封闭隔离还可能使得被隔离者的心理健康受损。

换言之，由于传染病大流行的负外部性，新冠病毒造成的社会损失，远远高于个人损失。这也是我国动用公共资源进行全民防疫的正当性。因为负外部性会导致市场失灵，需要通过政府干预进行修正，从而加大了社会福利的投入（见公式 1.4，图 1.2）。

$$社会损失 = 个人损失 + 负外部性 \tag{1.4}$$

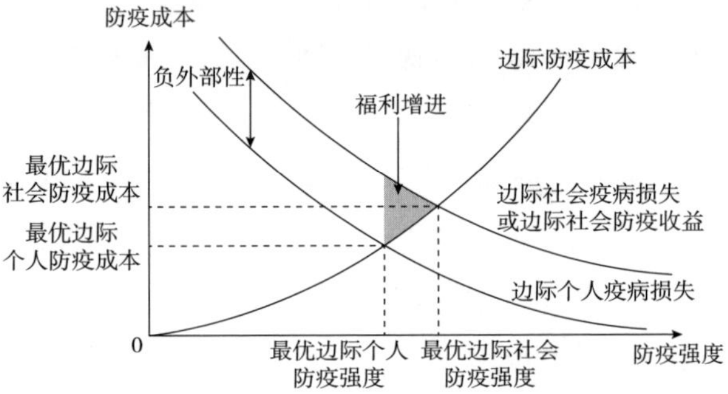

图 1.2　消除负外部性将带来社会福利增进

资料来源：招商银行研究院。

三、疫情演变的前景：人类对抗病毒的战线拉长

从现有的趋势看，人类或许已经错失了消灭病毒的最佳时机。新冠病毒可能不会像 SARS（重症急性呼吸综合征）一样完全消失，它所引起的传染性疾病很可能会在疫情防控不力的国家和地区演变成季节性疾病。

人类在与病毒斗争的过程中并非坐以待毙。我们寄希望于科学，寄希望于疫苗的出现。依据传染病学的逻辑，在疫苗出现之后，新冠病毒的致死率有可能降低到一般流行性感冒的水平。不过，在疫苗出现之前，防疫政策只能依靠最原始的手段，即加大社交距离以隔断新冠病毒的传播途径。新增确诊病例的曲线将呈现出典型的长尾分布的形态，并呈季节性波动的趋势。

2020 年 2 月 20 日，我们观察全国数据发现，新冠肺炎累计确诊病例的数量仍在不断攀升，总体拐点尚未到来，而且节后返工的人口流动仍具不确定性。若不考虑 2020 年 2 月 12 日湖北地区统计口径的调整，全国新增确诊病例及疑似病例的数量在 2020 年 2 月 5 日之后均呈下降趋势，开始呈现二阶意义上的改善。

事实上，由于本次疫情在中国的暴发呈现出显著的区域特征，即集中在湖北，特别是武汉地区（截至 2020 年 2 月 20 日，官方统计数据中湖北地区确诊病例的集中度超过 80%），将疫情两分为湖北地区和非湖北地区两个样本进行观察更为准确。

作为国内新冠肺炎疫情集中暴发的地区，当时湖北省疫情形势仍然较为严峻，尤其是武汉、黄冈、孝感三地。随着全国集中力量进行支援，湖北的医疗资源状况大幅改善。湖北省于 2020 年 2 月 12 日将临床诊断纳入确诊标准，使得当日确诊病例数量大幅增加了近 1.5 万，一次性吸纳了之前由于核酸检验试剂盒不足而未被统计在确诊病例内的病患数量。若考虑此次统计口径的调整，观察“确诊 + 疑似 + 临床诊断”人数的总和，我们发现这一总和仍在上升过程中，原因可能是近期严格开展的流行病学调查。

从数据来看，非湖北地区疫情的二阶改善情况更为明确。湖北省外的新增确诊病例数量自 2020 年 2 月 3 日以来持续下降，已由 890 例 / 日的峰值降至 50 例 / 日以下。这表明在目前的防疫强度下，非湖北地区的疫情大概率已可控，总量上的拐点已近在咫尺。

对比湖北地区和非湖北地区两个样本，我们发现新冠肺炎病例的统计特征呈现显著差异。非湖北地区的重症率和死亡率均显著低于湖北地区。从目前的数据看，非湖北地区的在院重症率为 4.9%，死亡率仅为 0.7%，略高于普通流感（0.1%）。这表明在医疗资源相对充裕的情况下，新冠肺炎对于个人而言并非不治之症。而湖北的惨痛教训在于，若不迅速提升防疫措施的等级，新冠肺炎疫情将在短时间内快速蔓延，并迅速挤占甚至耗尽医疗资源，从而使重症率和死亡率呈非线性增长。

四、公共经济学框架的应用：防疫工作进入 2.0 阶段

结合前述的公共经济学理论框架及新冠肺炎疫情的发展，我们可以将这场与新冠病毒之间的战争分为三个战役阶段：1.0 阶段，防疫压倒一切，经济生活基本停滞；2.0 阶段，边防疫边恢复生产，平衡防疫与复工复产的关系；3.0 阶段，疫情基本得到控制，社会经济活动全面提速。

（一）1.0 阶段：防疫压倒一切

2020 年 1 月 20 日，新冠肺炎疫情防控工作上升到国家战略层面，政策迅速响应，防疫工作进入 1.0 阶段。面对快速暴发的新冠肺炎疫情，湖北地区的医疗资源极度匮乏，流行病学机理面临诸多未知，包括病毒的特征、存量感染者的数量、感染者的行动路线和接触史等。在这一阶段，病患数量呈指数级增长，病患得不到及时救治加深了疫病的伤害程度（重症率和死亡率的提高），对应到公式 1.3，此时预期边际疫病损失趋于无穷大。而根据最优防疫政策的一阶条件（公式 1.2），无穷大的疫病损失需要“不惜一切代价”的强力响应。

在公共政策上，这一阶段意味着防疫工作应当占据100%的权重，“稳增长”等经济目标退居次要位置。当务之急是摸清存量感染者的数量，控制新冠肺炎疫情传播，了解病毒特征，降低预期边际疫病损失。2020年1月23日武汉“封城”；1月25日，中共中央政治局召开常务委员会会议部署防疫工作，各省启动重大突发公共卫生事件一级响应（除西藏外）；1月26日，国务院办公厅发文延长春节假期，此后多地进一步延长春节假期，并对有湖北旅行或湖北人民接触史的人群进行了隔离。这些严格的防疫措施，如同对全社会的经济活动按下了暂停键，防疫成本开始呈非线性攀升（公式1.2）。

（二）2.0阶段：平衡防疫与复工复产之间的关系

预期边际疫病损失和预期边际防疫成本都是动态变化的。随着防疫措施的升级（防疫成本上升），湖北地区医疗资源紧缺的情况被大幅改善，新冠肺炎疫情的发展态势逐渐明朗，预期边际疫病损失也开始逐步下降。现在的矛盾是，在边际疫病损失下降的同时，边际防疫成本仍在继续攀升。这一点不难理解，防疫政策从制定到执行，容易滞后于疫情的发展。从中央到地方，各级行政部门在执行防疫政策时还存在层层加码的现象，使得边际防疫成本攀升的斜率更为陡峭。

根据春节假期的历史经验，经济指标大多在农历正月初七复工后开始陡峭上行，至农历正月十五大致恢复到节前的水平。但2020年的正月已接近尾声时，大部分经济指标仍然未见起色，且受防疫措施影响，水平显著低于历史同期。强有力的防疫措施，使得企业无法进行正常的生产、销售等经营活动，企业的订单大幅减少，但仍需如期支付租金、员工工资、贷款本息等刚性支出；

不少中小企业面临着资金链断裂的风险，特别是受新冠肺炎疫情冲击较大的住宿餐饮、交通运输、文化娱乐、批发零售等服务性行业。

根据目前的形势，全国新冠肺炎疫情特别是非湖北地区疫情的态势已日趋明朗，需要适时重新评估防疫政策的强度，做好防疫与复工复产的平衡。新冠肺炎疫情暴发后的三次中共中央政治局常务委员会会议（2020 年 1 月 25 日、2 月 3 日和 2 月 12 日）的内容都与疫情防控相关。第三次会议除强调“毫不放松做好疫情防控重点工作”之外，已对经济“稳增长”做出部署，新增“努力把新冠肺炎疫情影响降到最低”（确认了决策者应对新冠肺炎疫情的目标函数）、“加大宏观政策调节力度”、“积极扩大内需、稳定外需”等表述。事实上这宣告了当前的防疫工作已进入 2.0 阶段。宏观政策的重心将逐步向复工复产倾斜。

根据公式 1.2，随着预期边际疫病损失的下降，理论上预期边际防疫成本应当相应地下降，否则就意味着会带来社会福利损失。在这里“防疫成本”是经济成本的概念，降低预期边际防疫成本并不意味着要减少医疗资源的投入，而是要在有效控制新冠肺炎疫情的同时，开始关注经济工作，恢复生产生活，对政策执行上“防疫压倒一切”的思路进行调整。

在此阶段，最重要的工作是把握好防疫工作的“强度”。2020 年 2 月 12 日，中共中央政治局常务委员会会议指出“不搞简单化一关了之、一停了之”，降低新冠肺炎疫情防控工作对群众生产生活的影响。在经济中，应“隔离”存在暴发疫病风险的部分，同时尽可能地降低与疫情无关部分的运行成本。例如，湖北特别是武汉地区的政策，仍应以防疫为主；而对于非湖北地区，特别是新冠肺炎疫情已出现明确拐点的区域，政策应当加快向复工复产倾斜。

（三）3.0 阶段：社会经济活动全面提速

突如其来的新冠肺炎疫情，加大了 2020 年实现“全面建成小康社会圆满收官”的难度。与 SARS 相比，此次新冠肺炎疫情对经济的冲击和影响可能会深远得多。SARS 病毒在防控上的难度要显著低于新冠病毒：SARS 病毒潜伏期较短（3~5 天），感染者都伴有发热症状；而新冠病毒的潜伏期较长（一般不超过 14 天），具有较强的传播性，且感染者不一定伴有发热症状。这使得此次疫情防控措施实施的广度、强度和经济成本均显著超过 SARS 期间。加之在中国，新冠肺炎疫情暴发在春节期间，对消费和复工复产的冲击更甚于 SARS。

而从整体宏观环境看，SARS 疫情暴发时我国经济处于高速增长期，国际收支持续双顺差。而目前虽然中美之间达成了第一阶段贸易协议，但整体关税水平仍是贸易摩擦发生前的 5 倍，再叠加内部的结构性矛盾，我国经济增长承压更大。如果说 2003 年中国经济像是轻装上阵、在人生旅途中疾速前行的年轻人，那么当前的中国经济则像人到中年，虽然年富力强，但压力重重，身体机能也有所衰退，健康受损后恢复的速度可能更慢。

在社会经济活动全面提速的 3.0 阶段，需要货币政策、财政政策和行业政策做出及时全面的响应。考虑到 2020 年“圆满收官”的目标，以及企业和居民恢复信心需要时间，政策应当保持足够的力度和弹性，并给出适度的前瞻性指引。

五、小结：不惧挑战、因势而变

疫病的经济成本等于疫病损失与防疫成本之和。决策层的目标函数是实现预期疫病经济成本最小化。对应到宏观政策的逻辑，便是使预期边际防疫成本与预期边际疫病损失保持一致。简言之，防疫措施的强度应与疫病的危害程度保持一致，以实现社会福利最大化。这意味着疫情防控政策的强度，应随着新冠肺炎疫情的变化而不断地进行动态调整。

从疫情防控政策的强度看，目前全国仍处于“防疫压倒一切”的 1.0 阶段。随着全国特别是非湖北地区新冠肺炎疫情的发展态势逐渐明朗，应该开始有序地向“平衡防疫与复工复产之间的关系”的 2.0 阶段过渡。我们现在要注意的是，疫情防控政策不宜一直停留在层层加码、不惜一切代价的战时极端状态。

与病毒抗争：下调经济增长预测 *

一、全球股票市场大跌：对全球性“大流行”的担忧升温

（一）资本市场对新冠肺炎疫情的反应

新冠肺炎疫情出现至今，形势发生了新的变化：中国在空前严厉的防控措施下，新增确诊病例数量不断减少；进入 2020 年 3 月以来，疫情在海外快速蔓延，全球 100 多个国家出现确诊病例，疫情出现全球性大流行。

从全球资本市场的反应模式看，海外投资者将新冠肺炎疫情在中国春节期间的传播视为短期和局部的冲击，金融市场并没有做出强烈反应。直至 2020 年 2 月下旬，新冠病毒逐步蔓延至多个国家，全球资本市场才开始出现剧烈波动。市场的恐慌情绪明显升温，加之石油价格暴跌的催化作用，2020 年 3 月 9 日美国道琼斯指数出现历史上最大的单日跌幅。

---

* 本文首次发表为招商银行“首席观点”研究报告，2020 年 3 月 11 日。

（二）疫情演变的可能前景

2020 年 2 月 28 日，世界卫生组织将新冠肺炎疫情全球风险级别从此前的“高”上调至“非常高”。越来越多的流行病学专家认为，新冠肺炎疫情很可能演变成为全球性“大流行病”。

一方面，海外新冠肺炎疫情的快速恶化给我国的疫情防控工作带来了新的压力，“外防输入”压力加大。近期，北京、甘肃、浙江、上海、广东、宁夏均出现境外输入病例，分别来自伊朗、意大利和英国。2020 年 3 月 5 日之后，境外输入病例已占我国非湖北地区每日新增确诊病例的 90% 以上。

另一方面，海外新冠肺炎疫情暴发呈现出更加令人担忧的特征。一是部分国家新冠肺炎疫情的蔓延速度显著快于我国。根据世界卫生组织公布的数据，韩国和意大利从开始暴发到确诊人数占比达百万分之五仅用了 3 天时间，中国此前用了 5 天；而韩国确诊病例数占比达到百万分之 24 只用了 8 天，而中国用了 15 天。二是海外的整体疫情致死率高于我国非湖北地区。这种情况可能与这些国家的检测能力弱有关。

（三）新冠肺炎疫情对经济的持续影响

新冠肺炎疫情在全球蔓延，并出现了一些新的特征。

一是在疫情的性质上，新冠病毒的传染性极强，具有感染者无症状的特征。超过一半的新冠病毒感染者在初期并不发热，仅有轻微症状甚至无症状，但仍具有传染性，无症状感染者给疫情防控工作造成了极大的压力。二是在疫情的防控思路上，各国的做法差异明显。部分西方国家采取“流感化防控”，即所谓的“佛系防控”策略，重点检测、重症收治，尽量降低危重症患者的死亡率。

这意味着新冠病毒难以像SARS病毒一样被彻底消灭，新冠病毒与SARS病毒在疫情影响的时间长度和传染的空间范围上将有所不同。在疫苗出现之前，新冠病毒将对全球经济活动产生持续的负面影响。防疫隔离措施的实施及人们自愿扩大的社交距离，将明显制约生产效率，并抑制市场主体的消费、投资和贸易活动。

新冠肺炎疫情暴发期间，我国采取了近乎全面封锁的强力防控措施，以经济生活暂时停顿为代价，取得了“战疫”的阶段性胜利。但从全球角度来看，新冠病毒短期内不会消失，我们在公共政策上，就需要认识到此次新冠肺炎疫情的持久性，切忌抱有“毕其功于一役”的决战心态，寄希望于短期内根除病毒。

二、中国经济将出现负增长

根据综合测算，新冠肺炎疫情将对我国2020年第一季度经济增长造成一定冲击，出现自进入21世纪以来第一次季度同比负增长。据此，有必要全面下调2020年中国乃至全球的经济增长预测。

一是消费支出成为关键影响因素。从我国经济的季节运行特征看，一季度主要是由消费驱动。过去5年，一季度消费支出平均贡献GDP（国内生产总值）增长70.7%。原因不难理解：春节假期对中国人来说，意味着更少的工作，更多的旅行和消费。所以，要判断一季度的增长速度，重点要看消费支出的增长。不幸的是，新冠肺炎疫情对经济活动的冲击，以消费为甚。疫情防控要求居家隔离，居民出行受限，使消费大幅萎缩；同时消费结构也发生了变化，部分线上消费替代了线下消费，可选消费明显下降，卫生健康支出增加。

二是房地产投资受到明显影响。在新冠肺炎疫情冲击下，房企销售活动暂停，春节假期后商品房销售面积同比增速远低于历史同期水平。2020 年 2 月商品房销售面积同比大减 76%。假设商品房销售在 2 月末、3 月初开始逐渐恢复，于 3 月下旬恢复至春节前的正常水平，一季度商品房销售面积同比增速将滑落至 –27%。销售回款占据房企资金来源的半壁江山，这将影响房企拿地、开工等资本开支，进而影响房地产投资的发展。从百城土地成交情况来看，房企拿地面积、拍地金额同比增速均出现大幅下滑。此外，由于开工、施工需要大量的劳动力，新冠肺炎疫情防控期间人员流动受限，影响了房地产投资进度。

三是基建投资。基建施工在 2020 年 2 月大幅受挫，我们的调研信息显示，目前基建项目的复工率要显著慢于其他行业。作为“稳增长”的主要抓手，随着复工节奏加快以及逆周期调节政策发力，2020 年 3 月起基建投资增速将逐步恢复。事实上，一季度基建的资金来源相对充裕，2020 年 1—2 月地方政府发行 9 498 亿元专项债，较去年同期大幅增长 6 237 亿元。可见，基建投资增长的瓶颈主要在于复工进度。从结构上看，在政策支持下，5G（第五代移动通信技术）商用、人工智能、工业互联网、物联网等“新基建”的同比增速将以更快的速度反弹。但由于传统基建项目在 18.2 万亿元的基建投资中占据 80% 以上的比重，传统基建的发展对经济的支撑作用更大。

四是制造业投资。制造业与经济景气度高度相关。企业根据现金流、订单量、利润、库存、产能利用率等指标来进行资本开支规划。在新冠肺炎疫情冲击下，制造业投资增长面临多重压力。首先，复工人员面临出行限制和 14 天隔离要求，企业也需要取得防疫验收许可，复工困难重重。即便是已经复工的企业，也可能面临用工难、用工荒、防疫物资和原材料短缺的问题。复产率或产能利用率上升的曲线相较复工率更为平缓，将极大地制约制造业企业的资本开支意愿。其次，制造业的产业链辐射范围极大，疫情对某个行业或企业的冲击将沿产业链扩散、蔓延，可谓牵一发而动全身。在严格的疫情防控措施下，人流物流受限，供应链、产业链破裂，部分抗风险能力较差的企业或行业可能面临严重困难，影响整个制造业的运行效率。最后，新冠肺炎疫情冲击下的企业营收下降，加剧了企业现金流的紧张程度。流动性风险也可能沿产业链传导。招商银行小微企业调研报告显示，52.3% 的制造业企业预计 2020 年上半年营收将同比减少超过 20%，预计营收降幅超过 50% 的制造业企业占比达 9.1%。64.8% 的制造业企业表示，现金流能够支撑企业经营的时间在 3 个月以内，其中 20% 的企业表示支撑时间不超过 1 个月。

五是净出口，目前看起来受到的影响为中性。新冠肺炎疫情中断了中美第一阶段贸易协议签订后我国进出口温和恢复的态势。2020 年 1—2 月我国出口同比增速为 –17.2%，进口同比增速为 –4%，均较 2019 年 12 月大幅下滑，贸易差额由正转负，表明疫情对出口造成了显著冲击。预计海外新冠肺炎疫情的快速扩散将对我国进出口产生持续的负面影响。一季度出口增速将大幅滑落，原因是疫情对贸易供应链产生的负面冲击。海外新订单的下单高峰是每年的 3—4 月，海外疫情的快速发展将对我国二季度外需产生负面影响。同样，进口增速也受到新冠肺炎疫情的拖累。首先，疫情导致国内需求降低，使得进口增速放缓，其中从欧盟、日本和东南亚国家的进口均大幅回落。其次，出口交付延期使得我国中小企业资金链紧张，叠加复工之后用工短缺、防疫成本增加等不利因素，二季度我国进口也必将受到影响。最后，新冠肺炎疫情在海外蔓延将冲击全球产业链和供应链，使得全球贸易活动陷入困境。

值得注意的是，新冠肺炎疫情影响下的服务贸易逆差明显收敛。近年来我国服务贸易一直维持在 4 000 亿元以上的逆差，其中跨境旅行（含留学、旅游、就医）是最大的逆差来源；此外，每年一季度跨境旅行项目逆差约占我国服务贸易总逆差的 90%。疫情暴发后，我国的出入境活动基本暂停，使得服务贸易逆差大幅收窄甚至转正。

三、全年经济形态展望：广义“V”形

把时间线拉得更长一点，看新冠肺炎疫情冲击下经济增长的曲线形态会是怎样的。回顾历史，可以根据以往的经验确定新冠肺炎疫情对经济发展产生潜在影响的路径。历史上，大流行病对经济的冲击均呈现广义的“V”形形态。从1918年的西班牙流感到2003年的SARS，“V”形垄断了所有的经济增长曲线形态（见图1.3），只有长度和深度方面的差异。从这个意义上来看，我们不必对未来的增长前景过于悲观。

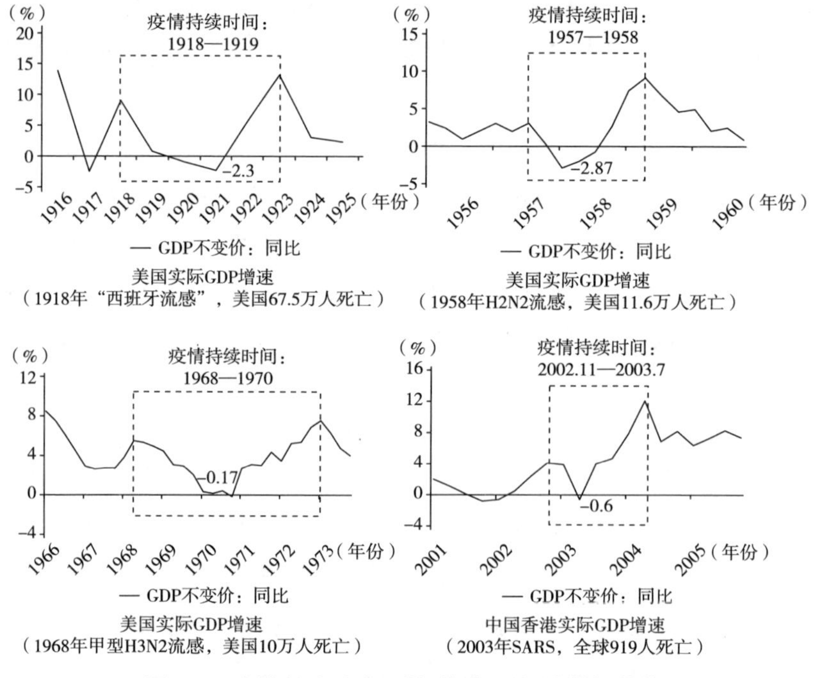

图1.3　大流行病冲击下的“V”形经济增长曲线

资料来源：Wind数据库，Fred数据库，measuringworth.com（专门估算英镑购买力的网站），招商银行研究院。

四、政策响应：行动的勇气

新冠肺炎疫情冲击极大地加剧了社会经济的系统性风险。企业无法正常生产经营，但仍需如期支付租金、员工工资、贷款本息等刚性开支；居民收入减少，但仍需支付房贷、租金以及其他日常生活开支。新冠肺炎疫情冲击下生产活动“暂停”，使得不少市场主体的流动性和偿付能力大幅下降，尤其是高杠杆的企业和居民。

考虑到新冠肺炎疫情冲击的普遍性和经济主体连接的广泛性，若不妥善处理目前的流动性危机，金融稳定可能会遭受严峻挑战。从这个意义上讲，当前逆周期调节“加码”，不仅是为了实现经济社会发展目标，更是为了防范系统性风险。

（一）货币政策：稳信心、调结构

货币政策无法取代疫情防控政策。疫情对经济的冲击首先体现在供给侧，而理论上货币政策作为需求管理工具，无法有效应对供给侧受到的冲击。比如说降准降息，无法让被隔离或感染的人群重新工作，也无法让疫情暴发期间被迫关闭的餐厅重新营业。

但是，经济活动受阻，供给侧受到的冲击会向需求侧传导。企业部门经营陷入困境，将直接通过减薪、裁员传导至居民部门，打击消费及消费者的信心。消费者收入下降、信心受挫，将影响企业的销售及投资情况，并进一步冲击居民收入。如此往复，形成恶性循环。因此，客观上货币政策仍然需要对新冠肺炎疫情做出响应，一方面，稳定企业和居民的预期；另一方面，推动经济恢复，防范信用收缩，缓释流动性风险。

我国货币政策的响应速度极快，数量上，中国人民银行通过公开市场操作释放了充裕的流动性，并通过再贷款、再贴现、财政贴息等方式以及政策性银行主动扩表共计 1.15 万亿元。价格上，各期限主要政策利率全面下移 10 个基点。为应对新冠肺炎疫情，货币政策还凸显了其结构性特征：支农支小再贷款利率下行 25 个基点；针对疫情防控重点保障企业的“定向降息”政策落地，确保其实际融资成本低于 1.6%；小微企业贷款利率有所下降。此外，监管容忍度相应提高，资管新规过渡期或将适当延长。未来货币政策操作的节奏与力度将主要取决于海内外疫情防控与经济恢复的情况，预计政策的宽松基调将延续至经济企稳的明确信号出现。

（二）财政政策：减税增支，挖潜增效

经历前几年大规模的减税降费后，我国财政收支平衡压力明显加大，新冠肺炎疫情的冲击使得收支矛盾进一步凸显。目前，财政部门主要从加大财政支出、推进阶段性减税降费，以及撬动货币金融资源和市场资金形成合力三个方面应对新冠肺炎疫情给经济带来的负面影响。

首先，加大财政支出力度。各级财政部门迅速安排新冠肺炎疫情防控补助资金超过千亿元。其次，推进阶段性减税降费。对提供公共交通运输服务、生活服务，以及为居民提供必需生活物资的快递收派服务收入，免征增值税。同时，财政部门还出台了阶段性减免企业社保费、医保费和实施缓缴住房公积金等一揽子政策，预计可为企业减负 6 000 亿元。最后，撬动货币金融资源及市场资金形成合力，扩大贴息资金规模，确保重点物资生产企业实际融资成本低于 1.6%。

考虑到地方政府偿债高峰来临、财政收入增收乏力，2020 年实际财政政策的执行情况将较 2019 年底中央经济工作会议的定调更为进取。预计目标赤字率将上调超过 3%，新增专项债券额度进

一步提高，特别国债也成为备选政策之一。

在财政支出方面，除为应对新冠肺炎疫情而大幅提高卫生健康领域的财政支出比重外，财政支出资金也将进一步向受新冠肺炎疫情影响较大的地方倾斜。同时，预计各级政府还会继续加大对内挖潜力度，大力压减一般性支出，确保基层职工的工资收入、企业运转和基本民生，以及具有乘数效应的重点领域资金。此外，财政资金也将继续保障“三大攻坚战”方面的资金需求，尤其是精准脱贫工作的全面完成。

五、结论：“休克”抗疫，“刺激”疗伤

我国冒着经济全面停摆的风险，取得了抗击新冠肺炎疫情的阶段性胜利；相较之下，海外的“流感式”疫情防控模式似乎难以有效遏制新冠病毒的传播，新冠肺炎疫情仍处在加速扩散阶段。这也使得我国疫情防控工作的重心逐步从“内防扩散”转向“外防输入”。

在疫苗问世之前，新冠肺炎疫情防控将扩大社交距离，并对全社会的生产、消费、投资和贸易活动持续施加负面影响。全球经济都将在不断上升的防疫成本下艰难运行。

基准情形下，2020 年我国的经济增速将呈现广义的“V”形形态。在一季度消费和投资受到重创后，二至四季度的经济反弹力度值得期待。乐观情形下，2020 年 3 月起复工复产的进度快于预期，GDP 增速将自第二季度起出现补偿性反弹，此后将逐步向潜在增速水平回归。

衰退的信号：下一场金融危机何时到来？*

在新冠肺炎疫情不断扩散的情况之下，我们应当仔细研究全球金融市场上各种资产类别的价格变化，追寻其中关于经济衰退和金融危机的信号，从而判断未来可能的发展方向。

一、新冠肺炎疫情影响经济的三个渠道

新冠肺炎疫情已经构成全球性大流行，广泛地冲击着全球经济和金融体系的运行。分析传染病对经济产生的影响，可以由近而远、由浅入深地分为三个阶段或情形。

一是高强度的社交隔离，导致消费急剧萎缩，通过需求端影响经济增长；二是若疫情短期内无法得到有效控制，持续的消费萎缩会不可避免地冲击供给侧，高强度的防疫措施对供给侧的影响是结构性的，部分行业将变得尤其脆弱，例如，航空、酒店、旅游、餐饮、休闲等；三是疫情对供给侧产生的负面影响，通过广泛的金融

---

* 本文首次发表为招商银行“首席观点”研究报告，2020 年 3 月 23 日。

连接传导至全球金融市场，资产价格大幅下跌，金融体系风险上升，甚至引发全球性金融危机。

从对经济的破坏程度来讲，在上述三种情形之中，消费萎缩导致的短暂需求变化是最为温和的，尽管在短期内经济可能出现断崖式的下行，但是新冠肺炎疫情一旦过去，经济的反弹会相对确定。这相当于给经济按下了暂停键，但机器并没有被损坏。而供给端受到持续打击的情形要严峻一些，新冠肺炎疫情的持续导致相关企业陷入困境甚至倒闭，失业率随之快速提高，经济运行这架机器将受到损害。若情况继续恶化，随着疫情对供给侧损害程度的加剧，问题就会通过金融渠道向整个经济体系蔓延，这是最危险的情形。从实体企业自由现金流的中断，到相关资产价格的大幅下跌，进而恶化金融机构的资产负债表，引发从债务到资产的螺旋式恶性循环，最终将导致系统性的金融危机发生。就经济增长的长期影响而言，这是最有害的情形之一，一旦发生则需要很长时间才能得到恢复。

所以说，维稳金融体系流动性至关重要，是抗击新冠肺炎疫情双线作战的另一个主要战场。资产价格持续而陡峭地下跌，在广泛高企的杠杆率作用下导致流动性匮乏，造成家庭财富缩水，其产生的是结构性的影响，尤其是对美国等家庭对股票风险资产敞口较大的发达经济体影响更甚。这也是各国必须维护资本市场（股票与房地产）稳定的原因。

二、全球正步入深度衰退，形势正朝不利的方向发展

我在与中国经济预测相关的报告中，率先将2020年一季度中国经济预测调至负增长。进入二季度，新冠肺炎疫情对欧美和全

球的冲击升级，将导致本来就很脆弱的欧洲、日本和美国的经济陷入负增长状态，二季度全球经济增长大概率将出现明显收缩。根据定义，两个季度收缩便可确认全球经济进入技术性衰退阶段。随着新冠肺炎疫情在全球蔓延，毫无疑问将持续对经济社会生活产生负面影响。从季度增长情况来看，基本可以肯定地说，全球正在步入一场由公共卫生危机导致的深度衰退。

从全球看，形势正朝着不利的方向发展。新冠肺炎疫情发展至今，显然已经不是短期和局部的消费萎缩情形。一方面，从全球范围看，疫情对供给侧的伤害已经开始浮现，相关行业和中小企业受到重创；另一方面，供给侧受到的损害正在通过金融渠道影响全球资本市场。近期股票市场大幅波动，流动性迅速枯竭，金融危机论可能并非危言耸听。目前，新冠肺炎疫情对经济冲击的程度，正处于由第二阶段（供给侧损害）向第三阶段（金融危机）发展，必须采取有力的政策措施遏制这种不利趋势的发展，将新冠肺炎疫情对供给侧的损害程度降到最低，维护金融市场的稳定，从而防止金融危机的发生。

全球资本市场的信号，正在加深我们对金融危机的忧虑。一是近期全球股市出现“史诗级的暴跌”。美国股市两周内出现 4 次熔断，欧美主要股票价格指数累计跌幅超过 30%。市场恐慌情绪加剧，波动率指数（VIX）升高并突破了上一轮金融风暴的水平。二是美国债券 10 年期国债利率一度下跌至 0.5%，刷新了历史最低纪录，但在美元流动性短缺的冲击下，突然回升了 40 个基点；同时信用利差走阔，反映投资者的避险情绪和市场对信用风险的严重忧虑。三是美元流动性紧张，出现黄金、股市和债市齐齐下跌的现象，表明全球投资者正在不计成本地抛售一切资产，转为持有现金，广谱资产齐跌的情况暂未得到明显缓解。

三、股市大跌，会不会引发金融危机？

新冠肺炎疫情持续发展，经济陷入技术性衰退，疫情对供给侧的损害逐渐浮现出来，金融市场面临多方面的压力，其中包括美国企业信用风险（尤其是能源、航空等企业的债务风险）、金融机构流动性风险等。正如病毒的蔓延，这些风险一旦被触发就具有传染性，进而影响金融体系的稳定。

（一）美国企业的信用风险

首先，观察宏观杠杆率。自 2008 年金融危机以来，在低利率和低通胀率环境的影响下，美国非金融企业部门债务迅速扩张，当前企业部门杠杆率已处于历史最高水平。在新冠肺炎疫情影响下，美国企业部门现金流明显恶化，盈利前景悲观，叠加高杠杆，带来的风险将不可小觑。

其次，美国上市公司长期偿债能力也在下滑，部分原因是上市公司大量回购股份。利息覆盖倍数在 2019 年出现下滑，为金融危机以来历史第二低位。若上市公司盈利能力和现金流持续恶化，杠杆问题有可能恶化为信用风险，成为金融危机的诱发因素之一。

最后，美国不同行业的信用风险存在结构性的分化，尤其是能源和航空板块，同时受到低油价扰动和疫情的冲击，将面临更高的信用风险。以能源板块为例，新冠肺炎疫情本身导致全球石油需求预期下滑，而沙特阿拉伯和俄罗斯掀起的石油价格战更是在供给侧添了一把火。在低油价的冲击下，预计全球大部分油企都会出现盈利下滑的情况，而美国页岩油企业将面临更加严峻的现金流危机。金融市场正在对这种前景给出定价，美国能源板块高收益债利差已经突破金融危机时的高位。在这种极为不利的前景下，美国的财政体系必须介入并提供定向纾困资金，否则能源行业的债务违约风险很可能进一步攀升，成为金融危机的一个触发因素。

（二）金融市场的流动性风险

随着权益市场和石油价格下跌幅度的不断加大，美元流动性变得紧张，原因在于资产管理机构面临着不断增加的产品赎回和保证金追缴的需求，短时间构成了巨大的流动性压力。日元和欧元货币掉期点的走阔说明离岸美元的流动性也在收紧，互换市场中的美元融资成本走高。股债商品齐跌以及美元指数的走强，印证了金融机构在流动性层面的缺口正在拉大。

应该说，美国联邦储备委员会（以下简称“美联储”）行动迅速，紧急降息 150 个基点，将基准利率压缩至零利率，同时向市场紧急投放了 7 000 亿美元的天量流动性资金。这些举措有利于缓解美元流动性紧张的情况，但也需要时间证明其效果如何。在非理性资产抛售的情形下，美联储无法估计市场的流动性缺口，只能先下重手救市。因为美联储知道，若不能保障美元的流动性，随时可能发生金融危机。

四、市场是否反应过度？

股票市场“史诗级的暴跌”，是否反应过度？这涉及金融市场的有效性问题。此次海外股票市场的反应模式，证明了当金融市场面对一场前所未有的公共卫生危机时，所面临的定价困惑。自新冠肺炎疫情暴发以来，至少在一个月的时间里，海外股票市场并没有什么反应，美股还创了历史新高。显然，在疫情初期，市场将此次全球性大流行错误地定性为一场短期和局部的冲击。随着疫情在海外的失控，世界卫生组织将新冠肺炎界定为“大流行病”，股票市场才开始出现剧烈的反应。

市场并非即时有效，既然存在后知后觉的情况，就可能存在过度反应的情况。而且历史提醒我们，金融市场抛售与经济衰退之间并非简单的对应关系。20 世纪 50 年代以来美国股市的 9 次熊市级别的下跌，只有 6 次成功预示了随之而来的经济衰退。

进一步观察股市下跌的程度，对比以往美股熊市和美国经济衰退下的资产价格表现，我们发现美股在典型经济衰退期的平均跌幅在四成左右，目前美国三大股指累计跌幅超过三成，与欧洲主要股指跌幅相当。虽不敢说目前美国股市下挫已经到位，但亦不远矣。

五、投资者在等待什么？

现在是不是入市的时机？投资者还在等待什么？从大流行病的历史经验看，经济下行和疫后恢复均呈广义的“V”形形态，只存在长度和深度上的差别。一个令人欣慰的事实是，经济体系都展现出了很强的韧性，“V”形曲线的右侧均比左侧高，表明大流行病疫情过去后经济报复性反弹的特征。从历史的角度，我们不应该悲观。

然而，事情并非如此简单。未来经济的恢复程度，取决于当下各国政府所采取的防疫措施和经济政策。股票市场企稳回升，可能需要两个条件。一是新冠肺炎疫情受控。市场在等待新增确诊病例回落的拐点，这在很大程度上涉及防疫强度的问题。从中国和韩国的经验来看，在最高防疫强度下，是有希望在一个月内控制住疫情的。考虑到各国政府的执行力和民众的防疫意识、方式和力度的不同，海外新冠肺炎疫情可能还需要 2~3 个月时间，才能出现确诊曲线回落的趋势。二是流动性持续宽松的环境。关于这方面，我们已经看到了一些积极的迹象，多国央行大幅降息并重启量化宽松，同时推出大规模刺激政策。特别是，美联储大幅降息到零利率附近，并迅速启动各种非常规的流动性管理工具，包括为一级交易商提供融资和借券便利的一级交易商信贷便利工具（PDCF）、向发行商业票据的非金融企业提供商业票据融资便利（CPFF）、向货币市场投资者提供融资便利（MMLF）等，这些措施极大地缓解了回购和票据市场的流动性紧张问题。为缓解全球美元融资市场面临的压力，美联储与澳大利亚储备银行、巴西央行等 9 家央行达成了临时美元流动性互换协议。

虽然，财政和货币政策不能取代疫苗，本身并不能杀死病毒，但各国政府和央行仍能及时、快速和精准地采取行动面对公共卫生危机，这在很大程度上维护了市场稳定，并给予投资者信心。

六、中国会不会率先走出衰退？

答案几乎是肯定的。虽然中国经济在 2020 年一季度受到重创，但我们预计二季度将明显回升，尽管可能仍然低于趋势水平；基准情形下，三四季度将会出现报复性反弹。由于欧美各国新冠肺炎疫情的发展与中国存在时间差，全球确诊曲线大体呈现出双峰形态，对海外而言，最显著的影响将出现在第二季度。基准情形下，经济的恢复大概率遵循先中国、后美国、再欧洲的顺序。

那么，A 股市场能否走出独立上涨行情，成为当下市场关注的问题之一。自股权分置改革以来，中美股市的同向性非常显著。从历史看，美股下跌期间，除 2008 年 4 万亿元人民币刺激、2015 年股灾前A股市场走出了独立上升的行情外，其他大部分时间均表现为下跌行情。在美股上涨时期,A股市场则涨跌互现。也就是说，A股市场的“跟熊”特征更为明显，背后的逻辑或更多源于情绪的共振。展望后市，若美股延续下跌之势，我认为A股市场走出独立行情的概率不大。换言之，A股市场的上行，大概率还是需要外围市场的回升配合。

原因其实不难理解。中美是全球经济体量最大的两个国家，贸易活动将两国经济基本面紧密联系在一起，而随着中国金融市场的对外开放，外资对A股市场的配置也在不断增加。这些因素都导致A股市场与外围市场的相关性增强。事实上，这一轮美股剧烈波动，北上资金出现明显流出，佐证了全球市场风险偏好变化的一致性。

不过，尽管A股市场难以走出独立上涨的行情，但相对而言，中国市场的机会和韧性或较外围更强。一方面，中国资本市场改革持续推进，科创板的上市、创业板的注册制改革将拓宽市场广度、丰富市场层次，并购重组、再融资政策的放松将加大对科技型、创新型企业直接融资的支持力度；另一方面，中国经济率先走出衰退，中美股市盈利周期出现错峰，A股市场将在盈利增长层面具备相对优势。

全球正在步入一场由公共卫生危机导致的深度衰退。目前，新冠肺炎疫情对经济的冲击正由第二阶段（供给侧损害）向第三阶段（金融危机）演变，金融市场面临多方面的压力，其中包括美国企业信用风险、金融市场的流动性风险等，必须采取有力的政策措施遏制这种不利的发展趋势，维护金融市场的稳定，从而防止金融危机的发生。

来者可追：疫苗、经济与政策的前景 *

全球新冠肺炎疫情似有恶化的趋势，疫苗开发取得了积极进展；经济复苏进入漫长的修复期，仍然面对巨大的不确定性；货币政策完成阶段性任务，财政政策站在历史舞台的中央。

一、全球疫情恶化，疫苗研发提速

进入 2020 年中期，新冠肺炎疫情无疑仍然是当前全球经济面临的最大挑战。截至目前，这场全球性大流行大致经历了三个阶段：第一阶段是 2020 年 3 月，新冠肺炎疫情在全球大规模暴发，日均新增确诊病例从月初的 1 000 例迅速攀升至月底的 6 万例；第二阶段是 2020 年 4 月，新冠肺炎疫情进入短暂的平台期，由于欧美国家采取了较为严格的防疫措施，日均新增确诊病例数量趋于稳定；第三阶段是 2020 年 5 月以来，新冠肺炎疫情再度加速蔓延，全球日均新增确诊病例数量再次快速上升，目前已超过 20 万。由

* 本文首次发表为招商银行“首席观点”研究报告，2020 年 7 月 4 日。

于不少国家的检测能力不足，全球实际感染病例数量可能远高于官方公布的统计数据。

从区域上看，全球新冠肺炎疫情的“震中区域”不断转移，目前集中在美国、南亚、西亚、南美洲、非洲等国家和地区。新冠肺炎疫情发展也出现了分化：中国、加拿大、韩国、新加坡、西欧各国暂时处于可控状态；美国、巴西、印度、南非等国家的疫情未得到有效控制甚至不断恶化，日新增确诊病例数量上升势头迅猛；日本、澳大利亚等国家和地区的疫情近期出现二次反弹，新增确诊人数均已接近甚至超过前期高点。

新冠肺炎疫情得到最终控制，只剩下医疗解决方案这唯一的途径。当前，各国都在以前所未有的速度推进疫苗的研发与临床试验工作，并取得了积极的进展。其中，中国科研团队位于领先梯队。我国进入三期临床的项目共有三个，即国药中生的新冠病毒灭活疫苗、科兴生物的新冠病毒灭活疫苗和军事医学科学院与康希诺生物合作研发的腺病毒载体疫苗。

不过，疫苗开发仍具不确定性。即使一切顺利，最快也只能在 2021 年实现量产和接种。若考虑到病毒变异、三期临床失败、疫苗接种率不高等不确定性，人类或需要做好准备，与病毒打一场“持久战”。

二、世界经济：漫长而艰难的修复

在疫苗大规模普及之前，新冠肺炎疫情防控唯一有效的方法就是社交隔离。副作用就是经济活动骤减，各国都不得不面临疫情防控和重启经济的艰难权衡。

全球经济深陷“新冠衰退”之中，受新冠肺炎疫情影响，全球经济增长将呈现广义“V”形曲线形态，左侧为断崖式下跌，右侧为缓慢修复，且斜率逐步平缓。好的方面是，全球经济大概率已于2020年上半年见底。中国率先走出了负增长，经济复苏情况好于预期。欧美国家的经济活动在二季度见底，发展中国家的底部出现得更靠后一些。谷歌活动指数显示，随着复工复产的推进，全球经济总体上正在逐步修复。

中国经济在2020年二季度同比增长3.2%，较一季度大幅回升10个百分点，表明新冠肺炎疫情是可以遏制的，反映出我国人民的自律和我国经济的韧性。一是生产强劲恢复。随着复工复产的稳步推进，二季度工业增加值连续3个月正增长，6月工业增加值当月同比增速已基本接近去年同期水平。二是房地产与基建投资需求快速释放。新冠肺炎疫情受控后，居民的购房需求被延迟释放，叠加货币信用边际放松，推动了房地产销售和房地产投资的快速回升；施工约束放宽后，受充裕资金的支持，基建投资增速也出现快速反弹。三是出口明显好于预期。3月以来随着国内新冠肺炎疫情形势逐渐明朗，复工复产进程加快，我国产业链供应链的安全优势逐渐显现，防疫物资、计算机等自动数据处理设备和高技术产品出口数额显著增加，成为我国出口的新增长点。此外，受海外疫情影响，我国服务贸易逆差显著收窄，也对经济增长形成支撑。

不过，中国经济的修复是在常态化疫情防控下实现的，付出了极大的代价，也存在突出的隐忧。一是消费需求复苏乏力。新冠肺炎疫情对就业和居民收入造成了较大冲击，疫情防控也对线下消费形成了约束。消费修复落后于生产，可能导致企业库存被动增加，制约制造业的进一步修复。下游行业工业增加值反弹力度显著弱于中上游行业，使得生产端修复速度大幅放缓。随着工业生产增速大致恢复到疫前水平，未来我国经济修复将更多取决于需求改善的程度。二是制造业投资增长依然疲弱。相较房地产和基建投资，制造业投资受新冠肺炎疫情冲击最为严重，疫后修复也最为缓慢，主要是由企业盈利能力下降、外需冲击和悲观预期所致。招商银行小微企业调查结果显示，近 3/4 的受访企业一季度营业收入显著下滑，且预期下半年难有改善。三是疫情发展和中美关系的不确定性。若疫情再度加剧，防疫措施将再度趋严，对尚未完全复苏的经济造成二次冲击，而中美关系摩擦不断，将极大地增加我国经济运行的外部摩擦。

基准情形下，2020 年下半年我国经济将延续复苏势头，全年 GDP 增速有望达到 2.2%。复苏的动力主要有三个：一是投资发力，预计下半年基建投资将稳步增长，房地产投资将展现出其韧性；二是消费回升，年末单月社会消费品零售额（以下简称“社零”）增速有望达到去年同期水平；三是需求回暖拉动产销增长，PPI（生产价格指数）增速反弹继续推动企业营收和利润的增加。

三、货币政策收敛，财政政策站上舞台中央

2020 年上半年，各国普遍通过史无前例的“双宽松”货币财政政策刺激总需求。在货币政策方面，美联储 4 个月扩表 3 万亿美元至 7.1 万亿美元，欧央行 3 个月扩表 1.5 万亿欧元至 6.2 万亿欧元。在财政政策方面，主要发达经济体的“急救包”占 GDP 的比重均超过 10%，其中德国比重最大，为 35.9%；美国金额最高，达 3 万亿美元，占 GDP 的 13.9%。从数据上看，各国财政刺激规模与宏观杠杆率甚至呈正相关，表明财政平衡并非当前各国出台政策时的主要考量因素。

经济活动的重启，各国逐渐调整宏观政策组合。随着各国央行向市场注入大量流动性，金融体系运行稳定，货币政策力度开始边

际减弱。进入 6 月，美联储的资产负债表出现轻微收缩，欧央行的扩表速度也有所放缓。

与之相对，具有结构性特征的财政政策持续发力，成为下一阶段宏观政策的主线。欧盟各国已经就疫后经济复苏达成协议，为成员国提供 7 500 亿欧元的赠款和贷款，并在未来 7 年内实施 1.1 万亿欧元的财政刺激计划，以缓解新冠肺炎疫情对各国经济造成的冲击。美国 3 月出台的“关怀法案”中的大部分纾困措施即将于 7 月末到期，大概率会出台新一轮的财政刺激计划。目前，两党正就此展开激烈磋商，民主党提议的刺激总额达到 3 万亿美元，但共和党希望把刺激金额控制在 1 万亿美元以内。

随着经济的回暖，我国的宏观政策重心亦进行了相应调整。在货币政策方面，2020 年 5 月以来，在“各类经济指标已经出现边际改善”的前提下，为防范资金空转套利，货币政策开始边际收紧，同时中国人民银行通过运用创新政策工具，寻求提升政策直达实体经济的效率。下半年，虽然货币政策仍有望保持结构性宽松立场，但总量性“宽货币”政策将趋于收敛，结构性“宽信用”政策将持续发力。在具体的信贷投向上，预计资金将继续流向基建领域，小微企业、制造业、扶贫领域有望得到更多支持。

一个明显的趋势是，财政政策站在舞台的中央，承担着稳经济、保民生的重任，成为经济进一步复苏的主要支柱。尽管受新冠肺炎疫情影响财政收入有所下滑，但通过发行特别国债、专项债等方式，下半年将有约 4.57 万亿元人民币新增政府融资落地，即使考虑到税收减少等不利因素，广义财政资金总量也将较 2019 年下半年多出 4 万亿元人民币左右，这将有力地支持经济继续修复。

财政主导：近渴虽解，远虑难消 *

强调财政政策的凯恩斯主义再度兴起。如此轮回，由于利率已至“零下限”，货币政策走入死胡同，全球宏观政策重新转向由“财政主导”。货币政策完成阶段性任务，财政政策站在舞台的中央。天量债务规模和仍在扩张的财政政策，使得全球经济面临更大的尾部风险。

一、宏观政策重心的历史演变

100 多年来，历次严重的经济衰退或萧条均对宏观政策产生了深远影响，此次危机也不例外。

20 世纪 30 年代前后的大萧条催生了凯恩斯主义。伴随着罗斯福新政的实施，凯恩斯主义成为西方国家的经济学信条，财政政策占据主导地位；直至 20 世纪 70 年代石油危机，英美出现“滞胀”，以弗里德曼为代表的货币主义思潮兴起，宏观政策由此进入“货币主导”阶段。

20 世纪 80 年代至 2007 年，在沃克尔和格林斯潘所确立的以短

---

* 本文首次发表为招商银行“首席观点”研究报告，2020 年 8 月 19 日。

期利率操作为主的货币政策框架下，美国迎来了“二战”后最长的经济扩张期，产出和通胀波动性大幅下降，史称“大缓和”。其后2008年金融危机爆发，美欧经济步入大衰退，美联储引领全球央行大幅扩表，开启量化宽松（QE）政策，货币政策逐渐走向极致。

今年“新冠衰退”席卷全球，各国纷纷推出巨量的财政急救包，意欲力挽狂澜。这一现象揭示，强调财政政策的凯恩斯主义再度兴起。如此轮回，由于利率已至“零下限”，主要经济体常规货币政策空间极其有限，货币政策走入死胡同。欧美央行不断扩张的资产负债表，事实上模糊了货币政策和财政政策的边界，损伤了央行的独立性，使得货币政策退居从属地位。与此同时，低通胀率和低利率环境则打开了财政扩张的空间，全球宏观政策重新转向了由“财政主导”。

二、货币政策：从主导到从属

当前主要央行的利率政策事实上已无调整空间。以美联储为例，次贷危机爆发后，美联储三次降息合计175个基点，将联邦基金目标利率调低至0%~0.25%并维持至2015年末。此后美联储开始缓慢加息（3年内加息9次至2.5%），试图将利率推离“零下限”以增加货币政策的调整空间，但不得不因通胀下行而终止。2019年下半年，美国通胀率持续低于2%，美联储降息三次，合计75个基点。2020年3月美国新冠肺炎疫情暴发后，美联储两周内降息两次，合计150个基点，联邦基金利率重回“零下限”。相应地，美国收益率曲线亦下行至历史低位。

当利率面临“零下限”，负利率政策便自然进入了决策者的视野。但不论是从官方表态还是根据市场价格观察，全球主要央行进一步下调政策利率的概率极低。这首先是因为负利率政策对于人类社会而言在很大程度上是一个未知领域，可能导致风险资产泡沫、资源配置扭曲等一系列问题。更重要的是，负利率政策很可能是一种紧缩性而非扩张性政策：负利率可能使得存款流出银行体系，减少商业银行可贷资金，并引发挤兑风险；而其所传递的悲观信号，将进一步打击企业和居民的信心，不利于消费和投资的恢复。从欧洲和日本的央行近年实施浅度负利率政策的经验看，由于商业银行难以将负利率的成本完全转嫁给客户，负利率相当于是对银行体系征税，并未达到预期的信用扩张效果，反而导致银行在发放贷款时更为审慎。

考虑到负利率的风险，世界主要央行普遍采取扩张资产负债表的“非常规”货币政策操作（见图 1.4）。对比金融危机后各大央行开始扩表，新冠肺炎疫情暴发以来的资产规模膨胀的速度更快、斜率更加陡峭。

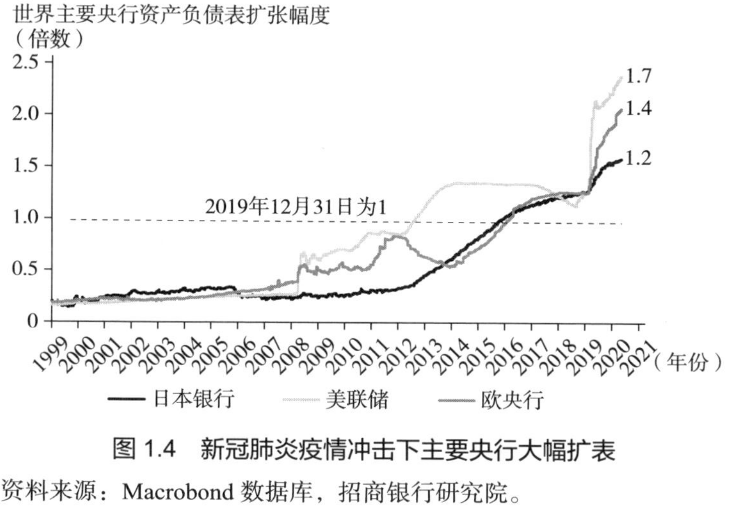

图 1.4　新冠肺炎疫情冲击下主要央行大幅扩表

资料来源：Macrobond 数据库，招商银行研究院。

大规模扩表模糊了货币政策与财政政策的边界。一方面，国债是央行扩表的主要标的，这意味着央行为财政授信，并通过压低收益率曲线降低财政的融资成本。另一方面，美联储在美国财政部支持下所设立的表外信贷工具，为财政参与信贷资源配置提供了通道，也使得政治干预货币政策成为可能。简言之，天量资产负债表规模，代表央行独立性的丧失：央行资产规模越大，就越容易受到财政或政治因素的影响。大规模的国债发行，使得央行的利率政策受制于财政政策，合谋将利率维持在低位。可见，财政政策的影响力和主导地位相应提升。

三、财政政策：重回舞台中央

在新冠肺炎疫情冲击下，全球主要经济体纷纷出台天量财政刺激政策，使得政府杠杆率大幅跳升。美国已出台的三轮财政“急救包”总额达 3 万亿美元，占 GDP 比重达 13.9%。由于新冠肺炎疫情仍在本土快速蔓延，美国大概率将出台第四轮万亿级财政刺激计划，目前民主、共和两党正就此展开激烈磋商。据 IMF（国际货币基金组织）估算，在新冠肺炎疫情的冲击下，2020 年和 2021 年发达经济体的政府杠杆率将跳升 16.7 个百分点至 122%。在新冠肺炎疫情威胁下，各国政府普遍搁置了财政纪律。从主要经济体的数据观察，财政刺激政策甚至与政府杠杆率呈正相关关系，即杠杆率越高的国家推出的财政“急救包”就越大。尽管主要经济体债务规模和政府杠杆率均创下历史新高，但诸多顶级宏观经济学家认为，在低利率和低通胀率环境下，全球财政政策空间扩大，相较货币政策也更为有效。这事实上与当前各国采取激进财政政策的立场相一致。

日本的债务扩张经验无疑为各国制定和实施财政刺激政策提供

了支持。20世纪90年代泡沫经济破灭后，日本公共债务持续增长，2019年债务总额已达GDP的237%。IMF预测，受新冠肺炎疫情影响，2020年日本的政府杠杆率将跳升至252%。即便如此，目前日本经济仍被广泛信赖，日元还具有一定的避险地位，并无爆发债务危机的迹象。日本一再刷新了全球对政府杠杆率上限的经验认知，为其他主要经济体的财政政策空间提供了有力参考。

不难发现，低利率和低通胀率环境是日本高债务水平的主要支撑因素。首先，日本国债收益率持续下行，降低了日本政府的负债成本。日本政府的利息支出占GDP的比重从2009年的1.99%，降至2019年的1.53%。其次，金融危机后，日本的通胀率并未系统性走高，除2014年外，持续位于1%下方，这也使得日本央行一直将利率维持在零附近。更重要的是，金融危机后至新冠肺炎疫情暴发前，日本国债收益率持续低于名义GDP增速，成为日本高额公共债务可持续的重要条件。

四、财政可持续的必要条件：$i-g<0$

空前的债务扩张使得人们对财政的可持续性存疑。从长期看，财政可持续性与两个因素相关。一是利率，名义利率水平越高，政府需偿付的公共债务利息便越高，不利于公共债务的可持续性；二是经济增长，名义GDP增速加快，将通过分母效应降低政府杠杆率（公共债务/GDP），从而增强财政可持续性。

从利率角度看，当前全球低利率环境无疑有利于增进财政可持续性，这主要是由于政府举债成本的下降。20世纪80年代以来，全球利率水平趋势性走低，目前主要经济体利率均处于历史低位，部分国家甚至为负。

结合经济增长来看，虽然构成财政可持续性的必要条件并不充分，但名义利率与 GDP 名义增长率的差额为负。用公式表达，若一国公共债务的加权平均利率（i）持续低于经济的名义增长率（g），即 $i-g<0$，则政府杠杆率便会随时间推移而下降；反之，若 $i-g>0$，那么公共债务将趋于发散或爆炸。

研究发现，$i-g$（即利率与增长率之差）与诸多因素相关。首先是人口结构的变化，老龄化叠加低生育将使得劳动人口趋势性收缩，抚养比例上升，同时压低增长率和利率水平，但 $i-g$ 的变动方向并不能够确定。其次是美联储前主席本·伯南克所提出的“全球储蓄过剩”现象，包括中国在内的新兴市场国家以及沙特阿拉伯等产油国的储蓄意愿大于投资意愿，压低了全球利率水平，$i-g$ 也因此下降。再次是主权债务风险与 $i-g$ 正相关。最后是周期性因素和经济政策与 $i-g$ 相关，当经济陷于衰退时，名义经济增长率的跌幅可能超过利率，$i-g$ 将因此上升。在此次“新冠衰退”中，主要国家的 $i-g$ 短期内会大幅跳升，由负转正。

从数据上看，2010 年后至新冠肺炎疫情暴发前，绝大部分主要经济体的名义利率均低于增长率。例如，2020 年一季度，美国一年期国债收益率低于名义 GDP 增速 2 个百分点。目前，美国国会预算办公室和欧盟委员会均估计，尽管受新冠肺炎疫情冲击，美国和绝大部分欧元区国家的 $i-g$ 在短期内将由负转正，但 2021 年之后主要国家名义 GDP 增速由于低基数，或将出现“报复性”反弹，$i-g$ 重回负值区间。

值得一提的是，由于财政的可持续性讨论的是长期问题，短期内 $i-g$ 转正并不会对财政政策形成约束，反而提供了加大财政刺激力度的理由，通过逆周期政策提振经济增长率，庞大的债务规模才可能持续。

五、低通胀率：低利率的前提

20 世纪 80 年代以来，全球主要经济体通胀率趋势性走低。金融危机的爆发更是将通胀率压至历史低位。以美国为例，在 2012 年 5 月至 2020 年 6 月的 98 个月中，PCE（美国个人消费支出）价格指数仅有 10 个月超过了美联储 2% 的通胀率目标，最高值为 2.45%（见图 1.5）。目前，美国 5 年和 10 年通胀率预期交易在 1.5%~1.6%。低通胀率预期决定低利率水平（i），而低利率则可能刺激经济增长（g），有利于达成 $i-g<0$ 的条件。

值得关注的是，从美国的经验看，菲利普斯曲线正日趋平坦化。从金融危机后至新冠肺炎疫情冲击前，在宽松货币政策的支持下，美国失业率从 2009 年 10 月的 10% 逐步下行至 2020 年 2 月的 3.5%，但通胀中枢却持续维持在低位，失业率和通胀率之间的负相关关系显著弱化，甚至趋近于零：2000—2009 年，美国核心 PCE 通胀率与失业率的相关系数为 –0.22；而 2010 年至今，两者的相关系数仅为 –0.02。这指向即便疫后就业市场迅速修复，通胀率仍可能在低位徘徊。

在当前全球央行就业最大化和价格稳定的“双重使命”之下，疲弱的通胀将使得央行保持货币政策宽松的立场，利率水平将维持在低位，为财政扩张打开空间。目前，美联储正在考虑采取“平均通胀目标制”，在此框架下，美联储将把过往的通胀水平纳入考量范围，而非仅仅考虑未来的通胀预期。这意味着，未来美联储将在一定时间内允许通胀率保持在 2% 以上，以“补偿”过往持续低迷的通胀水平。这或许正是“财政主导”的表现，由于加息需要更为严格的条件，因此有望持续更长时间的低利率。

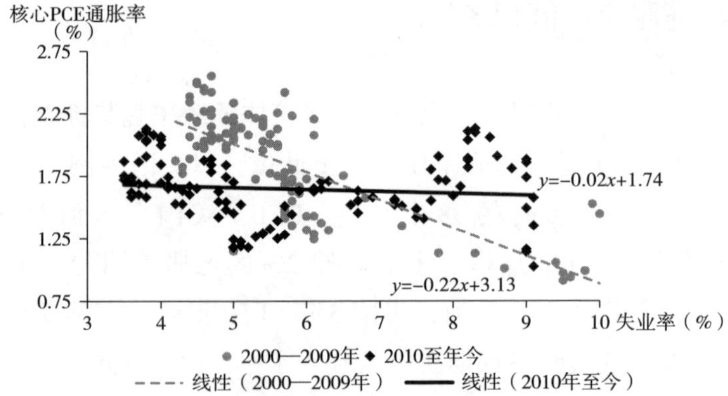

图 1.5　美国菲利普斯曲线显著平坦化

资料来源：Macrobond 数据库，招商银行研究院。

六、祸福相依：财政盛宴的风险

财政政策再度崛起，成为新冠肺炎疫情的重要政策遗产。各国采取天量规模的财政刺激，在很大程度上是不得已而为之：一方面，货币政策空间受限；另一方面，财政政策可直接纾困企业和居民，相较货币刺激更为直接有效。否则企业和居民资产负债表可能大幅受损，引发系统性风险。

在可预见的将来，“财政主导”注定成为宏观政策的核心。由于利率空间受限，各国的疫后恢复工作必将更加倚重财政政策工具。公共债务的持续扩张，使得央行资产负债表继续膨胀，货币政策的独立性将因此受损。除就业和通胀目标之外，央行将不得不考虑财政政策的可持续性，刻意将利率维持在低位；而央行在财政政策的支持下设立表外信贷工具，也为财政干预货币政策提供了可能，隐含扭曲资源配置的风险。

财政盛宴，需要央行低利率政策的配合。而保持低利率的前提条件是持续的低通胀率。这一逻辑链条并不稳固。财政的可持续条件仍有可能被逆转，名义经济增长率可能持续低迷，通胀水平也可能超预期走高，推升利率水平。全球经济依然面临较大的尾部风险。

债务政治：关于通胀、利率与债务的推演*

新冠肺炎疫情全球性大流行无异于一场没有硝烟的战争，在这轮新冠肺炎疫情冲击下，所出现的历史罕见的公共债务率上升幅度，相较战争时期更甚。公共债务不仅是一个经济问题，而且可能会演变为一个复杂的政治问题。在货币政策无计可施的情况下，财政政策重回经济学舞台的中央。这意味着政府在经济中的主角身份再一次回归，历史将进入一个由强势政府主导的阶段，自由市场机制将失去往日的光环。这是不以人的意志为转移的“大变局”。

一、新冠肺炎疫情之下全球公共债务快速积累

新冠肺炎疫情席卷全球，严峻的防疫形势迫使各国政府通过大规模的财政赤字来维持经济和社会的正常运行。一方面，经济活动收缩导致国库收入下降；另一方面，为维护就业和社会稳定，政府财政开支大增。各国政府的财政赤字跳升，全球的公共债务率（政

---

* 本文首次发表为招商银行“首席观点”研究报告，2020 年 9 月 21 日。

府债务 / 名义 GDP）上升速度之快，二战结束后近 80 年间未见。

从发达经济体来看，平均公共债务率将超过 120%，跳升 18 个百分点。七大工业国（G7）尤甚，公共债务率逼近 140%。相较于发达经济体债务的急速扩张，新冠肺炎疫情影响下新兴经济体的债务率上升趋势较为平缓，平均公共债务率在 60% 附近，仅为发达经济体的一半，反映疫情之下中低收入国家的财政动员能力不足。中国的公共债务率在 65% 左右，上升幅度略高于新兴经济体的平均值（见图 1.6）。

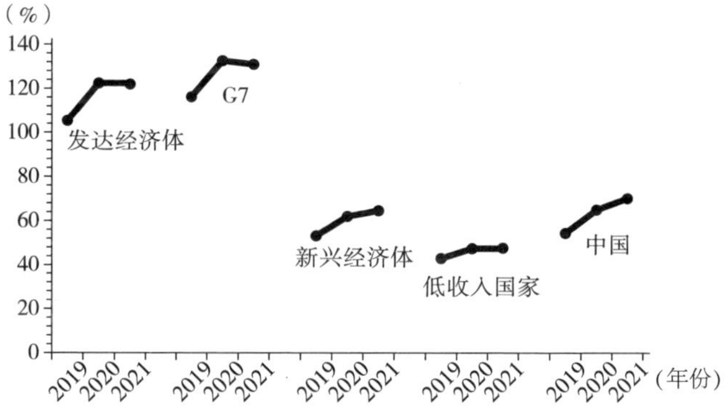

图 1.6　IMF 预测主要经济体公共债务率

资料来源：Macrobond 数据库，招商银行研究院。

从历史上看，政府债务的急速积累常与战争相关。英国就是一个非常典型的例子。这个老牌帝国在历史上有两个公共债务激剧上升的时期：一是 18 世纪末、19 世纪初的拿破仑战争时期，公共债务率曾达 200%；二是 20 世纪的第二次世界大战时期，公共债务率超过 250%。战争迫使英国政府大量负债以维持庞大的国防开支，导致公共债务急速扩张。战后国家重建、经济增长拉大了作为分母的名义 GDP，公共债务率快速下滑。

回到当下，新冠肺炎疫情大流行无异于一场无形的战争，对政府债务的冲击甚于有形战争。在新冠肺炎疫情冲击下，美国 2020 财年财政赤字率将达到 16%，公共债务率逼近 100%。国会预算委员会预计，未来 10 年的政府债务率将持续处于甚至高于二战时期的峰值。

美国的情况并非特例。新冠肺炎疫情之下，几乎所有国家的财政都面临赤字率上升、债务高企的窘境。欧洲各国在陆续推出各种财政刺激政策之余，欧盟委员会推出了高达 7 500 亿欧元的复苏计划。整体来看，在这一轮新冠肺炎疫情冲击下的公共债务率上升，历史罕见，相较战争时期更甚。

二、如此高的债务率怎能持续？

背离常规的一点是，政府债务水平高低似乎没有对财政刺激规模大小形成约束。对比全球主要国家的公共债务率和政府财政刺激规模，我们发现高负债国家推出的财政“急救包”反而更大。或许是时候思考一下如此庞大的政府公共债务怎能持续的问题了。

复盘一下历史是有益的。2010 年前后欧债危机的场景，至今令我们记忆犹新。当时陷入危机的部分欧洲国家的公共债务率在 150% 左右。这是一个可能的阈值吗？新冠肺炎疫情再次将这些欧洲国家的公共债务率拉回，甚至超过前期的高点。那么，往日是否会重现？如果说那场欧债危机中的高公共债务率不可持续，那么这次新冠肺炎疫情带来的高公共债务率怎能持续？

更具启示意义的例子是日本。日本的公共债务率今年将突破 250%，是全球主要经济体中最高的，没有之一。而且日本的公共债务水平过去 30 年持续上升，始终未见改善的迹象。更诡异的是，日本的债务似乎不是问题；恰恰相反，日元还被广泛信赖，甚至具有避险货币的特征。

为什么会出现这样一种现象？为什么 150% 的公共债务率足以引发欧债危机，而 250% 的公共债务率反而可以持续？对此，我们必须找到令人信服的解释。从债务可持续性角度观察，利息支出是一个重要线索。数据显示，日本政府付息率（利息支出占名义 GDP 的比重）从 2009 年的 1.99% 降至 2019 年的 1.53%；利息支出占财政支出的比重从 5.39% 降至 4.24%（见图 1.7）。这说明，日本政府为公共债务所支付的利息负担是下降的，这为债务的可持续性提供了一种可信的解释。

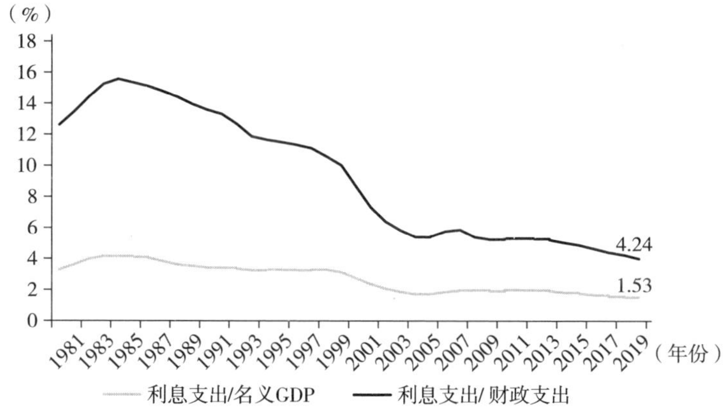

图 1.7　日本公共债务的利息支出占比

资料来源：Macrobond 数据库，招商银行研究院。

根据同一思路，我们分析美国、英国、德国等曾经爆发过欧债危机的 5 个国家的政府债务利息支出的情况发现，无论是其占名义 GDP 的比重还是占财政支出的比重，均呈下行趋势。如此看来，债务危机似乎离我们还有一段距离。另外，各国主权债务的 CDS（信用违约互换）交易的位置，也说明金融市场并不预期一场迫在眉睫的主权债务危机。

债务率上升，而付息率下降，唯一的解释就是极低的利率水平。这就是在如此高的债务率之下还可以持续的原因。事实上，目前全球市场上相当规模的国债交易保持在零利率甚至负利率的水平。其结果是，一方面，极低利率使得公共债务付息率下降，降低了财政开支中的付息开支；另一方面，极低利率也降低了政府为赤字进行融资的成本，保持了债务的可持续性。

三、何时曲终人散?

如此看来，极低利率的环境是公共债务可持续的关键。那么，极低利率能维持多久？这就进入经济学分析的领域了，利率走势的逆转可能会摧毁公共债务得以持续的所有逻辑，不可忽视这一风险的存在。

根本上，通胀水平决定利率水平。低通胀率是低利率的前提，债务可持续的关键就在于未来物价走势，究竟是通胀还是通货紧缩（以下简称“通缩”）？这恐怕是目前学术界争议的核心问题之一。

学术界首先观察到的一个现象是，过去十几年菲利普斯曲线走平，失业率与通货膨胀率的负相关关系基本上已经崩溃。这让很多人舒了一口气，他们认为即使疫后就业市场修复，通胀水平仍可能在低位徘徊。对投资者而言，半个世纪以来，全球通胀一直处于下行通道，没完没了的低通胀数据，为央行的低利率政策提供依据，市场逐渐失去了对债务累积的警觉，表现在金融市场上就是投资者对广谱风险资产的追捧。

不过，学术界对通胀的重临，依然抱有高度的戒心。不单是因为通胀水平上升会颠覆债务可持续的全部逻辑，更是因为他们所信奉的经济学教义逻辑如此清晰而有力：极度宽松的货币政策注定诱发通胀重临。美联储在调整货币的政策框架，宣布采取“平均通胀目标制”

之后，市场对通胀的预期出现“V”形反弹。对于通胀预期的担忧，扰乱了投资者的心态，一个明显的证据就是黄金价格上涨。

支持低通胀甚至通缩的理由，主要有三方面：一是全球人口老龄化导致的长期增长潜力下行；二是新冠肺炎疫情蔓延和贫富差距拉大抑制了居民消费和企业投资意愿，导致需求进一步萎缩；三是线上经济活动持续压低通胀水平，技术创新结构性地改变了经济形态。

支持通胀重临的理由也有三方面：一是货币政策与财政政策合谋，低利率加上“大放水”不可避免地抬升了物价水平；二是全球化逆转，基于成本和效率的全球供应链受制于贸易保护主义的抬头；三是地缘政治可能诱发供给冲击甚至中断，如同20世纪70年代会导致“滞胀”这一最坏的经济后果。

就通胀走势而言，政策制定者有着一个极为矛盾的心理：既担心它不来，又担心它乱来。一方面，他们希望尽快走出通缩阴霾，美联储的平均通胀目标制的意图再明显不过，就是允许通胀水平在一段时期内高于目标水平；另一方面，他们又不希望通胀重临，当物价上涨成为趋势，利率上行迟早会暴露公共债务的风险，引发债务危机。

最终还是需要通过经济增长来解决公共债务问题。不过，大部分学者对长期经济增长缺乏足够的信心。所以，温和的通胀似乎是一条降低公共债务率的思路。不过，通胀一旦成为趋势，极容易失控。要控制通胀率就要提高利率，但这会增加债务付息成本，加大再融资困难，甚至触发债务危机。

四、大变局：债务政治

公共债务不仅是一个经济问题，可能还会演变为一个复杂的政治问题。在货币政策无计可施的情况下，财政政策重回历史舞台的中央。这意味着政府在经济中以救世主的身份重临天下，历史将进入一个由强势政府主导的阶段，自由市场机制会失去往日的光环。这是一个不以人的意志为转移的“大变局”。

在我看来，需求不足在未来两三年仍将主导经济的基本关系，也就是说需求拉动通胀重临的概率不大。通胀的出现，更可能是由供给的冲击所导致，例如，自然灾害、贸易禁运和经济制裁，供给冲击通常带来的结果就是“滞胀”，增长下行而利率上行，债务风险一触即发，结果是灾难性的广谱资产价格下跌。在世界秩序解体的进程中，“滞胀”将成为一种现实的可能。遗憾的是，这出债务政治的戏码，超出了经济预测的范畴。

山头斜照：疫苗复苏的未来想象 *

100年前的“西班牙流感”之后，西方世界进入10年的繁荣期，史称“咆哮的二十年代”。2021年，随着新冠疫苗的问世和广泛接种，一个新的“咆哮的二十年代”正在不远处等待着我们。其中至少有三个历史性趋势，浩浩荡荡，不可阻挡。

一、全球经济有望步入由疫苗广泛接种带来的普遍复苏

进入2021年，曾经困扰全球市场的若干重大不确定性因素，如美国大选、英国脱欧等的影响正在逐渐消失，当前影响全球经济运行最为关键的因素还是新冠肺炎疫情的演变。不过，随着新冠疫苗的问世和广泛接种，全球经济有望进入共振复苏的阶段。

事实上，虽然全球范围内新冠肺炎确诊病例数量还在增加，但是病亡率早在2020年的二季度就开始持续走低。根据数据，在新冠肺炎致死案例中，65岁以上的老人占比达80%。这意味着，在

---

* 本文首次发表为招商银行“首席观点”研究报告，2021年1月25日。

高危人群（医护人员和老年人）完成接种并获得免疫保护之后，这一病亡率还将继续下行。人类对新冠病毒的恐惧情绪将逐渐减弱，医疗系统的压力将得到大幅缓解。欧美国家的医护人员和老年人的数量约占总人口的20%，这部分人可望在2021年一季度完成接种。要达到群体免疫则需要更长的时间。然而，经济活动的复苏并不需要等到群体免疫的那一刻。人类既要顽强地同新冠病毒作斗争，不放弃将新冠肺炎疫情彻底结束的可能性，又要在新冠病毒的威胁之下努力恢复正常的生产和生活。

目前，全球几款获得紧急使用授权的疫苗的有效率均显著高于传统流感疫苗。基准的判断是，今年全球经济有望实现因疫苗的广泛接种而带来的复苏。我们不妨称之为“疫苗复苏”。

二、“疫苗复苏”对海外生产起到强劲的提振作用

在新冠肺炎疫情冲击下，欧美的刺激政策以资助居民家庭为目标，我国的刺激政策以支持企业为主。表现在欧美向居民派发现金，中国为企业减负让利。从经济运行的结果看，欧美家庭获得现金资助，消费强劲而企业生产受损（见图1.8）；中国防控措施严厉而有效，消费受损而企业生产强劲（见图1.9）。中国和外部世界在新冠肺炎疫情防控期间构成了特殊的经济关系：中国生产替代海外生产（进口替代），海外需求向中国外溢（出口替代）。

如果“疫苗复苏”的判断成立，上述特殊经济关系很可能将出现逆转。首先将表现在欧美的生产恢复，随之中国生产在新冠肺炎疫情全球性大流行时期的替代作用势必走弱。这一过程是渐进的，也是相当确定的。在经济数据上，可以观察到的趋势是，一方面，中国出口占全球出口的比重将从2020年第三季度的高位回

落，即中国出口在全球贸易中的份额下行；另一方面，疫苗接种带来的经济复苏将推动贸易活动增加，中国出口得益于全球出口市场的回暖。结构和总量此消彼长，边际上决定了未来中国经济运行的形态。

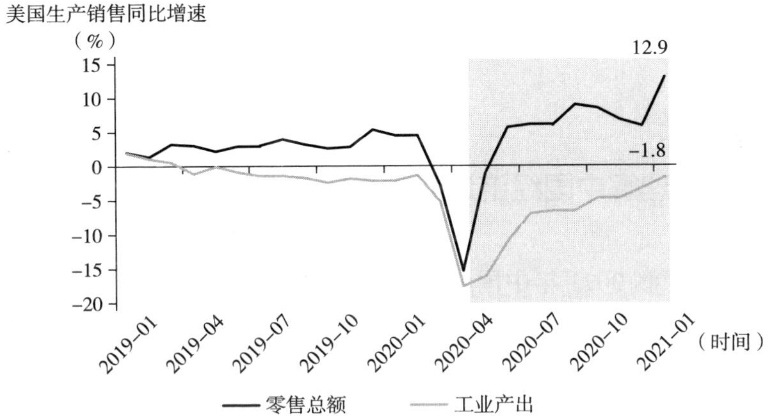

图 1.8 美国消费强劲而企业生产受损

资料来源：Macrobond 数据库，招商银行研究院。

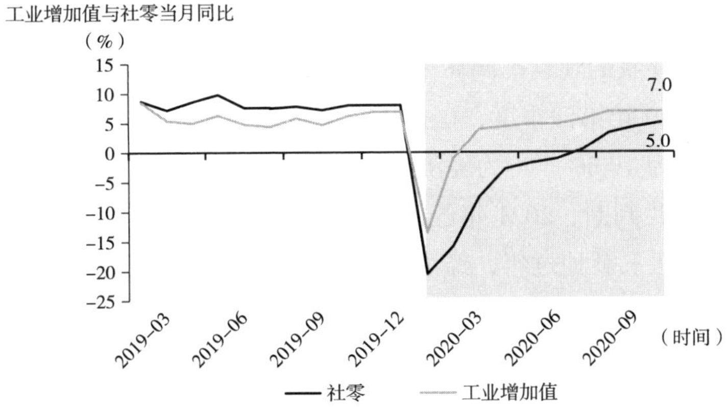

图 1.9 中国消费受损而企业生产强劲

资料来源：Macrobond 数据库，招商银行研究院。

不难理解的是，疫苗对海外经济的提振作用大于对中国经济的提振作用。这当然是因为新冠肺炎疫情对中国和外部经济的损害程度不同。对美国和世界而言，2021 年经济上行幅度存在超出预期的可能性。拜登上台，民主党控制参众两院，新任财长耶伦在国会做证时明言将有“大动作”。相对而言，中国经济今年具有比较确定的前景，难有大的惊喜。

三、正确理解中国经济运行的真实形态

我们预测 2021 年中国经济将全年增长 8.8%。形态上按季同比前高后低，第一季度的增速可能为 15%~20%，然后逐季快速回落，至第四季度在 5.5% 附近。不过，由于 2020 年同期基数的异常，这几个常用的同比数据很容易被误读，出现两种互相矛盾的观点：一是全年 8% 以上的实际增速，似乎经济重回高速增长轨道；二是季度同比逐季下行，经济表现看起来越来越差。

正因为同比数据很可能产生误导，要判断中国经济运行的真实形态，需要我们观察季调环比数据，把上半年的异常数据从基数中排除。2020 年第四季度，国内生产总值同比增速为 6.5%，季度环比折年率为 10.8%，均为经济运行在潜在速度之上的判断提供了有力证据。我判断，2021 年经济季度环比增速可能的形态是：一季度防疫升级、就地过年，经济活动环比趋于放缓，可能运行在潜在水平之下；之后两个季度受益于全球经济复苏带来的外部需求上升，增速再次上行至潜在水平之上，四季度受制于中国生产替代效应的消退和全球贸易份额的减少，环比增速再次下行。从环比看，我认为经济增速难以维持在潜在增速之上，拐点可能出现在 2021 年第四季度。

四、范式转移：消费成为经济增长的引擎

随着中国生产的替代效应逐步消失，出口增长难以维持在目前的高位，有可能出现较为明显的回撤。如果出口制造业这一生产链条逐渐失去动力，经济增长能否持续？这里涉及一个讨论已久的范式转移——内需驱动。

所谓内需，一是投资，具有逆周期调节功能，常被用于保增长；二是消费，具有顺周期的特点，很容易被忽视。随着“疫苗复苏”，顺周期的消费有望成为经济增长的主要引擎。长远看，党的十九届五中全会提出的“全面促进消费”，无疑是十分正确的方向。从发展规律上讲，最终消费对我国经济增长的贡献将明显低于其他高收入国家，但仍有很大的提升空间。关键在于提高居民可支配收入和激发居民的消费潜力。

从先行指标看，我国 PMI（采购经理指数）就业分项指数正在逐步改善，居民可支配收入增速重回正轨（见图 1.10）。加之受低基数的影响，为今年的反弹创造了空间。可选消费和服务消费具有较强的弹性，2021 年消费需求有望得到进一步释放。目前，我国的人均国民收入已超过 1 万美元，激发居民的消费潜力是实现内循环增长范式转换的关键。

过去 5 年，住房消费占居民消费的比重迅速从 10% 上升至 25%，制约了其他消费潜力的提升，需要改变过于偏重居住的消费结构。展望未来，中央反复强调“房住不炒”，居住消费占比有望保持稳定，医疗保健、教育文化、娱乐出行等服务型消费构成新的增长源泉。

现在，我们就可以十分清晰地理解党的十九届五中全会对促进消费的要求了。当出口增长失去动力的时候，内需应该成为经济的引擎。要刺激消费，就必须“提高人民的收入水平”；要提高居民

的消费潜力，必须在“促进住房消费健康发展”的同时“发展服务消费”。这关系到增长范式的转换，如果2021年出口形势逆转，那么留给我们的时间就不多了。

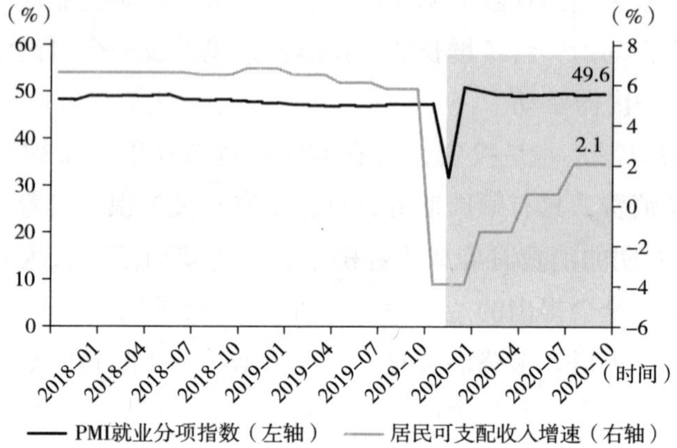

图1.10　PMI就业分项指数与居民可支配收入增速

资料来源：Macrobond数据库，招商银行研究院。

五、全球性大流行的遗产：“咆哮的二十年代”

今年，全球经济有望步入由疫苗广泛接种所带来的复苏，人类将迎来最终战胜新冠肺炎疫情的曙光。站在“疫苗复苏的前夜”，或许是时候展望疫后的世界，思考一下新冠肺炎疫情大流行会给我们留下哪些“遗产”了。

历史上，大流行病对经济社会造成了不同程度的永久性影响，催生了政治变革和科技发展。100年前的“西班牙流感”，疫后西方社会进入了10年的繁荣期，被史学界称为“咆哮的二十年代”。医学、工业、运输等部门出现了创新引领的科技浪潮，汽车、飞机、冰箱、电视机、收音机等产品快速普及，助推社会经济持续高速增长。在20世纪20年代，美国的年均经济增速达到5%，道琼斯工业指数上涨了5倍。社会经济繁荣，文化艺术兴盛，百姓生活富足，使西方社会生产力迅猛发展。

百年之后，新冠肺炎疫情大流行。疫苗快速问世，人类依靠科学和理性的力量与病毒斗争，进一步加快“百年未有之大变局”的演化速度。我们有理由相信，一个新的“咆哮的二十年代”正在不远处等待着我们。其中，至少有三个历史性趋势，浩浩荡荡，不可阻挡。

一是中国赶超美国。新冠肺炎疫情加快了中国实现赶超的速度。中国经济的体量正在超越欧盟，中美之间的差距也在快速缩小。部分国际组织和智库机构认为，中国将在2028年超越美国，比此前预测的时间点提前了两年。中国的崛起将不可避免地催化世界格局的转变。在可预见的将来，一场认同政治之争，势必成为中美竞争的主题，我国所面临的国际环境将日趋严峻复杂。

二是经济安全成为最重要的国家安全。新冠肺炎疫情之下，部分西方政客和商界人士认为，全球化下产业链分工过细过长、过分依赖中国的缺陷暴露无遗。我国依靠完善的产业链结构、持续向好的防疫形势，实现了对其他国家生产的替代，我国在全球市场的份额显著上升。这种力量的此消彼长，自然引起了西方国家的“挫败感”。新冠肺炎疫情之后，我们有理由相信，西方国家将更加重视自身的“经济安全”，推动产业链布局回归“本土”。

三是贫富差距拉大，推动政治倾向“左转”。从全球看，新冠肺炎疫情对依赖工资收入的低收入人群冲击更大，而高收入人群则受益于宽松的货币政策所带来的股票和住房等资产价格的上涨，贫富差距进一步拉大。历史告诉我们，日益拉大的贫富差距，将推动政治和经济政策向“左转”，自由主义经济主张失去感召力，“公平”将重回国际政治经济的主题。

未雨绸缪：中国出口增长面临均值回归*

2020 年，在新冠肺炎疫情冲击下，我国以人民币计价的出口全年同比增长 4%，是主要经济体中唯一实现出口正增长的国家。净出口拉动经济增长 0.64 个百分点，对经济增长的贡献率达到 28%，创下 23 年来的最高纪录。出口表现成为新冠肺炎疫情下我国经济一道最亮丽的风景线，支撑着特殊时期的经济大局。

随着全球经济有望步入疫苗广泛接种带来的普遍复苏，一个迫切需要回答的问题是，我国出口的高增长是否可以持续？答案可能是否定的。我们需要做好准备，未雨绸缪。

一、什么原因导致 2020 年出口高增长？

在新冠肺炎疫情之下，我国与外部世界在防疫强度和刺激政策两方面都形成了鲜明对比。在疫情防控方面，欧美国家普遍实施“弱封锁”政策，其目标是在医疗资源不出现“挤兑”的情况下，

---

* 本文首次发表为招商银行“首席观点”研究报告，2021 年 1 月 26 日。

尽力保障经济社会的正常运行。这种弱防疫政策，虽然能维持社会生活的基本运转，但也使疫情多次反复，导致经济活动持续受到冲击，因而备受诟病。

在政策方面，欧美以支持居民部门为主，表现为政府向居民派发现金。2020 年，美国实施了四轮财政刺激，总量近 4 万亿美元，其中约六成资金直接或间接流入居民部门。尽管这期间经济活动受损，失业率提升，工资性收入骤减，但大规模的财政补贴使居民的可支配收入显著增加（见图 1.11），支撑消费强劲反弹。

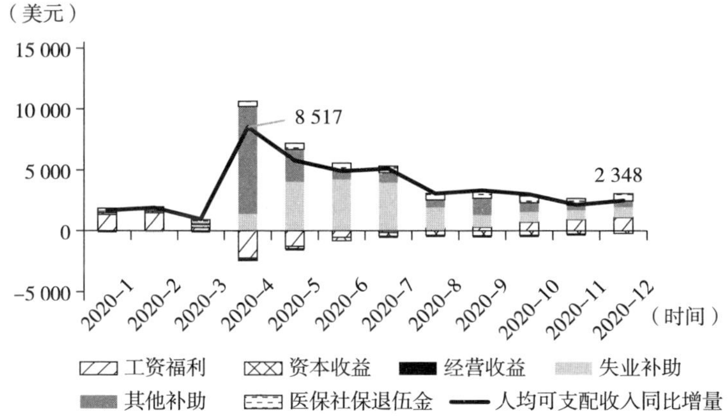

图 1.11　美国居民人均可支配收入结构

资料来源：Macrobond 数据库，招商银行研究院。

我国的防疫政策和经济政策与欧美有着明显的差异。在防疫政策上，我们在短时间内通过严格的隔离措施基本阻断新冠病毒在国内的传播链，代价则是经济的暂时“停滞”。新冠肺炎疫情受控后，经济增速逐月走高，2020 年第四季度已升至潜在水平上方。在经济政策上，中国在新冠肺炎疫情防控期间实施的刺激经济政策以支持实体企业部门为主，主要通过加大减税降费力度、降低贷款利率、延期还本付息等措施为企业减负。

从经济运行的结果看，严格而有效的防控措施，叠加面向企业的政策支持，使消费与生产出现背离，消费由于居民收入增速放缓、常态化疫情防控措施限制等原因，增速始终未能恢复至疫前水平，而生产端则在房地产、基建以及出口制造业的带动下，迅速复苏，2020 年第四季度增速已超过近年同期水平。

如此一来，中国和外部世界在新冠肺炎疫情防控期间构成了一种特殊的经济关系：中国生产替代海外进口（进口替代），海外需求向中国外溢（出口替代）。正因为如此，2020 年 4 月起，从出口看，中国商品在全球出口市场的份额明显上升；从进口看，国产替代了部分进口，这导致贸易顺差扩大（见图 1.12），净出口对经济增长的贡献显著提升，并驱动着制造业投资加速上行。

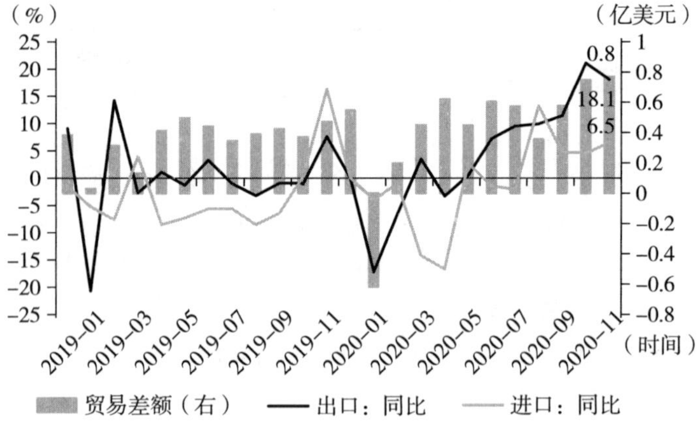

图 1.12　中国进出口金额当月同比及贸易差额

资料来源：Macrobond 数据库，招商银行研究院。

二、此消彼长的力量：市场份额与贸易总量

进入 2021 年，随着新冠疫苗的问世和广泛接种，全球经济有

望从低谷回升。疫苗提供了一种替代大规模隔离措施的有效手段，各国政府可以通过推广疫苗接种，降低死亡率，缓解医疗系统的压力，促进正常生活的恢复。

当前全球主要国家已开始推广疫苗接种，虽然前期由于物流、接种点和其他保障部门均未做好准备等问题，接种进度不及预期，但随着分发策略的改进，接种速度正在不断提升。主要发达国家有望在 2021 年第一季度完成高危群体的接种工作，将减轻医疗资源的压力，政府将逐步放松管制，经济复苏开始加速。

欧美经济复苏将首先表现在生产方面的恢复上，并且这一趋势已经出现。2020 年下半年以来，欧美制造业 PMI 指数开始逐渐提升，目前已经运行在荣枯线以上。预计在疫苗的作用下，劳动人口将逐步获得免疫，疫情对生产端的制约大幅减弱，叠加全球供应链有序地修复，欧美国家的生产活动有望在下半年回归正常。

因此，一个合理的预测是，中国生产的替代效应将逐渐消退。从前瞻性指标来看，全球制造业景气度持续提升，近期已对我国外需形成挤压，表现为 2020 年第四季度以来新出口订单指数的回落。反映在出口上，未来中国商品在全球出口市场的份额将逐步降低，回到历史均值水平。同时，此前失去出口市场的其他国家的份额可能回升。不过，从全球看，经济复苏的节奏并不是线性的，由于大多数发展中国家要在短期内普及疫苗的可能性仍然不高，因此短期内我国部分出口商品在国际市场上仍有望维持一定的供给优势。

此外，2021 年在全球经济复苏的大背景下，贸易活动有望回暖。2020 年第三季度，全球货物贸易晴雨表指数大幅回升，预示着在接下来的一到两个季度里，全球贸易将快速恢复，经济复苏将带来全球贸易蛋糕的做大。WTO（世界贸易组织）预测，2021 年全球贸易量将同比增长 7.2%。此外，拜登政府正在推动的新一轮财政刺激政策，也将对我国外需增长产生一定的支撑作用。因此，尽管我国可能失去部分市场份额，但在 2021 年的大部分时间，我国仍将得益于全球贸易蛋糕的做大，享受经济复苏带来的外需增加。

综上，2021 年上半年我国出口仍有望保持景气。一是由于欧美国家继续维持货币宽松和财政刺激的政策组合，居民消费需求保持旺盛；二是疫苗起效和重新组织生产都需要一定的时间，欧美国家的供给不会马上恢复，供需缺口短期内仍会存在；三是当前美国大部分消费品库存水平偏低，补库存有利于稳定我国货物出口量。

三、出口增速势必回落

不过，在做大的贸易蛋糕和缩小的市场份额的共同作用下，我国出口景气最早可能在 2021 年第四季度，最迟在 2022 年上半年将出现明显下行。除替代效应衰减之外，还有多方面不利因素对我国出口形成制约。

一是人民币升值对出口的负面影响逐渐显现。2020 年人民币汇率整体走势偏强，但受制于经常项目差额缩窄、全球疫苗普及削弱中国疫情防控优势、中美利差的见顶回落等因素的边际变化，人民币汇率的升值将不会是直线型，而是双向波动型的，在节奏上将呈先升后贬的形态，总体上仍将对出口造成不利的影响 。

二是西方国家对自己所产生的“中国依赖”的警觉可能加速我国出口市场的流失。新冠肺炎疫情充分地暴露了全球化背景下产业链分工过细过长的缺陷，挑战了此前全球化发展中唯效率论的逻辑。新冠肺炎疫情防控期间，各国对中国商品的依赖程度加深，令发达国家深感不安。美国方面，尽管拜登承诺在全球经济恢复前不增加任何关税，但从“遏制中国”的立场出发，美国也不会轻易削减或撤销特朗普政府对华加征的关税。另外，拜登大概率将削减对欧洲和亚太盟友的关税，相当于间接提升了对华关税。

三是发达国家的经济复苏更多将集中在服务业，对我国商品出口的提振作用有限。发达国家商品零售业受新冠肺炎疫情影响较小，而服务业受冲击较大，未来总需求的复苏将更多地偏重于服务消费，而商品消费提升空间有限。由于服务的可贸易性显著弱于商品，其对我国出口的提振作用也将相应地减弱。

四是防疫物资出口增速将逐渐放缓。新冠肺炎疫情暴发后，全球医疗物资需求骤增，支撑我国出口增长保持高位。随着疫苗起效，防疫物资需求持续减弱，此前高企的医疗器械、口罩、防护服等防疫物资出口增速将逐渐放缓。

四、未雨绸缪：实现增长动力的切换

随着全球经济的恢复，我国出口的复苏效应与替代效应此消彼长，边际上将决定未来中国经济运行的形态。预计自 2021 年下半年开始，发达国家的生产和贸易活动将逐步回归正常。这意味着我国出口的复苏效应将逐步上升，相应地，替代效应将显著衰减。叠加人民币汇率走强、全球化逆流等多方面不利因素，可能使得我国出口景气在 2021 年第四季度出现拐点。

若看得更远一些，2022 年的出口形势不容乐观。我们需要未雨绸缪，平稳地切换经济增长的引擎。内需应接替出口“退潮”后留下的空白，成为经济增长的主要引擎。扩大内需的关键在于提振消费。《中共中央关于制定国民经济和社会发展第十四个五年规划和二〇三五年远景目标的建议》，已把“全面促进消费”作为建设强大国内市场的重要举措。促进消费包括两方面内容：一是通过增加可支配收入、调整收入分配、强化社会保障，提升居民的消费能力和消费意愿，从而扩大消费规模；二是培育新型消费，加快消费升级，释放人民更加多样化、个性化的潜在需求。

后疫情时代：通胀真的要来了吗？*

2021 年以来，伴随疫苗的加快接种，经济恢复前景乐观，市场的通胀预期迅速升温。驱动美国 10 年期国债收益率从不到 1% 快速升至 1.6%，上行 60 多个基点，导致全球股票市场大幅波动，不免使得投资者惶惶然，对通胀上行的担忧加剧。

在全球经济迈入“疫苗复苏”的关口，通胀真的要来了吗？

一、驱动通胀预期上行的因素

目前，主要经济体的通胀数据持续处于较低水平，仍低于央行 2% 的目标。不过，金融市场更加关心通胀的预期指标，而不是落后的实际通胀统计数据。2021 年 1 月，美国 CPI（消费者物价指数）同比为 1.4%，2 月上升至 1.7%，基于通胀保值债券（TIPS）所隐含的通胀预期上升速度更快，截至 3 月 11 日，盈亏平衡通胀率已升至 2.51%。实际通胀数据与市场通胀预期的背离正在扩大（见图

* 本文首次发表为招商银行“首席观点”研究报告，2021 年 3 月 21 日。

1.13）。可见，市场投资者对通胀上行的担忧正在加剧，驱动这一变化的可能因素有三个。

一是“疫苗复苏”。从周期的角度看，美国的通胀率从 2020 年第三季度开始回升，反映了新冠肺炎疫情的演变对经济的影响（见图 1.13）。2021 年，随着疫苗接种率的上升和新增确诊病例数量的回落，全球经济活动加快恢复，推升着 CPI 水平，进而强化通胀上行的预期。

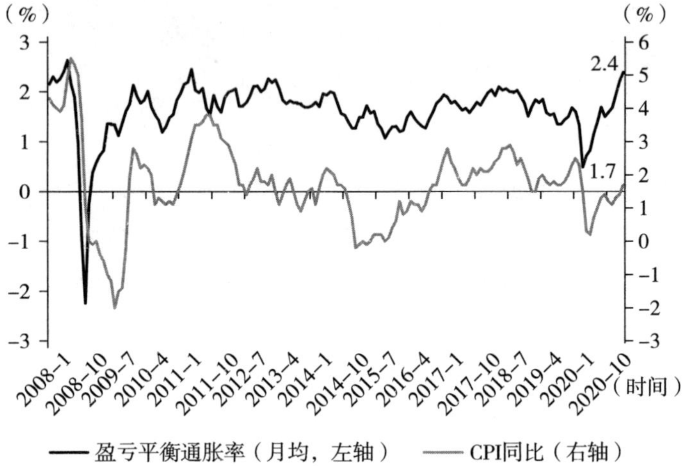

图 1.13　美国实际通胀与市场预期通胀背离扩大

资料来源：Macrobond 数据库，招商银行研究院。

二是“财政主导”。2020 年，美国共实施了四轮新冠肺炎疫情救助计划，总额高达 3.9 万亿美元，相当于美国 GDP 的两成。其中超过六成是对居民的现金补贴，支持消费支出回升，带动 CPI 上行。2021 年初，拜登政府提出 1.9 万亿美元的财政刺激方案，其中包括近 1 万亿美元的居民部门补贴。这一方案的推出，正值经济复苏和就业恢复的阶段，进一步强化了通胀预期。

三是大宗商品价格上涨。截至 2021 年 2 月底，RJ/CRB（路透商品研究局指数）上涨 9.3%。能源和工业品涨势尤为明显，LME

（伦敦金属交易所）锡价上涨 33.9%，WTI（美国西得州轻质原油期货）原油价格上涨 29.2%，LME 铜价上涨 18.5%。其中，原油价格与美国的 CPI 走势高度相关，且存在明显的领先—滞后关系。2020 年底 OPEC+（欧佩克）会议达成新减产协议，各成员自 2021 年 1 月起每月减产 720 万桶 / 日，沙特阿拉伯承诺额外减产 100 万桶 / 日。2021 年 3 月会议决定维持减产规模不变，沙特阿拉伯将额外减产维持到 4 月。EIA（美国能源信息署）预测，全球原油库存将以 60 万桶 / 日的速度下降，这在相当大的程度上支持了全球原油价格稳步上行。加之全球经济逐步复苏，以及美国暴风雪和冻雨天气对原油产量产生的负面影响，原油价格明显上行。

二、通胀预期将会以什么形式兑现？

市场出现对通胀上行的预期，投资者真正的担心是通胀预期将如何兑现。是温和的再通胀，还是持续的高通胀，或是更加可怕的“滞胀”？

首先，通胀预期的确是实际通胀的领先指标，一般领先 2~3 个月。若这一关系继续成立，2021 年第二季度美国 CPI 将突破 2%。在美国 1.9 万亿美元财政刺激方案落地和 OPEC+ 减产协议的推动下，这一前景的可能性增加。一方面，在 2021 年 9 月之前，符合条件的居民将收到 1 400 美元 ① 的支票，失业人士每周还可得到 300 美元的联邦补贴。参考 2020 年 3 月《关怀法案》实施后的效果，2021 年第二季度美国 CPI 会有较大幅度的增长。另一方面，

① 年收入小于 75 000 美元的居民一次性发放 1 400 美元，年平收入高于 75 000 美元的居民补贴递减，年收入高于 80 000 美元的居民无补贴。

2021 年 3 月 OPEC+ 会议达成协议，维持原有减产计划不变。这一决定可能继续推升原油价格。截至 2021 年 3 月 11 日，WTI 原油价格已升至 65 美元 / 桶，而 2020 年 3 月原油价格处在历史低点。[①]

其次，财政刺激政策对通胀的拉动作用，大概率将难以持续。此轮财政刺激政策的实施对美国居民收入的提升作用是短期的，大约为半年期。重要的是，随着美国经济继续复苏，进一步实施财政刺激政策的概率明显下降，必要性也将减弱。所以，我们倾向于认为，财政刺激政策对通胀的拉动作用可能是短期的，长期通胀前景仍然温和。

再次，油价对通胀影响的方向存在疑问。目前油价上行主要来自原油供需的不均衡，特别是减产协议对供给的约束。在历史上，这种约束并不稳固，油价上升刺激生产，“囚徒困境”通常导致供给增加。更重要的是，美国重回《巴黎协定》，必将加快调整能源消耗结构的速度，石油能源的需求趋于下降。

最后，基数效应制约了通胀运行的整体形态。2020 年美国 CPI 走势“前低后高”。相应地，2021 年美国通胀同比将呈“前高后低”的态势，高点大概率出现在第二季度；受高基数的影响，第三、四季度通胀水平同比将出现下行趋势。

所以，持续性高通胀的理据不足。从 10 年与 5 年盈亏平衡通胀率看，10 年通胀率预期上升斜率较为平缓，说明市场的长期通胀展望仍然稳定。

至于所谓的“滞胀”，就更加难以成立了。美国 20 世纪 70 年代出现的“滞胀”，表现为经济增长停滞而通胀率和失业率快速上行，根源是两次石油危机导致的油价和工资螺旋式上涨对供给端造成了极

---

① 2020 年 3 月，俄罗斯和沙特阿拉伯无法就减产规模达成一致，沙特阿拉伯报复性地增加原油供给，导致原油价格大幅下跌。

大冲击。现在的情况是，美国经济处于恢复增长通道，通胀虽有抬头的趋势，但仍处于历史低位。同时，技术进步和全球化降低了劳动成本，工资—物价螺旋式上涨发生的概率下降。而且，油价对消费物价的影响远小于20世纪70年代。

三、美联储的货币政策会转向吗？

美联储的货币政策实行“双目标”框架，即充分就业和物价稳定。近10年来，美国的通胀率一直处于较低水平。在新冠肺炎疫情冲击下，失业率大幅上升，通胀率的波动幅度依然较小。与历史上盯住通胀目标不同，就业成为当前美联储关注的核心目标。

2020年8月，美联储对货币政策框架进行了修订，将锚定个人消费支出价格指数年均变化2%的“对称”通胀目标调整为“平均”通胀目标。这一调整实际上允许美国的通胀率在一段时间内超过2%，以“补偿”之前持续低迷的通胀。

当前，美国经济尚未完全恢复，就业仍远低于疫前水平。2021年2月，美国非农就业人数仍比疫前水平约少1 000万人。虽然美国临时性失业人数随着防疫措施的放松而快速下降，但永久性失业人数反而持续上升，从2020年2月的130万人一路升至350万人。

就业形势是美联储坚持“鸽派”立场的主要原因。2021年3月5日，鲍威尔在《华尔街日报》就业峰会上重申，经济离就业和通胀目标还有一段距离，美联储将继续维持目前的宽松货币政策，将联邦基金利率维持在零区间，维持每月至少800亿美债、400亿美元MBS（抵押贷款证券化）的购债规模。

重要的是，美联储认为美国并不会发生持续的恶性通胀，这一点与我们的判断相一致。在老龄化、智能科技和全球化的影响下，长期价格展望承受着下行压力。重要的是，经济恢复增长，通胀率回升至目标水平，正是货币当局乐见的现象。所以，目前来看，货币政策没有转向或收紧的必要。

四、通胀预期上行对我国的影响

目前我国 CPI 和 PPI 仍处于历史较低水平，不过，由于主要大类资产均为美元定价，美国形成的通胀风险，不可避免地会外溢到全球，对我国物价指标造成负面冲击。整体来看，美国通胀预期上行对我国的溢出效应主要体现在 PPI 上，对 CPI 的影响较小。

究其原因，我国 PPI 的变化主要由生产资料价格驱动，而大宗商品价格与生产资料价格之间有较好的领先—滞后关系。大宗商品价格上行将形成“输入型通胀”压力，拉动 PPI 上行。预计，2021 年中国 PPI 走势将呈“前高后低”的趋势，中枢位置在 1.5% 左右。

美国通胀预期上升对我国 CPI 的直接影响有限。原油价格上行，主要影响 CPI 非食品项中的居住（水电燃料）与交通通信（交通工具用燃料）。无论是从权重还是拉动力来说，这两项都对整体 CPI 的作用有限。

因此，2021 年我国 CPI 大概率将保持温和上涨，全年中枢位置将保持在 1.5% 附近。一方面，我国 CPI 的主要驱动因素为食品项，自 2018 年起，我国 CPI 持续处于“猪周期”中。2020 年 CPI 持续下行主要源于猪肉供给恢复叠加高基数效应所导致的猪肉价格同比快速下行。在供给持续增加的情况下，2021 年猪肉价格将整体低于 2020 年，对 CPI 形成下行压力。另一方面，从有效需求来看，2021 年在有效防疫及疫苗推广的大环境下，居民信心恢复，国内消费需求逐渐复苏释放，服务消费景气度将从低位回升，支撑核心 CPI 持续向上修复。结合能源、食品和核心 CPI 来看，2021 年我国 CPI 将随着经济的稳定而恢复上升，并处于合意的通胀区间。

与美国不同，我国货币政策实行的是“多目标”框架[①]，主要为价格稳定、促进经济增长、促进充分就业、保持国际收支大体平衡等。面对后疫情时期的经济复苏，回归中性将成为货币政策的基调。2021 年的《政府工作报告》强调宏观政策“不转急弯”，处理好恢复经济和防范风险的关系将成为中国人民银行的工作重心。《政府工作报告》设定 3% 的 CPI 通胀“上限”，为货币政策预留了充分的相机抉择空间。

不过，美国通胀预期上行以及收益率曲线陡峭上升，对金融市场的影响不可小觑。一是中美利差收窄，人民币升值压力明显缓解；二是长端利率上行，资本市场的估值调整压力加大，股票价格波动加剧；三是名义价格上行，相关企业盈利增加，资本市场的风格转换速度加快，结构性机会与风险共存。

五、结语：好通胀、坏通胀

2021 年，全球终于迎来新冠肺炎疫情的尾声，复苏大幕逐渐开启。通胀预期先于经济复苏，呈现出快速上升的势头。市场普遍担心各国脆弱的经济均无法承受通胀的再度冲击。值得庆幸的是，目前看来，通胀率上升更多来自经济恢复带来的温和再通胀。供给和需求的恢复，将使得通胀率逐步靠近疫前水平，恢复长期趋势，

① 《中华人民共和国中国人民银行法》规定，货币政策目标是保持货币价值的稳定，并以此促进经济增长。中国人民银行前行长周小川撰文表示，我国货币政策目标既包含价格稳定、促进经济增长、促进充分就业、保持国际收支大体平衡等四大年度目标，也包含金融改革和开放、发展金融市场这两个动态目标。

持续高通胀的可能性不大。

但我们仍需防范“坏”通胀的来临。进入21世纪以来，全球经济经历了金融危机和新冠肺炎疫情两次巨大冲击。可以预见，“疫苗复苏”将带来通胀预期的上行，考虑到当前各国史无前例的债务规模，金融市场机构极为脆弱，对通胀和利率的变化非常敏感。就连初始条件的微小变化，都可能带动资本市场长期而巨大的连锁反应。我们要预防通胀预期上升导致市场巨幅波动的“蝴蝶效应”。

第二章

转型与增长

近年来我国经济潜在增速进入下行通道，从高速增长转为中高速增长。经济结构优化升级，从要素驱动、投资驱动转为创新驱动。经济呈现“新常态”，转型与增长成为我国经济发展新的关键词。本章内容正是围绕这两个关键词来展开的。

经济增速下行的原因，一方面是劳动生产率的提高处于停滞状态，另一方面是劳动人口数量的收缩。2020年我国出生人口数量创下1962年以来的新低，适龄劳动人口的数量和占比连续9年出现双降。低生育率叠加死亡率下降与预期寿命的延长，我国人口年龄结构迅速老化，并深刻地影响着未来社会经济发展的路径，全面开放生育限制刻不容缓。但低增速并不意味着低质量。往年“唯GDP论”的错误理念曾多次误导人们对经济形势的判断。事实上，低增速能为传统过剩产能部门带来高盈利，低增速也能带来高质量增长。

在经济转型过程中，诸多新问题、新现象凸显。在居民端，“消费降级”一度引发市场热议。经过验证，“消费降级”其实更多地反映了在经济下行压力加大的背景下，部分居民收入效应的减弱，高杠杆对消费挤出效应的增加，以及服务供给相对不足对消费升级形成的制约。虽然国家再次修订《中华人民共和国个人所得税法》，但个税改革无法带来居民可支配收入增速的提升，也无法实现边际消费倾向的改善。在企业端，2017—2018年，民营企业的发展遇到诸多困难，大量民营企业退出市场，“国进民退”成为广泛关注的问题。2019年“减税降费”再一次惠及国有企业。进一步深化国企改革，提高国有企业向广义财政的分红比例，尽快改革国有资本经营预算制度，疏通国企分红直接进入公共财政的渠道，已成当务之急。在政府端，2019年之前我国政府将预期财政赤字率目标设定在3%这一“隐形红线”以内，对财政预算过程和调节效果构成了限制。实际上，所谓3%的赤字率红线并不存在理论依据和实证支持，亦与经济增长没有相关关系。以此作为赤字率的控制线不仅没有意义，还会束缚财政政策逆周期调节的巨大作用。

2021年，全球经济将进入疫后修复的大框架中。面对新形势、新机遇、新挑战，中共中央对“十四五”时期和2035年远景目标提出了定量指标，一是在“十四五”末达到现行的高收入国家标准；二是到2035年实现经济总量或人均收入翻一番，达到中等发达国家水平。这意味着“十四五”期间，中国将进入高收入国家行列，但在人口老龄化、外部环境不确定性、不稳定性上升的大背景下，要实现2035年远景定量目标，仍具有挑战性。未来我国经济发展将以推动高质量发展为主题，以深化供给侧结构性改革为主线，更加注重经济结构优化，把工作重点放在提高发展质量和效益上，以实现经济健康稳定发展。

此行何处："十四五"开局之展望*

作为"十四五"开局之年，2021年注定是变化的一年，也是挑战和机遇共存的一年。全球经济将进入疫后修复的大框架中，主要国家的经济增速将出现较大幅度的提升，形成"V"形反弹；中国经济回归常态，全年增速升至8%以上；货币政策将回归中性，财政政策依然积极，人民币仍有一定的升值空间；资本市场进一步开放和企业盈利的边际改善，将带动股市温和上涨。

一年以前，无人知晓人类会遭遇突如其来的新冠肺炎疫情。当时各大机构对经济的预判，在如今看来已经失去了意义。这场大流行病超出了所有人的预期，全球经济瞬间跌入谷底。为应对新冠肺炎疫情对经济社会的负面冲击，中央在"六稳"的基础上提出"六保"政策，财政货币转向"双宽松"，金融机构勇敢地承担起为实体经济减负的主体责任。进入2020年下半年，防控得当使得中国经济复苏前置于其他主要发达经济体，出口增长屡创新高。新形势下，2020年11月召开的十九届五中全会制定了"十四五"规划蓝图，提出构建"国内国际双循环"的新发展格局。

中国经济会走向何方？有必要对以下几个重要问题进行梳理和回答。

---

* 本文首次发表于《新财富》杂志，2020年11月24日。

一、中国经济：还会是“一枝独秀”吗？

2020 年，中国是全球主要经济体中唯一实现经济正增长的国家，可以用“一枝独秀”来形容。那么，2021 年中国还会是“一枝独秀”吗？现在看起来，上半年还会是，下半年全球应该会进入一个共同复苏的轨道。

观察 2021 年经济运行的特征，有两点值得关注。一是中国经济的突出表现，主要得益于新冠肺炎疫情受控，这使得我国经济复苏前置于世界其他主要经济体。在新冠肺炎疫情还在海外肆虐的特殊时期，中国的生产和供应成为全球最稳健和最安全的选择。二是海外的经济恢复，依然受到新冠肺炎疫情的影响，复苏的速度取决于疫苗接种的进展。虽然全球确诊病例数量还在不断上升，但死亡率却在下降。这意味着人类对于新冠肺炎疫情的认知在不断加深，并且各国在加速推动治疗方案的形成和疫苗的研发。人类终将迎来战胜新冠肺炎疫情的曙光。

疫苗的推出和广泛的接种，让这场肆虐全球的新冠肺炎疫情有望得到控制，并推动全球经济加快恢复。当全球生产活动恢复后，中国的生产和供应将不再是唯一的选择，全球经济将回到新冠肺炎疫情以前的框架，中国的经济增长也将回归潜在水平。

二、出口：替代效应还会继续吗？

出口贸易“异军突起”是新冠肺炎疫情下最出人意表的亮点，也是目前最值得讨论的问题之一。2020 年第二季度，新冠肺炎疫情迅速在海外蔓延开来，我国对外出口开始明显回升。这主要是因为，海外的生产和供应都遭到了新冠肺炎疫情的破坏，而我国疫情得到了有效控制，生产能力迅速恢复，从而对海外生产形成了替代。

目前大家谈论较多的是出口替代。时至今日，海外生产和供应链的受损仍未得到完全修复，而补库存需求进一步拉动了我国的出口增速，特别是传统产品和防疫产品。但这只是替代效应的一个方面，另一个容易被忽视的领域是，进口替代对我国生产活动的刺激作用。2020 年第四季度，我国的工业增加值同比增速已经超过了新冠肺炎疫情前的潜在水平。生产活动如此活跃，部分原因是进口的替代效应，特别是在高端制造业方面。最近我们做了两个企业调研，涉及压缩机和精密仪器的生产，以前这两个领域的主要竞争对手是海外同类企业。由于今年海外供应受阻，出现国内市场的进口替代，推升了相关制造业的生产。这一年的时间窗口为中国企业争取了难得的成长机会和市场空间。

2021 年这种替代效应还会延续吗？答案大概率是否定的。随着全球经济的逐步恢复，我国的进出口会回归趋势水平，这是均值回归的力量。

三、美元：进入长周期熊市了吗？

当下，认为美元进入长周期熊市的声音不绝于耳。从历史来看，美元熊市周期平均持续 5~6 年，跌幅在 20%~30%。单从美元指数上来看，近一年美元的确呈现了一个下行的趋势。但说美元下跌是长周期趋势，我认为依据仍然不足。

从经济基本面来看，美国与非美地区的经济增长并不是简单的“美帝一天天坏下去”的格局。相较于欧洲，美国的创新机制对经济增长的拉动力仍然很强，我不认同“欧洲经济基本面将长期超越美国”的观点。另外，考虑到美欧利差的边际变化趋于钝化、赤字对美元的拖累边际弱化以及美元信用长期仍然稳固三方面因素，现下并不能做出美元长期下跌的判断。美元指数的下行更多是由经济复苏、市场风险偏好提升所导致，美元本身的“避险”逻辑丝毫未变。

那么，人民币会继续升值吗？或许还会持续一段时间，但不存在长期升值的逻辑。一是国内经济复苏明显前置于其他国家，会对汇率形成支撑。但到了 2021 年下半年，全球主要经济体的增速会向一个均值或者常态收敛；二是中国的货币当局无意看到人民币汇率长期上升。我们的政策目标是“保持人民币汇率在合理均衡的水平上稳定”，并增加人民币汇率的弹性。特别是，考虑到汇率上升对出口产生的不利影响，中国货币当局还是希望人民币汇率保持在一个稳定的区间内。所以，人民币虽有一定的升值空间，但不宜简单地确定为趋势外推。

四、RCEP：多边体系重建的契机

历时 8 年之久的 RCEP（《区域全面经济伙伴关系协定》）正式签署，并引发热议。追根溯源，RCEP 是在东盟十国的倡议的基础上扩展的一个多边体系，也就是所谓的“10+3+2”（东盟十国 + 中日韩 + 澳新）。在全球化重拾保护主义的背景下，RCEP 的签订为多边合作构建了一个“样板”，可能会推动搁置已久的多边贸易谈判的进程。从重建全球多边体系的意义上来看，RCEP 的签订是一个正面的引导。

但详细地解剖 RCEP 所包含的经济体，可以发现其具有两个特征：一是 RCEP 包含的基本上是出口导向型经济体，它们都是上一轮全球化和自由贸易的共同受益者；二是 RCEP 包含的国家可以理解为全球主要的制造业中心，处在全球贸易的供给端，而不是需求端。构建完整的多边贸易体系，必须包含供给与需求两端。从这个意义上讲，RECP 的签署，为多边体系的重建提供了一个契机。但是，因为美国和欧洲的缺席，自由贸易之路依然崎岖。

五、中美关系：拜登新政

拜登获选已尘埃落定，特朗普的卸任令人处于希望高涨的状态。拜登上台，肯定会对中美关系的未来产生影响。

不过，中美关系的性质是不会改变的，也不会以人的意志为转移。特朗普和他的幕僚 4 年来的所作所为，使中美已经不可能回到战略伙伴关系，拜登将延续两国之间战略竞争的定位。拜登带来的变化，更多是行为上的，可能会重回彬彬有礼的职业外交传统。拜登会通过争取盟国的认同来实现美国的领导力，继续遏制中国。

不过，拜登上台还是为中美关系打开了一定的合作空间。一是拜登可能会恢复奥巴马时期与中国建立的战略经济对话渠道；二是拜登明言要重回世界卫生组织，双方有可能在全球防疫以及疫苗研发等议题上进行合作；三是拜登新政中最重要的议题之一是“绿色新政”，他本人强调要重回《巴黎协定》。这与我国的绿色经济发展目标不谋而合，有可能形成共同的利益。

六、债券违约：可能导致系统风险吗？

2020 年底，信用违约事件增多，给市场带来了一些恐慌。在货币和信用政策从宽松走向中性的过程中，信用事件的出现是可预期且正常的现象。我们需要关注的是，这些违约事件究竟是个体的失败还是系统性的风险。我认为，迄今为止发生的违约，主要是个体的失败。

重要的信用事件通常会导致投资逻辑的重构，进而体现在市场价格的波动上。债券市场的价格发现功能是否有效，存在一个难题，就是对地方政府和国有企业的“神秘信仰”。近期的违约事件引起了监管部门的高度关注和积极介入以维护市场稳定，相信这些违约事件能够得到妥善处理，不会构成系统性风险。

展望 2021 年，在货币政策回归中性的过程中，将会持续发生违约事件。如果是有序违约，打破刚性兑付，那么对信用定价和信用市场的发展来说是有益的；如果是无序违约，那就有可能形成系统性风险，需要宏观管理部门的及时介入。

七、此行何处：“十四五”开局之年的经济展望

一个比较确定的前景是，全球经济将进入疫后修复的大框架之中。主要国家的经济增速都会出现较大幅度的提升，形成“V”形反弹。不过，我们不要被同比增速所迷惑，全球的经济活动离潜在水平还有一段距离。因此，美联储和欧洲央行将继续实施宽松的货币政策，将利率维持在较低的水平上。在财政政策方面，欧洲将继续推动现有政策落地，拜登的上台或推动美国实施更大规模的财政刺激政策。

中国经济将回归常态。由于基数原因，按季度的经济增速前高后低，全年增速将超过 8%。在政策方面，货币政策回归中性，财政政策依然积极。在金融市场方面，人民币仍有一定的升值空间，

但不宜过于高估。在股票市场方面，资本市场进一步开放和企业盈利的边际改善，将带动整体股市温和上涨。

新冠肺炎疫情仍有诸多不确定性，对人类活动的影响充满变数。逆全球化的趋势和中美紧张的关系很难有实质性转变，地缘政治环境或将继续恶化。但我们也要看到变化中的机遇，区域合作意愿正在提升，人类拥有共同的利益并推动全球多边体系的重建。涤旧荡新，做好准备，怀抱希望，才能在时代更迭的风浪中屹立不倒。

高收入国家之辩：关于“十四五”规划定量目标的思考 *

党的十九届五中全会通过了《中共中央关于制定国民经济和社会发展第十四个五年规划和二〇三五年远景目标的建议》（下称“规划建议”），新华社同时发布了习近平关于规划建议的说明（下称“规划说明”）。这两份重要文件，不仅涉及下一个五年规划，还关系到我国未来15年乃至更长时期的发展目标。

一、规划建议和规划说明中的定量表述

在规划建议中，涉及经济社会发展目标，在表述上以定性的方式为主，蕴含定量的方式。关于2035年的远景目标，只有一句话蕴含定量的内容，即“人均国内生产总值达到中等发达国家水平”。除此之外，规划建议文本中没有提出其他诸如增长速度之类的定量发展目标。

而在规划说明中，则包含了多一些的定量内容。习近平指出：

* 本文首次发表为招商银行“首席观点”研究报告，2020年12月9日。

“文件起草组经过认真研究和测算，认为从经济发展能力和条件看，我国经济有希望、有潜力保持长期平稳发展，到‘十四五’末达到现行的高收入国家标准、到2035年实现经济总量或人均收入翻一番，是完全有可能的。”习近平同时要求，下阶段具体编制规划纲要时，在认真测算的基础上提出相应的量化目标。

所以，关于“十四五”规划和2035年远景目标的具体量化，还是可以进行进一步讨论的。综合来看，规划建议和规划说明蕴含了两个时点、两个量化的表述：一是“十四五”末达到现行的高收入国家标准；二是到2035年实现经济总量或人均收入翻一番，达到中等发达国家水平。依据这两条线索，我们可以讨论未来经济发展的量化指标。

二、“十四五”期间：中国将进入高收入国家行列

以什么标准界定高收入国家？这涉及国民收入的分类。经济社会发展水平的评估和分类，在很大程度上是一门艺术，而非科学。但是分类体系在经济分析、文本交流和语言沟通中仍然是必要的，目的在于为分析数据提供一种合理、有意义的方法。适当的分类便于理解问题，否则大家讲的不是同一件事情，就失去了讨论的意义。

当前，各主要国际组织分别构建了不同的分类体系，其中只有世界银行的分类标准是依据人均国民收入的高低，将各国（或经济体）归入不同的组别，即低收入、中等收入和高收入三类。由于中等收入范围过宽，又进一步分为中低和中高两类。根据世界银行

2020—2021财年的划分标准[①]，人均国民收入[②]小于等于1 035美元的国家为低收入国家；人均国民收入为 1 036~4 045 美元的国家是中低收入国家，人均国民收入为 4 046~12 535 美元的国家是中高收入国家；人均国民收入为 12 535 美元以上的国家是高收入国家。

如此分类，源于世界银行作为重要的国际发展机构所肩负的使命：以可持续的方式消除极端贫困和促进共享繁荣。也就是说，世界银行需要甄别出其主要服务对象，以便形成差异化的资源配置和发展项目，例如为低收入国家提供低息发展贷款。

根据我理解，规划说明中提到的“十四五”末进入高收入国家行列，正是依据世界银行的标准。在新华社的英文译稿中，“高收入国家”被译为“high-income countries”，与世界银行分类体系的用词相一致。

按现行标准，以人均国民收入计，高收入国家的门槛为 12 535 美元。2019 年，我国人均国民收入为 10 410 美元，距离高收入国家门槛仅一步之遥。按照规划说明的要求，“十四五”期间名义国民收入年均增速达到 3.5% 就能实现这一目标。所以，有学者认为，考虑 2021 年可能实现 10% 以上的名义增长，假定 2022 年回归潜在增速，即 5.5%，加上人民币汇率升值，最早在 2022 年或 2023 年，我们就能达到现行的高等收入国家标准。即使考虑世界银行对高收入国家门槛的调整，最迟到“十四五”末，中国也将跨入高收入国家行列（见图 2.1）。

---

① 为便于统计，世界银行于每年 7 月 1 日发布下一财年的分类标准，以各国上一年的人均国民收入数据为基准。例如，世界银行于 2020 年 7 月 1 日发布的 2021 财年的统计标准是基于 2019 年的人均国民收入数据。

② 世界银行所采用的统计国民总收入的方法为“图表集法”，即以美元为统一计价单位，使用三年平均汇率计算各国国民收入，以便进行跨国横向比较分析的计算方法。

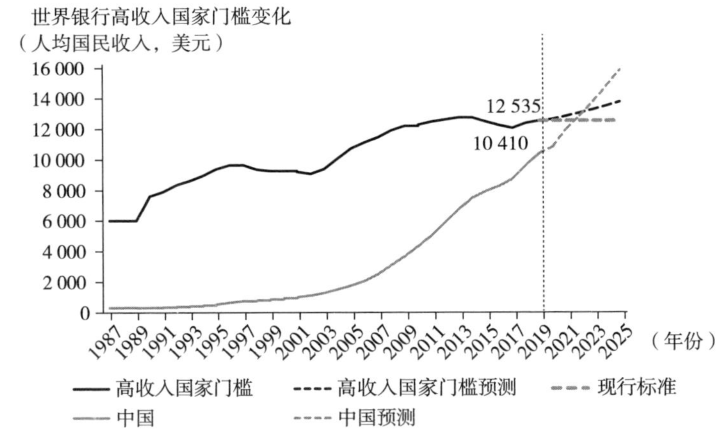

图 2.1　我国即将迈入“高收入俱乐部”

资料来源：世界银行，招商银行研究院。

这一判断，在数学证明上是简单而有力的，当然也是对的。中国作为一个有着 14 亿人口的大国，几乎可以肯定的是能够成功地跨越所谓“中等收入陷阱”。这是世界经济发展史上最波澜壮阔的篇章，也是人类文明史上的奇迹，值得我们引以为豪。

三、追问斧柯年：高收入标准的含义

在“十四五”规划期，我们将进入高收入国家行列，媒体报道连篇累牍，学者专家纷纷发言，言辞中无不洋溢着幸福而激动的情绪。这一点可能与普通民众的感受大相径庭，毕竟我们国家有 6 亿人口的月收入在 1 000 元以下，我们能达到如此高的收入水平吗？

经济分析需要有刨根问底的勇气。我们要追问一下，为什么现行高收入国家的标准是人均国民收入 12 535 美元，它是如何得来的，背后的逻辑是什么？现实的意义又是什么？

让我们回到20世纪80年代。

在1976—1986年，世界银行将各国分为低收入国家、中等收入国家，以及代表高收入的“工业经济体”和“高收入产油国”，其中“工业经济体”以OECD（亚太经济合作组织）成员为标准。随着时间的推移，该分类体系逐渐出现了不一致之处。例如，在《1988年世界发展报告》中，被列为“工业经济体”的西班牙的人均国民收入低于当时被列为中等收入国家的以色列、新加坡等国家和地区的人均国民收入。

为此，1989年世界银行重新定义了划分高收入国家的标准，并一直沿用至今。1989年世界银行以1987年计价的人均6 000美元，重新确定了高收入国家的门槛，取消了原来的“工业经济体”和“高收入产油国”分类。这一标准的确定，其背后的逻辑基于以下两点：一是依据1987年所有高收入国家人均国民收入平均值的一半（49.3%）；二是当年OECD成员人均国民收入的最低水平，即西班牙的6 010美元。

自此，世界银行每年根据美国、英国、日本和欧元区[①]的通胀率对收入标准进行调整。所以，现行的12 535美元，其实际价值是恒定的，按1987年的价格计算还是6 000美元。按世界银行分类方法假定，1987年以来高收入国家的标准保持不变。

当我们了解了这些背景后，就应该意识到这里好像存在一些问题。在过去的33年里，世界发生了很大的变化，每一个中国人都感同身受。随着经济的发展，继续沿用1987年的标准无法捕捉到人类社会技术进步和生活水平变化的真实情况。

让我们再回到世界银行分类背后的逻辑。1987年，高收入门槛是所有高收入国家平均水平的50%。到2000年，这一比例下

---

① 欧元区成立前为德国和法国。

降到 41%；到 2019 年进一步下降至 30.9%。若沿这一趋势外推，2025 年这一比例将继续下降至 27.2% 左右（见图 2.2）。也就是说，高收入门槛离均值的 50% 越来越远。显然，世界银行原有的分类逻辑在今天已不再成立。

再看 1987 年高收入国家的“门槛国”西班牙。当时其人均收入是 6 010 美元，现在已达 30 390 美元，即使按 1987 年的价格计算，也已大大超过当年的水平。这反映了经济发展所带来的实际收入增长。所以，6 000 美元不变价格的标准，是一个落后于时代的门槛。简言之，世界银行的现行分类标准，只考虑了通胀，而忽略了增长。

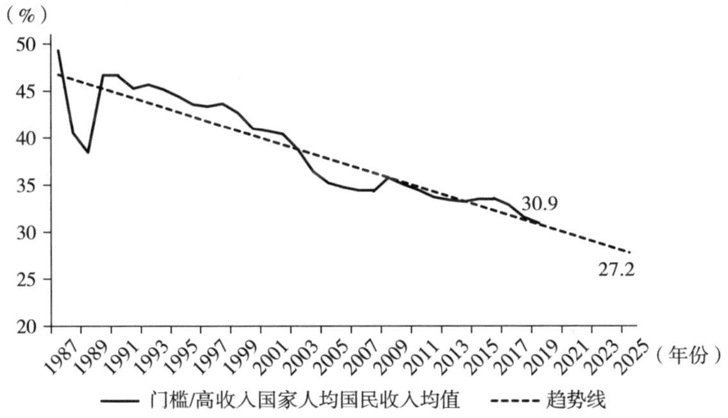

图 2.2　高收入国家门槛持续下降

资料来源：世界银行，招商银行研究院。

所以，我们可以得出一个肯定的结论：相对于 1987 年，今天的高收入国家标准已下降了，而且离真正意义上的高收入越来越远。

1987 年的高收入国家有 35 个，占全部经济体比重的 23.8%；2019 年已增至 83 个，占全部经济体的比重跳升至 38.1%。

进一步观察高收入国家人均国民收入的分布，不难发现各国离散或分化的程度随时间推进不断走阔。“高收入俱乐部”中人均国民收入的最高值与最低值之差在 1987 年为 20 182 美元，至 2019 年已升至 72 870 美元。[①] 在此期间，高收入国家的人均国民收入的标准差由 5 372 美元升至 19 771 美元。最新数据显示，1987 年首批进入“高收入俱乐部”的国家在收入分布中大多高于中位数，而新晋的国家则大多位于收入分布的底端。

因此，我们可能还不是真正意义上的高收入国家：基于世界银行的分类逻辑，中国即将跨进的是 1987 年的高收入国家行列，而不是 21 世纪 20 年代真正的高收入国家之列。对此，国人应该保持清醒的头脑，既不能妄自菲薄，更不可自鸣得意。君子之道，辟如行远必自迩，辟如登高必自卑。

正如习近平在规划说明中所指出的，我国仍处于并将长期处于社会主义初级阶段，我国仍然是世界上最大的发展中国家，发展仍然是我党执政兴国的第一要务。

四、远景目标：找到我们正确的位置

规划建议中对远景目标的定量表述是，到 2035 年人均国内生产总值达到中等发达国家水平。根据规划说明，到 2035 年是“翻一番”的概念，即经济总量或人均收入翻一番。所以，在规划编制者看来，翻一番就等同于达到中等发达国家水平。

这里有两个问题需要讨论；一是翻一番的远景目标是否能够实

① 在“高收入俱乐部”中，1987 年人均国民收入最高值为瑞士的 25 650 美元，最低值为西班牙的 7 110 美元（回溯调整值）；2019 年最高值为瑞士的 85 500 美元，最低值为罗马尼亚的 12 630 美元。

现？二是实现翻一番是不是就达到了中等发达国家水平？

首先，要实现2035年翻一番的远景目标，我国的年均经济增长需要保持在4.7%左右。大部分人认为这是未来15年的潜在增长水平。在我看来，要实现这个潜在增速，是有难度的。过去的三个五年规划期，我国经济增长的实际增速持续下降，中枢降幅达到5.5个百分点。未来15年，潜在增速的下降还会持续，特别是在人口快速老龄化和外部形势日趋严峻的背景下。要保持平均4.7%的增速，的确不容易，极具挑战性，需要在改革发展上付出更多更艰苦的努力。

其次，实现翻一番是否就达到了中等发达国家水平，也是值得讨论的。世界银行以收入水平为分类标准，而IMF则以发展水平为标准进行分类。目前，IMF在其《世界经济展望报告》中将39个国家归类为“发达经济体”，显然较世界银行83个高收入经济体的标准要求更高。比较IMF发达国家与世界银行高收入国家的人均收入中位数，可以发现：在2005年之前二者基本一致，但在最近15年差距逐渐拉大，说明IMF与世界银行的分类体系出现了明显背离。要么是IMF的标准过高，要么是世界银行的标准过低，答案并不难得出。

如果我们将自己定位于中等发达国家，即便人均收入翻一番超过20 000美元，相较世界银行定义的高收入国家中位数仍有差距（2019年为29 050美元），距离IMF所列的发达经济体中位数则更加遥远（2019年为42 980美元）。

若考虑人口因素，目前IMF界定的发达经济体，人口数量在1亿以上的只有美国和日本，5 000万以上的只有德国、法国、英国和意大利。事实上，对我国而言，对标北欧人均收入奇高的人口小国没有意义，我们还是应当对标5 000万人口以上的大国。从更长远的角度出发，全面对标G7，才是更具挑战性的目标。

总结起来，“十四五”末达到世界银行现行的高收入国家标准，应该是没有困难的。但是，世界银行的分类标准已经明显落后于时代，我们需要保持清醒的头脑，找到正确的位置。在人口老龄化、外部环境日趋严峻的大背景下，2035 年我国要实现经济总量翻一番，达到中等发达国家水平，仍然极具挑战性。

速度与质量：破除高增长幻觉，转向高质量发展*

中国共产党第十九次全国代表大会首次提出高质量发展，表明中国经济已由高速增长阶段转向高质量发展阶段。至此，“高质量发展”成为政府工作会议的高频词。2021 年《政府工作报告》指出要“立足新发展阶段，贯彻新发展理念，构建新发展格局，以推动高质量发展为主题，以深化供给侧结构性改革为主线”，再次强调了高质量发展的重要性。

经济学家和企业家对经济形势的看法经常相左。通常，经济学家更关注宏观经济的实际增速，而企业家则更关注价格变化带来的收入增长和盈利前景。这种差异，导致他们对于经济的判断常常出现分歧。供给侧结构性改革期间出现的增速与质量的背离，有利于我们从经济学的角度理解什么是高质量的发展。

一、货币幻觉与增长幻觉

从增长速度来看，2012—2017 年中国的 GDP 增速总体是下行

* 本文首次发表为招银国际“首席观点”研究报告，2018 年 1 月 25 日。

的。自供给侧结构性改革政策出台以来，如果单看工业增加值数据，情况似乎变得更糟了，我国工业增加值增长中枢从 8% 左右降到 6.5% 左右；若从宏观经济的角度看，中国经济下行已成趋势，情况并不理想。

不过，企业家和投资者却有着截然不同的看法，从收入和利润的角度看，供给侧结构性改革带来的变化，完全是另一幅图景。2017 年工业企业利润总额累计同比回升到 20% 的水平，企业家对于盈利前景更具信心。从资本市场的表现看，企业盈利改善加上估值回升，上市公司股价上涨，股市上扬，这个逻辑也不难理解。

那么，为何在某些宏观经济学家眼中，看到的是经济增速下行，而在企业家和投资者看来却是收入和盈利增长呢？关于经济的好与坏，究竟谁对谁错？

这种认知差异的主要原因在于经济学家和企业家对于价格因素的不同的思考方法。宏观经济学教科书指出，在分析经济增长时要把价格因素剔除，观察实际的增长水平，以消除“价格幻觉”或学术上的“货币幻觉”。所以，实际增长速度是依据不变价格计算的，将名义 GDP 进行价格平减。

不过，当这样的分析逻辑走到极致，就会产生另一种与“价格幻觉”刚好相反的“增长幻觉”，即孤立地关注实际增长速度，而忽视价格的变化。表现在两个方面：一是在实体部门出现持续通缩的情况下，会造成实际增长的虚假繁荣；二是在实体部门价格出现回升的情况下，又会产生经济增长乏力的错觉。因此，一个高质量的经济增长速度，总是与合意的价格水平同时出现。

从微观角度，企业家和投资者更关心的是收入与利润的增长，而收入和利润本身是名义值，包含极为丰富的价格信息，在现实中不能简单地将价格因素平减了之。宏观的“增长幻觉”与微观的

“价格幻觉”都是方法论上的陷阱，需要避免。

二、GDP 主义为什么是错的?

国民经济统计数据都是很重要的指标，注重 GDP 实际增速本身并没有问题。对于经济管理部门而言，真正危险的是抱着错误的理念，片面追求实际增长速度，将提高 GDP 增速异化为政府执政的目标。

历史上，“增长幻觉”曾经多次误导人们对经济形势的判断。举两个例子：一是 1996—2001 年，国企改革进入深水区，加上受金融危机的影响，大量企业关停并转，实体部门的经营极为困难，员工下岗，失业率上升。但是，从 GDP 增长数据看，实际增速都在 8% 以上，工业增加值在 10% 以上。事实上，从商业银行来看，这段时期出现了大量的不良资产，银行体系几乎陷入了技术性破产的境地，也催生了一系列金融改革措施。二是 2012—2015 年，过剩产能部门陷入大面积亏损，商业银行的不良贷款再次集中爆发。但是从 GDP 增长情况来看，每年的保增长任务均圆满完成。微观经济最困难的时候，总是有不少学者站出来，说中国经济增长得很好，比国外快多了。

这两个阶段有一个共同的特征，就是实体部门持续的价格通缩。1996—2001 年的 PPI 持续通缩，而 2012—2016 年 PPI 连续通缩 54 个月。通缩加上生产增长，实际上使得微观经济形势加速恶化（见图 2.3）。产品出厂价格下行，但是为了保增长就得不断提高产量，而需求不足又会导致价格继续下行，最终形成恶性循环，亏损越来越多。这就是“增长幻觉”的表现，也是“GDP 主义”的祸害所在。

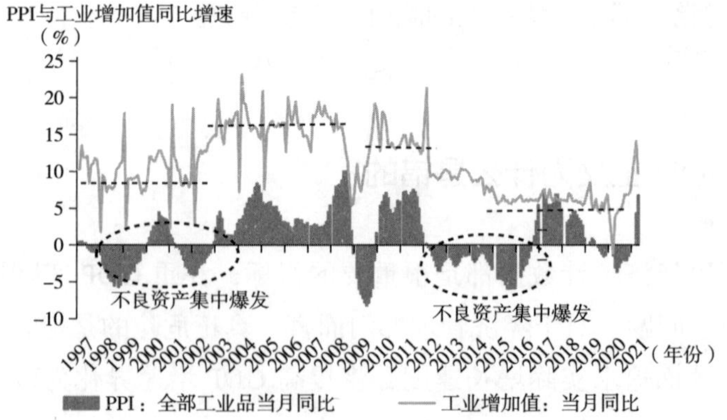

图 2.3　GDP“增长幻觉”与不良资产的爆发

资料来源：Wind 数据库，招银国际研究。

三、供给侧结构性改革：低增速却带来高盈利

2016 年中央提出进行供给侧结构性改革，成为中国经济最重要的政策指引之一。供给侧结构性改革对经济发展的速度和质量产生了截然不同的影响，为我们破解“速度与质量”的谜团提供了现实场景。

为分析供给侧结构性改革产生的影响，高善文博士将工业领域分为受供给侧结构性改革影响的行业和不受供给侧结构性改革影响的行业。前者包括“过剩产能”部门，包括煤炭、钢铁和受环保督察影响较大的部门，如采掘、造纸、冶炼、水泥、化工等。供给侧结构性改革的措施，简单来说就是从供给侧去产能，压低这些部门的产出，即压低这些行业的实际 GDP 增长速度。从后来公布的统计数据看，受供给侧结构性改革影响的行业的工业增加值呈断崖式下滑，与其他行业的增加值出现明显分化。

在过剩产能行业供给收缩的同时，受影响行业的产品价格明显

回升，显著提升了微观企业的盈利水平。正是从2016年实施供给侧结构性改革开始，PPI走出了为期近5年的通缩“泥沼”，相关企业的经济效益明显改善，利润总额增长快速回升。2016年，钢铁大类的黑色金属冶炼和压延加工业增加值同比下降1.7%，但行业盈利增长超过230%；煤炭大类的煤炭开采和洗选业增加值同比下降1.5%，但行业的盈利增长了224%。2017年延续了这种低增速高盈利的势头。2017年1—10月，煤炭行业工业增加值同比下降2.2%，但利润总额却出现了629%的增长；钢铁行业增加值同比增长0.5%，利润却增长了162%；黑色金属矿采选业增加值同比下降3.4%，利润增长了56%；有色金属矿采选业增加值同比亦为下降，利润却增长了44%之多。

将工业行业的产能增长和利润增长放在一起，可以观察到一个有趣的现象：供给侧结构性改革行业的增加值增速越低，利润总额的改善情况越明显。压低经济增速与提升企业盈利，这种看似矛盾的变化，正好反映了“速度与质量”相背离。

四、供给侧结构性改革的经济解释

供给侧结构性改革对不同的行业产生不同的效果，体现为经济结构的转型。大体上，可以将中国的经济部门分为传统部门和新经济部门。我们可以观察这两大部门在供给侧结构性改革政策影响下总供给和总需求曲线的变化，从而理解中国经济结构转型的方向。

对于传统部门，供给侧结构性改革产生的最为明显的影响是供给收缩，供给曲线明显左移。在需求曲线不变的情况下，必然导致经济增速回落，市场均衡价格显著上行。而放在2017年的背景之下，由于外围经济复苏，实际需求曲线略微右移，其动态均衡的结果就是经济增速企稳，而价格上涨速度加快。由此可见，在供给侧结构性改革的影响下，传统部门 GDP 增速放缓，而市场价格上行，企业盈利情况得到明显改善（见图 2.4）。盈利当然是关乎发展质量的核心指标，供给压缩导致速度（放缓）与质量（改善）相背离，对传统部门而言这或将成为一种常态。

图 2.4　受供给侧结构性改革影响的传统部门盈利情况改善明显

资料来源：招银国际研究。

而新经济部门则代表了中国经济结构转型的方向。新经济部门的特征，首先表现为需求上升，需求曲线右移，在供给曲线不变的情况下，经济增速加快，市场均衡价格上行。随着大规模资本投入新经济部门，供给自然会增多，供给曲线开始向右移，市场均衡的结果是经济增速进一步加快，而价格上行速度相对而言则会放缓。可见，就新经济部门而言，GDP 增速与价格变化的方向基本是一致的，速度（加快）与质量（改善）的趋势吻合，可能也是新经济部门发展的常态。

供给侧结构性改革实践对于传统的过剩产能部门出现的“速度与质量”背离现象有很强的解释力。这些行业虽然出现了 GDP 增加值的下行，但价格回升、盈利改善，使得供求关系更加健康；行业盈利改善，有助于企业技术创新和升级换代，从而有利于结构调整、产业优化、环境保护，并惠及更广泛的经济部门。重要的启示在于，要实现高质量增长，必须破除一味追求 GDP 增长速度的迷思，不可再因单纯追求速度而忽视质量。

花儿与少年：人口增长的道德意义*

中国人口增长率逐年下滑，深刻影响着未来我国社会经济发展的路径，这也引发了政府的高度重视。我在 2019 年就针对这一问题进行过研究，提出了面临人口增长转折期，应采取积极的生育政策，从而改变人口增长的长期趋势。2021 年 4 月，我再次对老龄化和低生育问题进行了探讨，提出必须尽快全面放开生育限制，同时形成综合性的解决方案，提供生育的正向激励，降低抚养成本，提振居民的生育意愿。2021 年 5 月 31 日，中共中央政治局召开会议指出，为进一步优化生育政策，实施一对夫妻可以生育三个子女的政策及配套支持措施，显示了放开生育限制的重要性。

一、大历史：人口增长与经济发展

大多数宏观经济变量都很难预测。例如，对产出增长、通货膨胀和失业率的预测存在相当大的不确定性，更不用说是变幻莫测的宏观政策了。不过，人口总量增长和结构变化作为经济发展的关键

* 本文首次发表为招商银行“首席观点”研究报告，2019 年 2 月 21 日。

变量，从中长期的视角进行观察，在很大程度上是清晰可辨的，大趋势已经确定而且难以逆转，背后的逻辑是生老病死的自然铁律。明白这个道理，就应该不难把握人口政策的调整时机。遗憾的是，我国人口政策在“全面二孩”政策实施之后迟迟未见调整，有可能错失重要的“窗口期”。

人口增长与经济发展的关系，一直是经济分析中反复出现的主题。1798 年，托马斯·马尔萨斯提出了其著名的观点，即人口增长将持续降低人民的生活水平。该理论的逻辑简单有力：假设耕地是固定的，人口增长最终会减少每个人可以占用的土地资源，人口的几何级增长与土地产出的算术增长之间存在巨大矛盾，最终会导致疾病、饥饿和战争。马尔萨斯认为，防止出现这种不幸的方法是“道德约束”，即通过晚婚、不婚等措施避免生太多的孩子。

从大历史的角度来看，马尔萨斯错得离谱。我们这个星球上真正意义的人口增长，迄今为止只有 200 多年。历史学家估算，公元前 1 万年世界总人口数量仅为数百万，到了公元 1800 年仍然不到 10 亿，这意味着在接近 1.2 万年的漫长岁月里，世界总人口的年化增长率不到 1‰。工业革命之后，世界人口开始快速增长，在 20 世纪 50—70 年代达到 20‰的峰值，目前维持在约 10‰的水平。世界人口在马尔萨斯发表《人口原理》的 1798 年，只有 10 亿；目前已经增长至 74 亿。而就人类生活水准的改善情况而言，这 200 多年的进步可以说是翻天覆地、面貌全新的。马尔萨斯的人口观点，是基于他对典型的农业社会的观察。工业革命以来，他的观点已经失去解释力。

过去 200 多年的人口高增长很可能只是一个异常现象。虽然人口增长对经济发展的影响正反两方相持不下，但经济发展对人口增长的制约却是普遍共识。联合国预计，随着主要发达经济体生育率的下降，世界人口增速将会出现趋势性回落，21 世纪末将降至约 1‰。据此，世界人口高增长（增速超过 10‰）的时间合计不足 100 年，只是历史长河中的一瞬间。

人口增长的道德议题，源自 18 世纪的马尔萨斯。200 多年后的今天，站在我国人口变迁的转折点，我们需要重回这一关乎我国经济社会发展、中华民族伟大复兴的重要命题。人口总量和结构变迁涉及家庭，关系到中华民族的永续发展。无论是从个人责任、家庭纽带还是社会发展的角度，人口问题都将深刻影响我们这个社会的道德水平。

二、中国人口：今夕何夕

当前我国人口发展处于重大转折期：国家统计局数据显示 2018 年我国新生儿人数为 1 527 万，较上一年减少 201 万，创下 1962 年以来新低（见图 2.5）；适龄劳动人口的数量和占比连续 7 年出现双降，7 年间总数减少了 2 771 万。

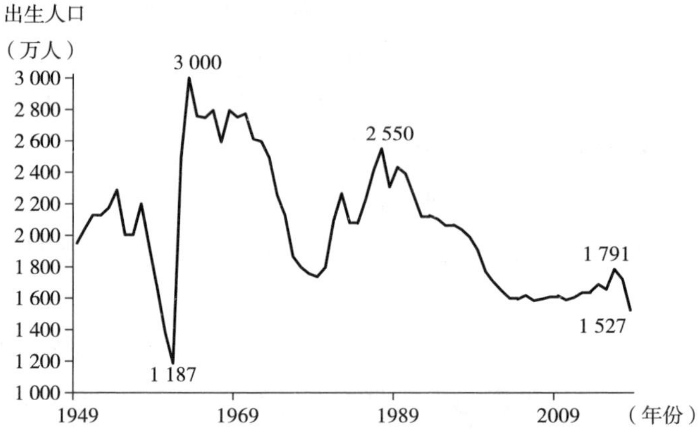

图 2.5　1949 年以来我国每年新生儿人数变化情况

资料来源：CEIC（香港环亚经济数据有限公司），招商银行研究院。

第一个值得关注的数据是新生儿人数。2014年，我国调整了生育政策，推出了“单独二孩”政策；2016年，实行“全面二孩”政策。不过，2016、2017和2018三年的实际数据与官方预测的数据之间存在极大的偏差，并且这个偏差还在持续扩大。如前所述，2018年的1 527万新生人口与几年前讨论“全面二孩”政策时，专家对人口变动的预测有相当大的偏差。一方面，根据国家卫生健康委员会前副主任王培安在其主编的书中做的关于“全面二孩”政策人口变动测算的研究，按照基准的、中性的预测，2018年将有2 188万名新生儿；按照较低的、悲观的预测，2018年也将有2 082万名新生儿。实际数据比中性预测少了约660万，比悲观预测少了550万。另一方面，假定继续实施“单独二孩”而非“全面二孩”政策，预测2018年将有1 724万名新生儿，实际数据甚至比这一数据还要低200万。回过头看，无论从哪个角度来说，专家所做的出生人口预测，都是错误且不可接受的。

第二个值得关注的数据是劳动年龄人口。以16岁到59岁适龄劳动人口占总人口的比例计，在过去的7年间（2012—2018年），我国减少了合计2 700多万劳动人口。也就是说，劳动年龄段的人口每年减少大约400万。通过这一数据能够侧面分析中国就业形势的变化。最近几年中国经济增长下行压力较大，许多人认为，经济的持续下行会带来一定的就业压力。事实上，我国适龄劳动人口数量正在以每年400万的速度减少，在某种程度上减缓了就业压力。

第三个值得关注的数据是死亡人数。我国的人口增长还应考虑到离世（即死亡）的人数。2018年，根据粗出生率和粗死亡率推算，新生儿数量约为1 500万，死亡人数约为1 000万，我国人口规模还在增长。不过，在不远的将来，人口规模增长的情况很快就会发生逆转。

众所周知，我国的人口总量和结构的变化，很大程度上源自1949年以来所采取的一系列人口政策。在中华人民共和国成立初期，我国采取的政策立场是鼓励生育。当时的人口自然增长率（粗出生率与粗死亡率之差）最高达到了25‰。人口增速在1959—1961年的三年自然灾害时期曾大幅回落，在之后的20世纪60年代（主要是20世纪60年代初期）出现了一个人口增长的高峰，1963年我国人口增速达到了33‰的峰值。改革开放以来（特别是1978年以后），受计划生育政策的影响，我国的人口增速开始趋势性下行。2018年我国人口自然增长率回落至3.81‰，已经低于美国，这是一个比较严峻的人口增长形势。

根据联合国人口司的最新展望，在基准情形下，我国人口增速将在2030年前后步入负区间，届时我国的死亡人数要高于新生儿人数；2050年，我国人口的自然增长率会持续维持在负增长的区间（–4‰～–6‰）。这是两个非常重要的时间节点，一是距今并不遥远的2030年，二是“两个一百年”奋斗目标的2050年。可见，人口形势或将对我国经济社会发展造成较大的负面冲击。

三、BIDE：人口分析的框架

一国人口的增长来源于自然增长以及移民。具体而言，人口增长取决于出生/生育、死亡，以及人口迁入与人口迁出之差（即净移民）。人口增长的驱动因素被形象地概括为“BIDE”（见图2.6）：英文“bide”有“停留”之意，在世间停留的人们，便构成了全球人口总量。BIDE也是联合国人口司分析和预测全球人口趋势的基本框架。分析我国人口增长的前景，不妨从这四个维度出发。

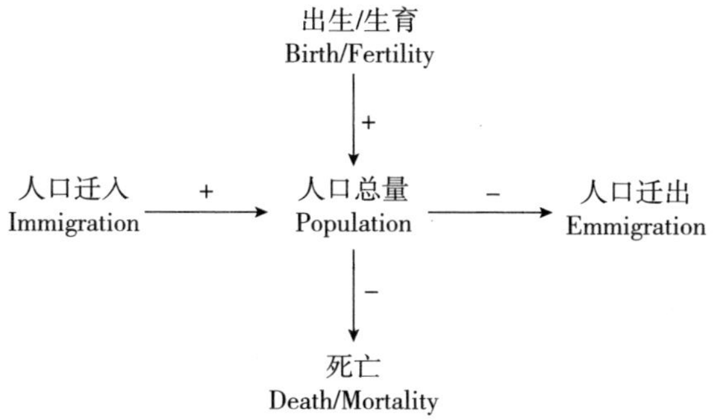

图 2.6　影响人口增长的四个因素

资料来源：招商银行研究院。

一是移民，即人口迁入及人口迁出。近代以来，与美国、加拿大、德国等西方国家大量引入移民的人口政策不同，我国对于人口迁入采取了一个极为保守的政策立场，移民人口迁入数量极为有限。资料显示，近年来海外人士包括海外华人因在中国就业和生活而拿到中国绿卡的人数累计约千人而已。与此同时，我国移民海外的人口数量却在显著增加。因此，净移民对我国的人口增长有一个小幅的负贡献。据联合国人口司估计，2010—2015 年中国每年净流出大约 34 万人，对人口增长的贡献率为 –0.9%。我的直观感觉是这个数据可能低估了我国人口移民海外的趋势。此外，联合国预计我国的净流出人口数量将缓慢减少，此种判断也值得商榷。不管怎么说，我国人口的净流出是肯定的。净流出人口占我国人口的比重虽然非常小，但它依然对人口增长产生负贡献。对比美国的情况，同一时期美国每年净流入的移民数量约为 90 万，对美国人口增长的贡献率大约在 8%。展望未来，预计中国的移民政策难以发生变化，未来仍将呈现小幅净流出的态势。但总体来说，净移民人口数量相对于我国的人口总量而言，影响不大。

二是出生 / 生育。和平时期，出生 / 生育是决定人口增长前景最为关键的因素。有多种度量出生/生育的指标，最简单的便是粗出生率，即出生人口占总人口的比重。2018 年我国的粗出生率为 10.94‰，创下 1949 年以来的新低。值得注意的是，粗出生率忽略了人口结构的差异，简单的纵向（历史）或横向（国别）比较并不能说明任何问题，因为老人和小孩极少生育，粗出生率的分子和分母之间的逻辑关系并不强。

总和生育率，即平均来看一位妇女在其一生中生育孩子的数量，是更有意义的人口发展指标。这一指标不受人口结构差异的影响，被广泛用以进行纵向和横向比较。一对夫妇生育两个孩子，才能够保证人口代际的基本稳定，这是一个简单的算术。这一水平的生育率又被称为更替生育率，考虑到新生儿有过早夭折的可能性，更替生育率通常被界定为 2.1。根据联合国人口司的定义，总和生育率大体上可以分成高、中、低三个阶段：总和生育率大于 5 属于高生育阶段；2.1~5 属于中生育或生育转型阶段；小于 2.1 属于低生育阶段。

世界人口的总和生育率已经由 1950—1955 年的 5 左右大幅滑落至 2010—2015 年的 2.5 左右，趋近低生育率水平。其中，日本和美国先后于 20 世纪六七十年代步入低生育阶段，我国于 20 世纪 90 年代步入低生育阶段，总和生育率大幅低于更替生育率已成事实，意味着我国的人口规模将步入收缩。在基准情形下，我国人口总量将于 2030 年达到约 14.4 亿的峰值。2018 年我国人口总量为 13.95 亿，距峰值仅差不到 5 000 万。值得注意的是，这 5 000 万的人口总量增长很大程度上受到预期寿命延长、死亡率下降的影响，并不完全是新生儿数量的增加。

研究发现，总和生育率与人均实际 GDP 呈负相关关系，即经济发达的国家或地区总和生育率相对较低。但中国在某种程度上是个“例外”，在人均国民收入大致相当的国家中，中国的生育率比其他国家更低，在回归曲线之下。根据世界银行数据，2016 年中国总和生育率仅为 1.624，在全球 231 个国家和地区中排名第 191。

因此，出现了一种说法——未富先低。一个可靠的解释就是中国的生育率受到特定人口政策的扰动。一胎化政策实行了 30 多年，我国人口自然增长率与妇女总和生育率均呈趋势性大幅下行。

当然，我国目前的低生育率亦折射出全球低生育时代下的一些共性。全球顶级医学期刊《柳叶刀》在 2018 年 11 月发布的一份研究[①]表明，从全球 195 个国家和地区 1950—2017 年的面板数据分析，女性受教育水平的提升、婴儿死亡率的下降，以及更容易获得的避孕工具，与全球总和生育率的下降高度相关。一般而言，女性受教育水平的提升意味着其生育子女的机会成本上升，从而降低了其生育意愿；婴儿死亡率的下降意味着女性不需要通过额外多生育以“补偿”这一风险。这些因素也可以解释我国总和生育率的变化。

三是死亡。随着经济的发展和医疗、卫生、教育、科技水平的提升，我国的粗死亡率大幅下降，从 1949 年的 20‰降至 2018 年的 7.1‰。数据显示，我国粗死亡率的下降主要发生在 20 世纪 60 至 70 年代。20 世纪 80 年代之后，我国老年人口占比上升，使得粗死亡率缓慢回升，并于 2008 年突破 7‰，此后直至 2018 年一直维持在 7.1‰左右。

讨论死亡率，应当注意人口年龄结构的影响。日本和美国的粗死亡率高于中国，主要受人口年龄结构差异的影响（老年人死亡率相较年轻人更高），并不意味着中国拥有最高的医疗保健水平。因此，分年龄段的死亡率相较粗死亡率更能反映一国经济发展和医疗

① GBD 2017 Population and Fertility Collaborators（2018），Population and fertility by age and sex for 195 countries and territories，1950–2017: a systematic analysis for the Global Burden of Disease Study 2017，The Lancet.

保健水平的总体状况。

各年龄段死亡率同时下降的综合结果便是预期寿命的延长。2016年，我国预期寿命为76.3岁（其中男性为74.8岁，女性为77.8岁），较1960年增加了33岁，高于世界平均水平（72岁）并已趋近美国水平（预期寿命为78.7岁）。目前，预期寿命最长的地区是中国香港（预期寿命达84.2岁，其中男性为81.3岁，女性为87.3岁）。

四、人口发展的经济含义

1949年前后的高生育率，在此后为我国贡献了大量的适龄劳动人口，20世纪70年代以来，我国15~64岁人口占比大幅上升，从1970年的55.9%上升至2010年的73.8%；而20世纪70年代以来我国实施的计划生育政策，极大地减轻了我国妇女的家庭负担，大幅提升了我国妇女的劳动参与率，使得我国经济增长享受了双重的“人口红利”。

然而，当下我国的人口发展面临着重大转折，“人口红利”难以为继，甚至在可预见的将来会出现“人口陷阱”。随着1949年初“婴儿潮”期间出生人口的逐渐老去，我国人口的年龄结构出现了重大的转折性变化：2010年，我国适龄劳动人口占比开始掉头向下。

低生育率叠加下降的死亡率与延长的预期寿命，使得我国人口的年龄结构迅速老化。老年人口的数量和比例均大幅上升。1949年以后出生的人口逐渐成为70岁以上的老人，而受计划生育政策的影响，我国年轻人口的数量和占比同时又在收缩，分子和分母的叠加作用将使得我国的老龄化程度急剧加深。根据目前的趋势，我国65岁以上人口占比将于2035年前后超过20%，越过“超级老龄化社会”的分界线，随后这一比例还将继续上升。

老龄化社会的来临，使得部分人认为养老产业会成为一个新的、有前景的产业。我认为这种分析使我们的研究失去了大部分焦点。最关键的问题还是新生儿数量减少和老年人数量增多的结构性矛盾，具有深刻的经济含义。

第一，在就业人口不断减少的背景之下，中国的劳动力供应趋于缩减，潜在的增长速度会比我们想象中收缩得更快，这一拐点已经跨越，下行速度开始加快。就业人口减少，意味着能够创造经济价值的人口在缩减。

第二，人口总量缩减，住宅需求下降，从人口结构上看，老年人口的居住面积需求下降速度更快。在不久的将来，人口流失的城市（特别是三线、四线城市），如果进行了房地产市场的调整，可能会永久性地失去复苏的机会。

第三，即使看到了养老行业的前景，在我国当前人口结构的发展趋势下，将来会缺乏提供养老服务的人，例如护理人员和医护人员。雇用保姆和护工的成本在快速上升，一方面，可能导致养老行业需求快速上升；另一方面，会出现老年人缺乏照料的情况。随着经济增长速度的下行以及预期寿命的延长，这一现象的持续时间会比较长，也会比较痛苦。

第四，“工程师红利”是伪命题。经济活动不仅依赖工程师，也需要工人、护士和护工。经济是一个高度分工的复杂的生态系统，只有工程师而缺乏护工，就会出现护工收入高于工程师的现象。更重要的是，在劳动就业人口快速减少的同时，工程师的劳动年龄趋于老化，创新能力下降。工程师红利和人口红利一样，将不可避免地面临收缩和老化的趋势。

2015年，我国人口年龄的中位数大约是36岁；2050年，我国人口中的一半将处于45岁以上。人口结构老龄化对一个国家的创新发展有着深远的影响。在人口经济分析领域，有一个术语叫作“Economically Active Age”，即经济上比较活跃的年龄段，一般是在20~45岁。从科技创新的角度看，最好的年龄段是30~40岁。2050年我国将有一半人口在45岁以上，届时我国的创新发展和技术进步可能会被老龄化社会制约。自然规律，不可抗拒。

五、争取一个更好的未来

综上所述，就人口增长的经济意义而言，我们面临一个比较确定而且非常悲观的前景。从BIDE模型来看，决定人口发展趋势中的多数变量无法调整，唯一能够改变的就是出生率。从这个意义上讲，人口发展政策的核心，并不在于被动应对老龄化社会的来临（尽管这很重要），而在于采取积极的生育政策，从而改变人口发展的长期趋势，这一要求已经迫在眉睫。

2016年起我国全面实施二孩政策，允许一对夫妇生育两个孩子。此后我国的出生人口仅于2016年有所反弹，随后三年又连续下降。这表明我国目前的低生育现象并非完全源自政策约束，而主要是妇女生育意愿的不足，使我们陷入了“低生育陷阱”。一方面，典型的夫妻双方均为独生子女的新建家庭，需要赡养四个以上的老人，加上预期寿命的延长，上升的经济压力无疑将降低妇女的生育意愿。另一方面，降低的生育意愿同时强化了新生儿性别选择倾向，导致我国新生儿性别比例出现失衡，这将进一步扭曲家庭结构，而健全的家庭结构具有深刻的道德含义。

我们要力争一个更好的未来，关键在于激励生育，走出“低生育陷阱”。100多年前，梁启超在《少年中国说》中写道：“欲言国之老少，请先言人之老少。”他在文章中纵情赞美少年“如朝阳”“如乳虎”“如春前之草”“如长江之初发源”。中国之国运，在人口发展的意义上，在改革创新的意义上，都寄希望于一个年轻而具有活力的“少年中国”，这将从根本上决定“两个一百年”奋斗目标的实现情况，决定我们这个民族的未来。

岁不与我：全面放开生育极具紧迫性 *

我国对生育政策的表述，目前基本上还是抑制性的。虽然“十四五”规划提到了“包容性”，但这仍然是一种中性论述，并非鼓励性的生育政策。一个更重要的观察是，在“十四五”规划建议中将人口和生育政策写入应对老龄化社会的章节中，笔墨不重、层级偏低。

低生育与老龄化，是两个既不相同又互相关联的社会问题。老龄化的到来，基本上是一个给定的前景，政策只能应对，无法改变；而低生育率，则是一个有可能改变的变量，要力争一个更好的未来，政策上必须积极作为。遗憾的是，尽管社会上的呼声高企，但生育政策的调整严重落后于新的时代要求。

衡量人口出生情况的直接指标是粗出生率，即在一定时期内（通常指一年内）出生人口占总人口的比重。生儿育女是人生中重大的决定之一，为人父母者需要做好生理和心理上的准备。考虑到只有育龄女性才能生小孩，粗出生率可以进一步分解为：

$$粗出生率=育龄女性占总人口的比重\times 总和生育率 \quad (2.1)$$

---

* 本文首次发表为招商银行“首席观点”研究报告，2021 年 4 月 21 日。

可见，出生率的变化取决于育龄女性的占比和每个育龄女性的生育数量，前者体现的是生育的生理能力，后者体现为生育的心理意愿。总和生育率越高，意味着平均每一位妇女生育孩子的数量越多。

一、生育能力：育龄女性的最后一个高峰即将过去

女性只能在特定的年龄段生孩子，这是生物学的规律。所以，育龄女性人口的数量决定着一个社会的生育能力。合意的育龄阶段是 20~39 岁，观察育龄女性人口数量和占比的变化，具有重要的人口学分析意义。

我国育龄女性人口数量具有周期性特性。这与 1949 年以来出现的两次生育高峰相关（见图 2.7）：第一次是 20 世纪 60 年代至 70 年代初期，第二次是 20 世纪 80 年代至 90 年代初期，两次高峰相隔约 24 年。目前，第二次生育高峰期出生的女性人口，已经进入育龄阶段的中后期；换言之，80 后女性的最佳生育年龄正在逐渐消逝。到 2032 年，我国育龄女性人口最后一个高峰将彻底消失，到 2035 年中国育龄女性数量将较 2020 年下降约 4 000 万，降幅超过 20%（见图 2.8）。

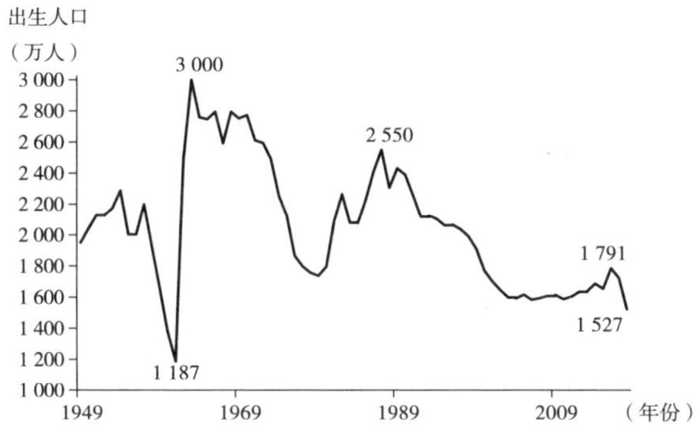

图 2.7　1949 年以来出现两次生育高峰

资料来源：Wind 数据库，招商银行研究院。

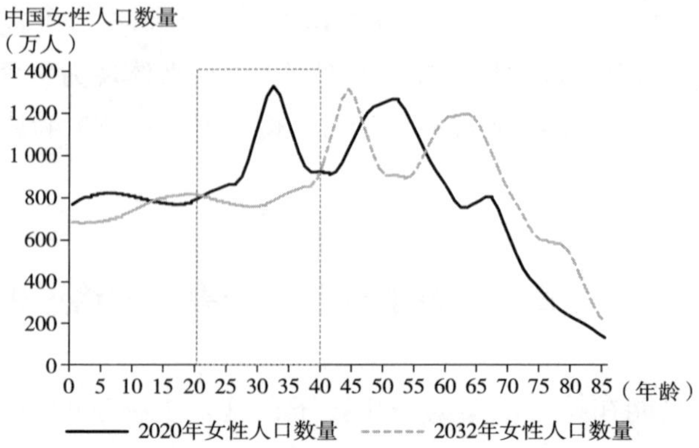

图 2.8　育龄女性最后一个高峰将在 2032 年彻底消失

资料来源：《联合国世界人口展望 2019》，招商银行研究院。

我国育龄女性人口占比，总体上呈下行趋势。育龄女性占比从 1993 年的峰值 17.8% 下降至 2019 年的 14.1%。这是由两方面因素造成的，一是 20~39 岁（男性 + 女性）总人口占比下降；二是性别选择的后遗症。受计划生育政策和重男轻女传统思想的影响，普遍的性别选择偏好导致中国出生人口男女性别比例扭曲。近 30 年来，这一比例最低时约为 108，最高时甚至超过 125。尽管近年来中国出生人口性别比例缓慢向均值回归，但 2019 年该值仍然高达 114。这两个因素叠加，加剧了未来育龄女性人口占比的下滑，到 2035 年将较 2020 年下降 3.4 个百分点。

二、生育意愿：总和生育率持续下行

从全球看，反映生育意愿的总和生育率下降已经成为普遍现象。全球总和生育率已从 1950—1955 年的 5.0“腰斩”至 2015—2020 年的 2.5，略高于更替生育率（2.1）。2015—2020 年，欧洲

（1.61）、北美洲（1.75）和拉丁美洲（2.04）的总和生育率均处在更替生育率以下，亚洲（2.15）和大洋洲（2.36）略高，只有非洲的总和生育率仍保持在4.44的高位。

从经济发展角度来看，总和生育率与人均GDP呈负相关关系。对各国进行横向比较，同一时期经济发展水平越高的国家，总和生育率越低。从时序上看，同一国家总和生育率会随经济发展水平的提高而不断下降。不过，我国的生育率与人均GDP呈负相关关系，处于回归曲线之下，说明我国生育率的陡峭下行不仅与人均GDP水平相关，而且与计划生育政策的严格约束相关。

从个体层面来看，总和生育率下降是育龄女性个人及其家庭成本收益权衡的结果，更是个人选择和外部激励交互作用的结果。总和生育率与女性受教育程度、职业机会、养育成本以及社会保障制度相关。一方面，女性受教育年限提高和职业机会增加提高了生育的机会成本，孩子生养费用上升则加重了家庭的财务和时间负担。另一方面，我国社会保障制度尤其是多层次养老保险体系的建立降低了生育的潜在收益，"养儿防老"的必要性大幅降低。

三、双重冲击下，生育政策的调整极具紧迫性

"十四五"期间，我国人口出生将面临育龄女性人口缩减（能力衰减）和总和生育率下滑（意愿不足）的"双重冲击"。假如维持现有抑制性生育政策不变，即使在最乐观的情形下[①]，2035年新

---

① 假设育龄女性分年龄别死亡率较第六次全国人口普查的调查结果下降0.05‰，总和生育率较2019年提高0.1‰。

生儿数量仍将较 2020 年下滑 23.3%。而在中性情形[①]和悲观情形下[②]，2035 年出生率将分别下滑 28.1% 和 32.8%。

人口出生率下降将导致一系列严峻的经济和社会问题。第一，“少子化”使得劳动人口减少，我国适龄劳动人口自 2015 年开始逐年下降，人口增长对经济的推动力减弱；第二，人口结构的变化将加重未来老龄化社会的抚养负担，更多资源将从生产性领域转移至医疗保健等非生产性领域，投资强度下降将制约经济的进一步增长；第三，年轻人是最具创造力的群体，年轻人占比下降将从根本上削弱经济活力和创新能力。

考虑到我国正处在育龄女性人口的最后一个高峰，生育政策调整的时间窗口转瞬即逝，全面放开、鼓励生育刻不容缓。两年前，我在《花儿与少年：人口增长的道德意义》一文中提出，要争取一个更好的未来，关键不在于被动应对人口老龄化，而在于积极提升生育率，走出“低生育陷阱”，从而改变中华民族人口增长的曲线。令人沮丧的是，面对出生人口的骤减，近年来政策虽在不断调整，但仍明显落后于现实，说生育政策出现严重误判也许并不为过。

2011 年，政府宣布全面实施“双独二孩”政策，2013 年“二孩”政策进一步向“单独”家庭开放，2016 年“全面二孩”政策正式实施。全面实施“二孩”政策后，历年实际出生人口数量均低于政策调整前预期的最低水平（见图 2.9），未起到减缓人口出生率下滑的作用。这主要源于对国民生育意愿的高估，随着养育子女的时间和物质成本不断攀升，家庭财务、职业发展等软约束成了抑制

---

① 假设育龄妇女分年龄别死亡率与第六次全国人口普查的调查结果持平，总和生育率与 2019 年持平。

② 假设育龄妇女分年龄别死亡率与第六次全国人口普查的调查结果持平，总和生育率较 2019 年下降 0.1‰。

生育率的主要因素。在此情形下，除非采取激励性的生育政策，否则人们还是会选择减少生育。

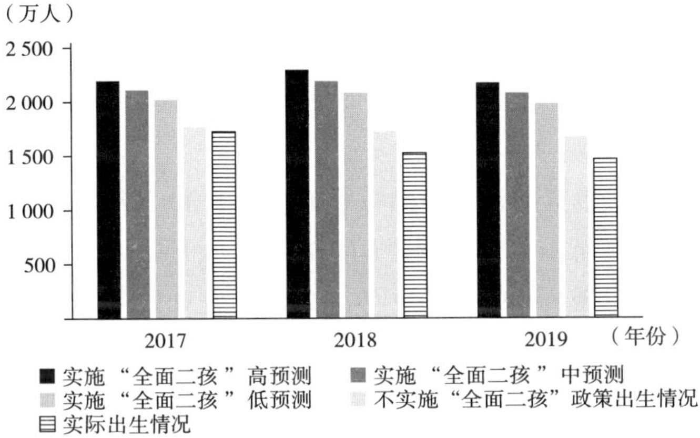

图 2.9 “全面二孩”政策落地后实际出生人口远低于预测

资料来源：国家卫生健康委员会，招商银行研究院。

“十四五”规划纲要中删除了关于“坚持计划生育基本国策”的表述，转而使用“制定人口长期发展战略，优化生育政策，增强生育政策包容性”等措辞。2021 年 2 月召开的十三届全国人大常委会第二十五次会议也要求各地对人口与计划生育领域相关法规、规章、规范性文件进行全面清理，释放出积极的政策信号。不过，时间不等人，日月逝矣，岁不我与，生育政策的调整迫在眉睫，等到育龄女性人口高峰过去再调整政策就会事倍功半。

因此，必须尽快全面解除生育限制，同时形成综合性的解决方案，提供生育的正向激励，降低抚养成本，提振生育意愿。生育，既包括生，也包括育。人口问题是社会问题，正如国家卫生健康委员会所指出的，人口减少“折射出的是区域经济体制、产业结构、社会政策等综合性、系统性问题”，不可能仅通过全面放开生育一项政策得到解决。不过，这些都不构成反对全面放开生育限制的理由。在政策论述上，全面放开生育限制，成本几乎为零，何乐而不为？当然，这还远远不够，要提高生育意愿，必须提供正向激励。对个体家庭而言，“生”可能不是问题，“育”才是关键。放开生育只解决了对“生”的限制，而“育”的负担可能依旧沉重，所以还要加大力度减轻抚养未成年子女的负担、降低教育成本，从制度上提供生育便利。

如何提供生育的正向激励？中国实施了 30 多年的计划生育政策，本质上是对生育的负向激励，花费了大量的人力、物力和财力。有研究发现，1997—2012 年，中国实施计划生育政策的总投入累计达 8 113 亿元，占同期公共财政开支的比例，在 1997 年为 2.49%，2001 年下降为 1.17%，之后一直维持在 1% 左右。① 从这一线索看，在起步阶段，可以考虑提供相当于公共财政开支的 1% 作为鼓励生育的正向激励。按 2021 年公共财政支出预算计，约为 2 500 亿元。这一水平远远低于主要发达国家用于鼓励生育的开支水平，但毕竟迈出了关键性的一步，同时要为未来预留政策空间。大部分生育激励并非直接的财政支出，按国际上的通行做法，主要是从延长带薪产假、新生儿津贴、公共住房优惠、家庭税务减免方面入手。

四、结论

当前我国已经处于人口负增长的边缘，生育率持续走低，新生儿数量逐年减少，深刻地影响着未来社会经济发展的路径（见图

---

① 杨志勇，李琼．中国计划生育政策直接成本估算：1997—2012 年［J］．财经问题研究，2016，3：64-71.

2.10），更关系到我国“两个一百年”奋斗目标的实现。出生率主要取决于育龄女性的数量和生育意愿。因此，解决人口发展问题，一方面，需要把握住育龄妇女数量仍处于高峰窗口期的机会，尽快全面解除生育限制；另一方面，还需通过建立和完善生育全过程的社会配套制度和政策激励机制，加大对育儿家庭的全方位支持，提升家庭的生育意愿，力争中华民族永续发展的美好未来。

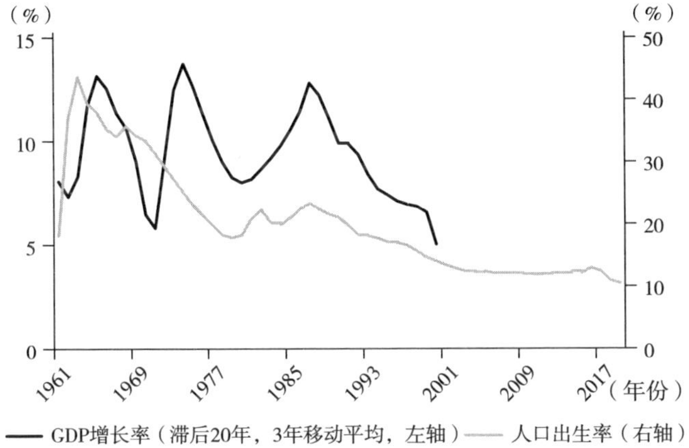

图 2.10　人口问题将深刻影响未来社会经济发展的路径

资料来源：Wind 数据库，招商银行研究院。

气候政策：一个经济分析框架 *

气候变化，无疑是当前人类面临的最复杂的重大挑战。仅最近两个月，各种极端气候现象就层出不穷：6 月美国和加拿大西部地区的酷热天气，7 月德国的洪涝灾害，上周中国郑州千年不遇的大暴雨。在过去 100 年间，全球气温趋势性走高，均值相较 1850 年上升了 1~1.2℃，这在很大程度上是由人类活动所排放的温室气体特别是二氧化碳驱动的。

应对气候变化的思路大致可以分为两类，减缓和适应。减缓是指通过减少排放到稳定大气中的温室气体的浓度，进而阻止气温进一步升高，是一种主动应对方式；适应则是基于气候变化发生的事实，为增强人类生存的适应能力和防范能力而采取的措施。

最佳的气候政策要双管齐下，一方面，主动应对，制定积极的减排时间表；另一方面，加强气候预警和风险防范。本文聚焦主动减排政策，探寻气候政策的经济理性。

---

* 本文首次发表于《新财富》杂志，2021 年 7 月 27 日。

一、气候变化与经济活动：一个分析模型

气候变化综合评估（IAM）模型（见图 2.11）是气候变化经济学的主流分析框架。其中最负盛名的是由 2018 年诺贝尔经济学奖获得者威廉·诺德豪斯开发的 DICE 模型。

模型中有两个系统，一是经济系统，二是气候系统。人类的经济活动在增加产出的同时产生的碳排放进入碳循环系统引起二氧化碳浓度的变化，使得全球温度升高。温度的升高使得气候灾害的发生频率和造成的损失上升，反馈到人类经济系统中表现为经济的损失。

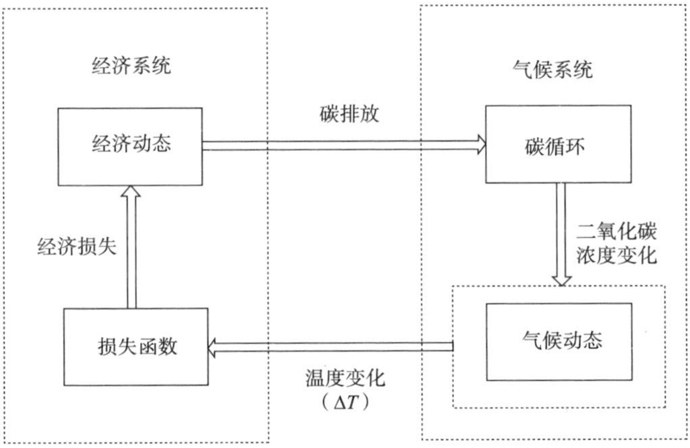

图 2.11　气候变化综合评估（IAM）模型

资料来源：招商银行研究院。

需要说明的是，虽然当前科学界认同二氧化碳浓度提高会导致气温上升，但气候系统极其复杂，科学界对是否存在一个更大的自然周期推动全球气候变暖，仍存在分歧。我们现在所做的，可能只能起到减缓作用，而无法彻底扭转现状。

根据著名气象学家竺可桢的研究，我国在近 5 000 年中，最初 2 000 年的平均温度比现在高 2℃左右，后 3 000 年的平均温度有

2~3℃的波动，南宋和明末清初时出现了寒冷时期，汉唐两代则比较温暖。当时工业文明尚未诞生，化石能源也未大规模使用，人类活动产生的碳排放总体上对气候的影响微不足道。

我们愿意相信，通过积极的应对政策，我们能够改变气候变化的曲线。不过，人类还是应该考虑气候政策实施的成本与收益之间的平衡。气候政策实施所带来的收益能够缓解全球变暖，降低潜在的气候灾难所造成的经济损失。气候政策的成本则包括直接的低碳转型投资，以及间接的关停高能耗企业的产出损失。

而且，气候变化是一个长期而缓慢的过程，减排的收益更多惠及遥远的将来，而即期就要付出相关的成本，这就涉及两个重要的跨期问题，一是贴现，二是代际公平。

二、减排收益：充满不确定性

减排可能减缓的气候损失一般以 GDP 的损失来衡量。评估减排收益，具有极大的不确定性。学术界对大气碳浓度增加和温度上升之间的关系（气候灵敏度），以及温度上升与经济损失之间的关系（损失函数），都充满了争议。

除此之外，评估收益还极大地受到贴现率的影响。对减排政策而言，由于全球气候变暖具有极大的外部性，对未来收益进行贴现使用的是社会贴现率，隐含了时间偏好、风险厌恶程度和经济增长率三大因素，学术界对其的假设和估算存在显著差异。由于气候变化的时间跨度极大，碳排放的社会成本（减排的收益）对贴现率极其敏感。例如，诺德豪斯的研究发现，假设其他条件不变，2.5% 和 5% 的贴现率对应 2020 年碳排放的社会成本分别为 140 美元 / 吨和 22.6 美元 / 吨。而英国经济学家尼古拉斯·斯特恩在 2006 年发表的著名的《斯特恩报告》中使用了不同的损失函数，以及 1.4% 的极低贴现率，估算得到的 2020 年碳排放的社会成本高达 266.5 美元 / 吨。

三、减排成本：直接与间接

减排成本最为直观的部分是直接的资金支出，主要体现在向低碳转型所需要的投资上，例如，能源系统的更新和改造，减排技术的研发和应用等。就我国而言，不同机构估计的实现碳中和所需要的投资总规模基本在 100 万亿元以上，平均到每年约占 GDP 的 1.5%~2%。控温目标越严格，减排所需的投资规模就越大。

碳排放具备负外部性，因此，低碳投资可能导致私人投资不足情况的出现，因此在很大程度上将由公共投资主导。但从另一个角度来说，公共投资面临在绿色领域和教育、医疗、基础设施建设等领域之间的权衡取舍，同时也可能形成对私人投资的挤出。

除直接成本外，气候政策还存在间接成本。例如，电力系统将率先面临转型，造成短期内供电成本上升和稳定性下降的问题，将对企业和居民的福利产生负面影响。此外，气候政策还包括对碳排放的行政管制，例如，在能耗总量和强度的“双控”目标下，部分地区和行业关停工厂，导致失业人数增多，造成福利损失。

四、最优减排政策：平衡成本与收益

自气候变化成为国际议题以来，人类的认知在不断进化。经济学家结合气候科学的研究，不断更新对气候政策的思考，有三点启示值得留意。

一是从控温和减排政策看，需要综合评估成本和收益。从收益上看，气候变化的潜在损失发生在遥远的将来，充满不确定性；从成本上看，越严格的控温目标就意味着越高昂的减排成本，且减排成本呈非线性上升。

二是在减排的节奏上，要相信人类的技术进步。过去50年来，人类对气候系统的认知、清洁能源技术和减排技术的研究等方面持续进化。从科技发展上看，当前很可能处于技术融合的节点，新能源、新材料、人工智能、量子计算等点状技术很可能实现融合，为人类社会带来颠覆性变革。

三是从经济结构上看，低碳转型面临两个平衡：一是新旧动能转换中的平衡，过于激进的政策会大幅提高生产生活成本，导致福利损失；二是公共资本和私人资本之间的平衡，过高的公共投资可能对私人投资形成挤出，拉低劳动生产率。

五、控温与减排：全球语境与中国应对

在欧盟的主要推动下，国际气候政策的目标由起初的控制温室气体浓度，转变为当前的控制温度上升，并且目标日趋进取。2015年达成的《巴黎协定》，目标是“把全球平均气温升幅控制在工业化之前水平以上2℃之内，并努力将气温升幅限制在工业化之前水平以上1.5℃之内”。西方国家推动这一目标背后的逻辑在于，借此强化气候议题在全球发展中的重要性，争取各国政策向绿色领域倾斜，推动全球向低排放平衡的过渡。

低碳已经是全球经济转型发展的大趋势，成为重要的国际政治议题之一。在《巴黎协定》确立的减排目标“国家自主贡献目标”框架背景下，主要发达国家都提出了长期的减排目标，其中美国的

气候政策立场因受执政党派的影响而摇摆不定。按照联合国政府间气候变化专门委员会特别报告的估算，2℃目标大约对应于全球在2070年达到碳中和，1.5℃目标则约对应于在2050年达到碳中和。从目前美欧宣布的碳中和时间表来看，它们瞄准的都是1.5℃目标。

西方国家更为激进的减排目标有其背景。西方国家率先进入工业化，碳排放也早已自然地经历峰值并进入下行轨道。从排放总量来看，欧洲主要国家早已在20世纪末实现了总量达峰，美国也于2007年实现了总量达峰。更重要的是，从人均碳排放量来看，美国和欧洲大部分国家人均水平远远高于中国，并且早在20世纪70年代就进入了人均碳排放的平台期，因此，西方国家不仅享受了伴随高碳排放而来的社会福利的提升，而且从碳达峰到碳中和实际上有七八十年的时间，有更充裕的政策调整时间和空间。

我国工业化起步晚，人均碳排放量在2013年前后达到高峰并进入平台期，碳排放总量计划于2030年达峰。因此，我国要用全球历史上最短的时间实现从碳达峰到碳中和，对经济发展和低碳转型来说是很大的挑战，可谓“时间紧、任务重”（见图2.12）。

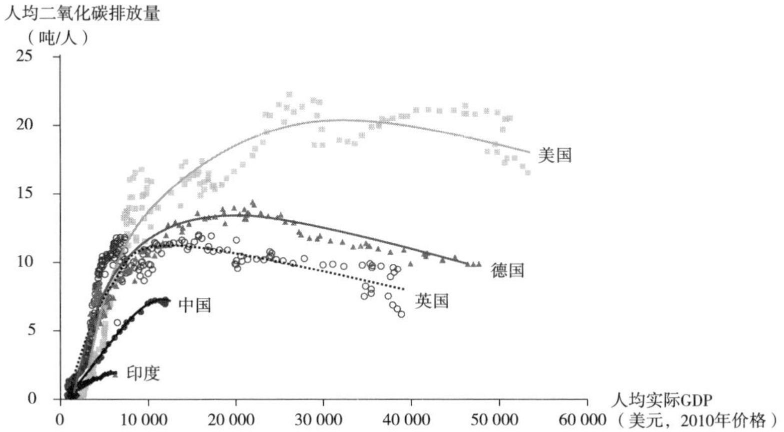

图2.12　我国人均碳排放量远低于欧美国家同期发展水平

资料来源：Our World in Data，招商银行研究院。

随着全球气候变化进程的推进和国际形势的变化，我国积极设立减排目标、推进低碳转型的举措，有利于在气候政策方面抓住先机，掌握主动权、话语权，为我国进行大国对话和国际合作提供重要支持。与此同时，我国要积极加大科技投入，更多依靠市场化政策，慎用简单激进的行政强制措施，进而稳妥实现“30·60目标”（我国二氧化碳排放力争2030年前达到峰值，力争2060年前实现碳中和）。

政府与市场：中国经济的双重变奏*

一、调结构与保增长的双重变奏

在经济下行以及内外部矛盾压力叠加之下，需要在调结构与保增长之间做出权衡。

关于保增长，有一个共识是中国的潜在增长速度毫无疑问正处于下行通道。中国潜在增长速度下行的原因，一方面是劳动生产率的提高处于停滞状态，另一方面是劳动人口的收缩。40 多年来，我国的劳动生产率得到了极大的提升，根本原因在于制度改革和市场开放，人民群众获得了基本的选择自由，生产力的解放推动了社会流动，劳动人口实现从低生产率部门向高生产率部门转移，进而提升了整体经济的生产率水平。遗憾的是，有证据表明，近年来我国劳动生产率的改善面临瓶颈，其中更深刻的原因并不是通过技术创新就可以解决的。至于劳动人口的收缩，更是不争的事实。既然承认潜在增速下行，保增长就可能徒劳无功。重要的是，过于强调 GDP 的增长速度会恶化我们的结构性指标。

---

* 本文首次发表为招商银行“首席观点”研究报告，2019 年 12 月 25 日。

第一，尽管当前我国的“新动能”行业处于快速增长当中，但该行业在我国经济中的占比仍然很小，短期内难以成为拉动经济增长的力量。若有很强的增长诉求，则我们依然需要借助传统部门来实现。依靠传统部门的投资来发力保增长，很有可能恶化业已出现的产能过剩，使得供给侧结构性改革的成果付诸东流。从规模以上工业数据看，2019 年 11 月仅采掘、冶金和石化等传统工业的营业收入占比就接近一半（43.6%，见图 2.13）。短期内要保增长只能以大放水、搞基建为抓手，意味着要在经济发展模式上走“回头路”。

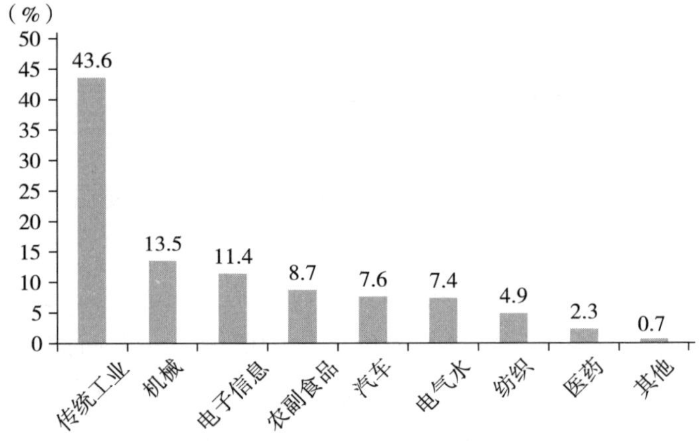

图 2.13　2019 年 11 月工业企业营业收入占比

资料来源：Wind 数据库，招商银行研究院。

第二，过高的增长诉求不利于民营企业的发展。因为政府要实现增长目标，必然会将压力施加于国有企业，既为国企部门埋下隐患，又会将民营企业挤出市场。2019 年以来，中央政府对于民营企业的态度是积极的，然而民营企业的信贷需求依然在萎缩。过于强调经济增长目标，在各级政府的压力下，国有企业必须站出来，民营企业自然退下去，使得我国经济结构出现恶化的倾向。

第三，过于追求增长速度，可能导致宏观杠杆率的快速上升。

从杠杆率水平看，现在比较具有困扰性的问题是如何把国有企业的杠杆率纳入全球比较的框架中。国外私人部门和政府部门都有各自对应的杠杆率，而中国有独特的、庞大的国有企业部门，若将这部分纳入公共债务的框架，那将完全是另一幅图景。2019 年在保增长的要求下，特别是在专项债前置发放的情况下，稳定了相当一段时间的宏观杠杆率又出现了跳升。可见，保增长与调结构之间的矛盾，已经呈现出越来越激烈的趋势。过于追求速度的旋律，就会压制调结构的主题。

二、“中等收入陷阱”：民粹经济政策的宿命

另外，我想同大家分享的是“中等收入陷阱”问题。这其实是一个模糊的、有争议的，甚至被错误理解的问题。我们通常把“中等收入陷阱”和“拉美现象”放在一起来讨论，世界银行对于高收入国家的界定标准大约是人均国民收入达到 12 500 美元 / 年，拉丁美洲国家特别是阿根廷、巴西、智利等国的人均国民收入水平长期处于中等水平，短时间进入高收入国家行列后又会退回到中等收入国家行列。如何解释这一现象？有人提出“中等收入陷阱”的概念，即存在一个难以逾越的阈值。

从经济发展史的角度来看，之所以拉丁美洲会出现这种现象，真正的原因不是存在这个人为界定的阈值，而是这些国家在第二次世界大战之后长期实行左翼民粹经济政策。拉丁美洲有很多左翼民粹领袖，如阿根廷的庇隆、智利的阿连德、委内瑞拉的查韦斯，都是历史上著名的、非常重要的左翼民粹领袖。我认为，拉丁美洲这一现象带来的启发，不是虚构的“中等收入陷阱”，而是民粹经济政策的失败。

眼下，右翼民粹风潮涌起，特朗普上台、英国脱欧是两个标志

性的事件。民粹在美国和英国这两个历史最悠久的自由主义国家兴起，不能不令人担忧。很多人都会问，什么是民粹主义？什么是民粹主义经济政策？

民粹主义确实难以被精确定义，因为这个概念被广泛用于描述特征迥异的政党、政治运动、意识形态和政治主张。简单来看，民粹的本质是分化出你与我，将一个社会分为互相排斥的两部分，即同质而互相敌对的两个阵营："善良的民众"和"腐败的精英"。任何民粹的领导都会说"我"是人民的代表，而"你"是腐败的精英、资本家，这就是民粹主义核心的"二分法"。民粹主义普遍具有反精英、反建制、排斥差异、否定多元主义的特点，它极力迎合"民众"，丑化"敌人"，制造对立、拒绝妥协，反对多元相互制衡，引导民众不信任社会和政治系统，挑战主流秩序和现行制度，让所谓的"人民"的意志回归政治的中心。

可见，民粹与民主最大的不同在于，民主认为"民意"是多元的，对不同意识形态的政治主张持开放的态度，强调多元的群体利益与政治权力之间的制衡。

传统上，我们对经济思想和经济政策是以左右划分的。最左端是苏联模式下的计划经济体制；中间偏左是国家管理、政府干预、福利主义；中间偏右是有限政府、私有产权；最右端是彻底的自由放任。这套按左右来划分经济思想的框架，无法解释民粹主义经济政策的特征。理解民粹，需要一个全新的分析维度。民粹主义的对立面是自由主义，自由主义主张多元民主，而民粹主义主张二元对立（见图 2.14）。从历史上看，自由主义通常与右派经济思想结盟，民粹主义通常和左派经济思想结盟。但如今，民粹主义与右派经济思想结盟，已经发生在美国、英国这两个长期对民粹免疫的国家之中，我们正面临右派民粹百年来首次登上舞台的情况。美苏冷战后的一整套政治和经济逻辑都开始失去其解释力。

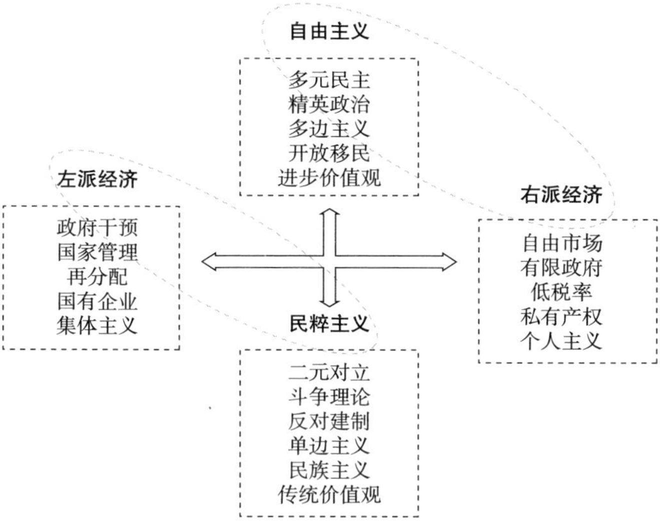

图 2.14　民粹主义与自由主义的经济政策分析框架

资料来源：招商银行研究院，招银国际研究。

基于英美在世界秩序和全球治理中的核心大国地位，理解英美右派民粹的未来发展就显得非常重要，它将在未来的 5~10 年乃至更长的时期持续地影响全球的政治、经济和贸易格局。不过，我们不必过于悲观。弗朗西斯·福山曾说过，左派是右派身份政治的先驱。民粹的共同特征强于政治动员，弱于经济政策。拉丁美洲现象的历史启示在于，民粹的领袖注定无法兑现他们对人民做出的宏大叙事和空洞承诺，不管是左派还是右派，都将被人民抛弃。对此，我们需要的是耐心和时间。

三、货物贸易与资本流动的变局

再来，我们分析一下在民粹主义逆全球化的背景下，国际货物贸易与资本跨境流动的变局，以及其对我们产生的影响。

首先是货物贸易，变化的端倪已经出现。2019 年，中国出口产品占美国进口市场的份额下降了约 3 个百分点，墨西哥、越南等地的份额占比相应上升。中国产品失去美国市场的份额，在一定程度上影响了我国出口制造业的投资和生产。由于中国制造在全球贸易产业链中具有重要地位，这种趋势最终可能导致整个贸易供应链的解体和重构。未来极可能呈现这样一种逻辑：中国出口增长速度缓慢，特别是对美出口增速放缓，影响中国出口制造业的生产活动，导致中国相关进口需求回落，进而影响其他向中国出口的国家，最终拉低全球贸易活动，并影响经济增长的速度。追溯到这条供应链的最前端，我们发现中国的主要进口来源国均受到了不小的冲击。例如，德国、日本、韩国制造业 PMI 明显下滑并处于荣枯线以下。这是当前全球经济形势的一大特征，即贸易活动的收缩成为制约全球经济增长的主要因素，这一趋势预计还将持续一段时间，直到另一条具有规模效应的贸易供应链出现，并有能力替代中国出口。当然，这里的变化仍有很大的不确定性。

其次是资本流动，我们知道影响资本跨境流动的一个重要因素是利差，因为资本注定要追逐更高的收益率。在负利率涌现的背景下，资本如何寻求出路？如今负利率已经成为德国、日本、瑞士、瑞典等经济体货币政策操作的新常态，更有向其他经济体蔓延的趋势。但是，中国、美国、印度、澳大利亚等主要经济体还没有进入负利率区间。国与国之间存在一定的，乃至扩大的利差，这种收益率的落差将导致资金跨境流动的深刻变化。中国作为为数不多的实施正常货币政策的国家，中国资产不论是债券资产还是权益资产，都具有全球吸引力。在加大金融对外开放范围的背景下，海外投资者特别是养老金、保险公司、信托公司等长线机构投资者，在追逐收益率的驱动下，都可能进一步提高对中国资本市场的资源配置。这也可以很好地解释过去几年外资投资中国债市行为背后的动因，并且很可能是一个长期趋势。因此，如果我们进一步加强对外开放，建立更好的制度环境，我相信中国依然是一个对国际资本有很高吸引力的国家。从这个角度讲，中国资产具备配置价值的观点是成立的，这也是一个能够持续若干年的主题。

国企分红：公共财政的分析 *

国有企业是我国国民经济的支柱，是实现国家工业化和现代化的重要力量。国企分红是国有资本主要的功能之一。两年前我从公共财政和国际比较两大视角对国企分红进行了分析，提出需进一步深化国企改革，提高国有企业向广义财政的分红比例，尽快改革国有资本经营预算制度，疏通国企分红直接进入公共财政的渠道。2020 年 6 月，中央全面深化改革委员会第十四次会议审议通过了《国企改革三年行动方案（2020—2022 年）》等各项方案，提出要深化国资国企改革，健全以管资本为主的国有资产监管体系，深化国有资本投资、运营公司改革。国企分红的比例和渠道如何变化，仍是值得关注的焦点。

本文讲的国企分红，是指国有企业向公共财政上缴的各项税后收益，主要是利润分红。国企兑现向全民股东的分红是国有资本主要的基本功能之一。在中国这样一个以公有制为主体的国家，分析国企部门对公共财政的贡献，探究规模庞大的国企部门究竟向全民股东分配了多少红利，具有特别重要的意义，因为它关乎每个国民可能享受到的公共产品和公共服务。

---

* 本文首次发表为招商银行“首席观点”研究报告，2019 年 6 月 13 日。

一、“减税降费”带来财政收支平衡的压力

2019年，我国采取了较为积极进取的财政政策，近两万亿的“减税降费”使得各级政府的财政收支面临着很大的平衡压力。中等口径下的财政收入（一般公共预算收入+政府性基金收入）累计同比增速从2018年开始持续下滑，叠加经济增速放缓，财政收入下行的趋势可能还将持续下去。财政收入下滑而开支加大，预算赤字被迫进一步上调，达到10年来新高。

在如此背景下，各级政府面临着极大的财政平衡压力，为拓展资金来源伤透脑筋。目前的做法主要是通过政府发行债券，或者通过平台公司融资。其结果就是政府部门的宏观杠杆率上升，并且难以持续。可见，政府通过债务融资，虽可在一定程度上缓解财政收支平衡的压力，但无疑将进一步增加债务风险。

二、“减税降费”有利于实体部门，特别是国有企业

减税降费明显有利于实体企业，特别是规模庞大的国企部门，这是由我国的基本经济制度决定的。细究起来，“减税降费”将对我国广义财政的四套“预算账本”（一般公共预算、政府性基金预算、社会保险基金预算和国有资本经营预算）产生差异化的影响。具体而言：下调增值税税率，会对一般公共预算收入的增长造成一定的拖累[①]；下调

① 增值税收入多年来一直占到我国税收收入的四成左右，而税收收入又占到一般公共预算收入的八成左右，因此，作为今年财政政策的“主菜”，下调增值税率将会对一般公共预算收入的增长造成拖累。

社会保险费率会对社会保险基金预算收入产生负面影响[①]；随着房地产调控政策的持续，土地出让收入增速放缓，已经导致政府性基金预算收入增速较去年有较大幅度的下滑[②]。

唯一受益于“减税降费”政策的，是广义财政预算中的“国有资本经营收入”。道理很简单，下调增值税税率及社会保险费率有利于企业减负，特别是对国有企业来说，可以降低经营成本进而提高国有资本的经营效益。

“减税降费”，对财政收入的不同来源产生不对称影响，凸显出国企上缴分红支持公共财政收入的重要性。这一结论，应该没有什么争议。2019 年，为了落实好两万亿减税降费政策，各级财政部门都需要开源节流，而财政开源的一个有效渠道就是国企利润的上缴。李克强总理在 2019 年《政府工作报告》中指出将“增加特定国有金融机构和央企上缴利润”。

三、国企分红：独特的“两次分配”机制

我国的广义财政预算体系由一般公共预算、政府性基金预算、国有资本经营预算和社会保险基金预算“四本账”组成，至于国企上缴财政的分红究竟该流向哪个账本呢？这个问题并不像理解字面意思那么简单。原因就在于，我国所形成的全球独有的制度模式。

首先，在国有资产管理体制方面，我国将金融类国企和非金融

① 受老龄化加速的影响，我国社会保险基金预算收入增收难度越来越大，需要通过其他预算账本对其进行持续“输血”。

② 2018 年，政府性基金预算收入累计增速达到 22.6%。但 2019 年第一季度增速却大幅下滑至 –9.5%，如果房地产调控政策持续从紧，那么预计政府性基金预算收入增速将会进一步下滑。

类国企（即实业类国企）区分开来，金融类国有资产由国务院财政部管理，实业类国有资产由国务院国有资产监督管理委员会（以下简称“国资委”）管理。与此相应，从国企向财政分红的流向看，也形成了两股资金分别上解的路径：金融类国企的分红直接进入“一般公共预算”；实业类国企的分红进入单列的“国有资本经营预算”，其中部分再以“调出资金”的方式流向“一般公共预算”。这样一来，国企分红的初次分配和再次分配，就形成了我们所谓的“两次分配”的独特机制。

初次分配，即国企部门向广义财政上缴的分红。由两部分构成：一部分是金融类国企上缴的分红（含部分实业类国企的专项特别分红）直接进入一般公共预算；另一部分是实业类国企上缴的分红进入国有资本经营预算。[①]在以往的分析中，人们侧重于讨论实体类国企分红形成的国有资本经营预算收入。事实上，相对其他三套预算账本，国有资本经营预算规模偏小，其中一个原因就在于它不包含金融类国企分红，这显然低估了国企部门整体对公共财政的贡献程度。

再次分配指的是实业类国企分红进入国有资本经营预算后的再分配。我们特别关心最终流向一般公共预算的部分，因为这部分财政收入用于支持广泛的公共事业、公共产品和公共服务，以满足社会共同需要，其本质是国企向全民的分红。中国的特色在于，由于实业类国企分红的“初次分配”并非完全流入公共预算，而是通过对国有资本经营预算的再次分配，向一般公共预算调出部分资金[②]，若只观察“初次分配”就会高估国企分红对公共财政的贡献程度。

① 金融类国企分红记入一般公共预算中“非税收入”项下的“国有资本经营收入”科目；非金融类国企分红记入国有资本经营预算的“利润收入”等科目。此外，少部分非金融类国企（如中国烟草总公司）还会向一般公共预算缴纳“专项收入”，记在“非税收入”项下。

② 具体体现在资金从国有资本经营支出表“调出资金”科目向一般公共预算收入表“使用结转结余及资金调入”科目的转移。

四、初次分配：分红规模和分红率测算

四套预算账本之间存在复杂的钩稽关系，且透明度有限，难以获得高质量的底层数据，因此精确计算国企分红对财政的贡献程度变得困难。尽管如此，我们还是可以通过多种方法来估算国企分红对广义财政的贡献程度。

首先，测算金融类国企的分红规模和分红率。金融类国企分红流向一般公共预算中“非税收入”项下的“国有资本经营收入”科目，但是这个科目还包括其他实业类国企的特别（专项）分红，细项并没有公布。因此，我们用非税收入中的“国有资本经营收入”作为金融类国企分红的替代指标，一定程度上高估了金融类国企向公共财政的分红规模。2017 年进入一般公共预算的国企分红为 4 191 亿元，占比为 2.4%。近年来“非税收入”项下“国有资本经营收入”的金额及其占公共财政收入的比重，呈现出先升后降的变化特征（见图 2.15）。

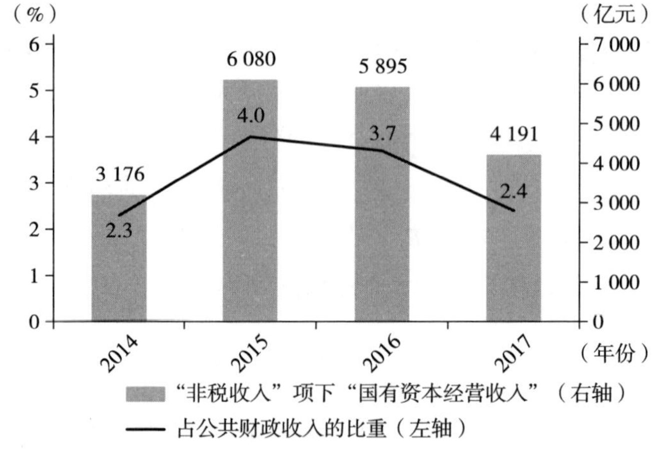

图 2.15　金融类国企分红金额及其占公共财政收入的比重变化情况

资料来源：Wind 数据库，财政部，招商银行研究院，招银国际研究。

再来测算一下金融类国企向公共财政的分红率。由于金融类国有资产归属全民股东的净利润数据不可得，我们以财政部和中央汇金公司直接持股的 14 家 A 股上市金融机构[①]为样本，根据年报数据加权计算国有金融机构的分红率，以此替代我国金融类国企的分红率。据此，2017 年金融类国企的分红率为 30%，这个分红率也有可能夸大了实际的分红率水平，一个佐证是 2018 年 10 月财政部部长刘昆在向全国人大常委会报告金融企业国有资产管理情况时指出：中央国有金融企业“2017 年平均分红比率 28.9%，较 2013 年提高了 2.8 个百分点”[②]。

然后，我们再来计算实业类国有企业的分红规模和分红率。实业类国企的分红数据主要来源于国资委和国有资本经营预算，数据质量较高。据此，2017 年和 2018 年实业类国企向国有资本经营预算的分红金额为 2 581 亿元（决算数）和 2 900 亿元（预算数），分红率为 18.2% 和 19%。

实业类国企近 5 年的平均分红率为 24.3%，低于金融类国企。此外，与金融类国企分红率总体相对稳定的特征不同，实业类国企的分红率呈现出更大的波动，最高的 2016 年与最低的 2017 年相差 20.5 个百分点（见图 2.16）。需要说明的是，近年来实业类国企分红金额呈稳定上涨的趋势，2016 年度分红率偏高主要是因为当年部分传统上游行业亏损导致分母减小，并非常态。

最后，我们将金融类和实业类国企合并起来观察整个国企部门分红的全景。从国企部门向广义财政的“初次分配”角度看，合并

---

① 这 14 家 A 股上市金融机构包括工商银行、建设银行、中国银行、农业银行、交通银行、光大银行、中信银行、浦发银行、平安银行、申万宏源、中国平安、中国人寿、中国太平洋保险、新华保险。

② 刘昆．国务院关于 2017 年度金融企业国有资产的专项报告［J］．预算管理与会计，2018，12：2-6.

计算出整个国企部门向国家上缴利润的总规模，2017 年为 6 772 亿元，分红率为 24%。

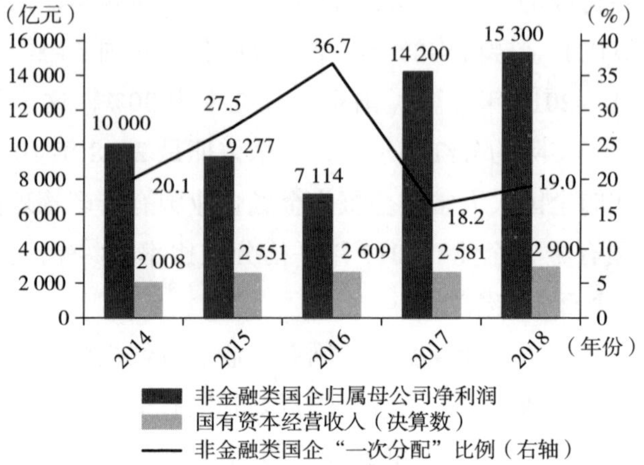

注：1.2018 年国有资本经营收入中的利润收入为估算值，其余为决算数；

2. 非金融类国企分红率 = 国有资本经营收入（决算数）/ 非金融类国企归属母公司所有者净利润。

图 2.16　国资委口径实业类国企分红率波动较大

资料来源：Wind 数据库，财政部，《中国国有资产监督管理年鉴》，招商银行研究院，招银国际研究。

五、再次分配：国企分红流向公共预算的测算

与金融类国企分红直接进入一般公共预算不同，实业类国企分红流入国有资本经营预算之后，再以调出资金的方式流向公共预算。这部分再分配的规模小得可怜，2018 年只有 754 亿元调出资金，占归属国有母公司 1.53 万亿元净利润的 4.9%，即便是占比最高的 2016 年也仅为 7.8%（见图 2.17）。

从公共财政的角度看，最终进入一般公共预算的国企分红才体

现为向全民股东的分红，因而具有特别重要的分析意义。

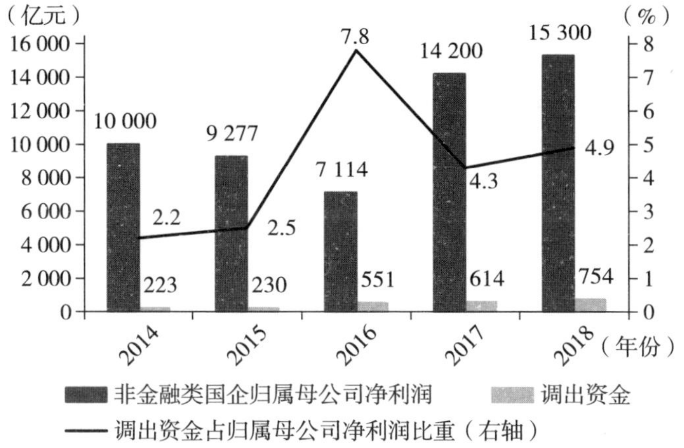

注：2018 年国有资本经营收入中的利润收入为估算值，其余为决算数。

图 2.17　国有资本经营收入中调出资金的占比明显偏低

资料来源：Wind 数据库，财政部，《中国国有资产监督管理年鉴》，招商银行研究院，招银国际研究。

六、问道于盲：国企分红的改革目标

关于国企分红的改革目标，主要体现在党的十八届三中全会通过的《中共中央关于全面深化改革若干重大问题的决定》中。这份纲领性文件要求“完善国有资本经营预算制度，提高国有资本收益上缴公共财政比例，2020 年提到 30%，更多用于保障和改善民生”。2015 年 8 月，中共中央、国务院印发的《关于深化国有企业改革的指导意见》中再次明确“要建立覆盖全部国有企业、分级管理的国有资本经营预算管理制度，提高国有资本收益上缴公共财政比例，2020 年提高到 30%”。

对于这个 30% 的改革目标究竟是指“初次分配”还是指“再

次分配”一度存在不少争议。根据运行情况来判断，这里的30%指的是“再次分配”的目标，即要从实业类国企上缴形成的国有资本经营预算收入中调出30%，上缴公共财政。2012年以来，该比例总体呈现上升趋势，2018年调出资金的占比已达26%，2019年预算将达到29%，到2020年实现30%的目标应该没有难度。

然而，按照目前实业类国企“初次分配”分红率约为20%，“再次分配”中的30%上缴公共财政，实际分红率仅为6%来看，这一改革目标无异于“问道于盲”。没有“初次分配”比例的提高，“再次分配”就成了无源之水、无本之木。

那么，剩余的70%都用在了哪里？通过分析国有资本经营支出决算发现，除调入一般公共预算和补充全国社会保障基金外，绝大部分资金都用在了解决国企历史遗留问题和相关改革成本支出、资本金注入以及政策性补贴三个方面，三项合计占比在60%左右。换言之，实业类国企上缴“国有资本经营预算”的资金大部分“返还”了国企体系本身，其中“补贴”就占了4%。国企分红“体内循环”特征明显，有悖于国有资本的全民所有制属性，以及应当承担的惠及全民的民生支出责任。

七、若干启示

根据国资委的数据，实业类国企公司化改革覆盖面已经超过90%，国企部门净利润的70%以上来源于上市公司。由此可以发现，从分红资金的流向看，形成了一个自下而上的链条：上市公司向国企股东即集团公司分红，集团公司再向财政上缴分红。因此，分析国企上市公司的分红率，有助于我们理解国企最终向财政分红的合理水平。

我们收集了国资委管理的中央企业下属A股上市公司的公开数据，发现分红率并不算低，而且呈逐年上升的趋势。2018年央企下属上市公司整体分红率水平为35.7%，分红率均值为36.9%。

央企旗下的上市公司以36%的分红率向集团母公司分红，集团母公司再向国家上缴利润。为说明这一关系，我们选取了97家央企中因公开发债而披露财务数据的59家作为样本。2017年度，有40家向财政分红，10家无分红，9家负分红（补贴）。以这40家向国家分红的央企计算，平均分红率为20%。

央企上市公司分红率约为36%，央企向国家的分红率约为20%，两者之间存在不小差距，说明有部分下属公司的分红被截留在集团母公司层面。国资委对于央企国有资本收益提取比例实行"五档"制：第一类企业为25%（中国烟草总公司），第二类企业为20%（中石油、中石化等14家资源型企业），第三类企业为15%（中国铝业公司等70家一般竞争类企业），第四类企业为10%（核工业集团公司等33家和中央文化企业类），第五类企业免缴当年应缴利润（中储粮和中储棉）。"五档"制从客观上决定了整个央企向国家分红的水平，与上市公司36%的分红率存在差距。这一线索的启示在于，国企向财政的分红率水平具有上调的空间。

不可否认，提高国企分红上缴财政的比例不可能一蹴而就。我们应该看到，我国国企分红上缴财政的"两次分配"制度是国企改革和公共治理的阶段性产物，其对公共财政的贡献程度（分红率水平）明显偏低也是不争的事实，未来仍有较大的提升空间。在当前形势下，进一步深化国企改革，提高国有企业向广义财政的分红（初次分配）比例，尽快改革国有资本经营预算制度（再次分配），疏通国企分红直接进入公共财政的渠道，已成当务之急。

国企分红：国际比较与理论分析 *

在上一篇关于国企分红的讨论中，我们着重阐述了国企分红对于弥补公共财政缺口的重要性，分析了具有中国特色的国企分红上缴公共财政的“两次分配”机制，并通过公开数据测算了国企分红对公共财政的贡献程度，呼吁尽快提高国企分红的比例，出台合理的国企分红政策。承接前文，本文将从国际比较与理论分析的视角对国企分红这一问题进一步展开论述。

一、国企分红的国际比较

要评估我国的国企分红水平，就有必要将其放在全球范围内进行横向比较。即使是在以私有制为主的自由资本主义国家也存在少量国有企业，这些国企必须向政府股东分红，并且是构成国家财政收入的重要来源。我们收集了十几个国家财政收入构成的公开数据，在其中仔细寻找关于国有企业向财政分红的信息。同时，我们收集了各国国有资产管理机构的年报，测算出国企的分红规模和分

* 本文首次发表为招商银行“首席观点”研究报告，2019 年 6 月 14 日。

红率指标。

从可比角度看，有两个数据最为重要：一是国企向财政的分红占该国名义 GDP 的比重；二是国企加权平均分红率。我们认为，这两个数据可以展示不同国家的国企分红对公共财政的贡献程度大小。

举几个典型例子。新加坡的国家资产由 MAS（新加坡金融管理局）、GIC（新加坡政府投资公司）和淡马锡公司三大国有控股投资主体管理。[①]就分红政策而言，2009 年以前，新加坡财政部可以动用这三家机构最多 50% 的实际投资收益；2009 年之后，政府修改了国企分红的政策框架，政府可动用不超过 50% 的预期长期投资回报，即包括基于现有投资组合所预测的未实现回报，这大大增加了政府的预算额度。2014—2018 财年，三家政府投资机构对财政的分红累计达 6 342 亿美元，占新加坡 GDP 的比重也从 2.2% 提高到 3.3%（见图 2.18）。从 2016 年起，三家机构的分红超过新加坡的公司税和个人所得税，成为新加坡财政收入最大的单一来源，2018 年占政府收入的 18%。根据公开数据测算，2016 年以来淡马锡公司向财政的分红占其当年归母净利润的比重平均不低于 46.7%，接近规定分红率的上限。

还有法国。由于历史原因，法国的国有经济成分占比较高。20 世纪 80 年代初，法国的国有经济比重曾一度高达 40%，国家持有 200 余家大型国有企业的股份，涉及子公司 4 300 余家。虽然 1986 年

① MAS 行使央行职能，以投资风险较小的金融产品为主。GIC 肩负着管理新加坡财政和外汇储备的使命，是管理资产规模最大的一个机构，主要负责长期投资和海外投资，覆盖 40 多个国家和地区。新加坡政府认为自身的职责是管理经济，而非管理商业公司，因此在 1974 年成立淡马锡公司，接管当时政府拥有的 35 家国企，包括星展集团、新加坡航空公司等，淡马锡公司已横跨金融、航空、电力、电信、港口等众多行业。

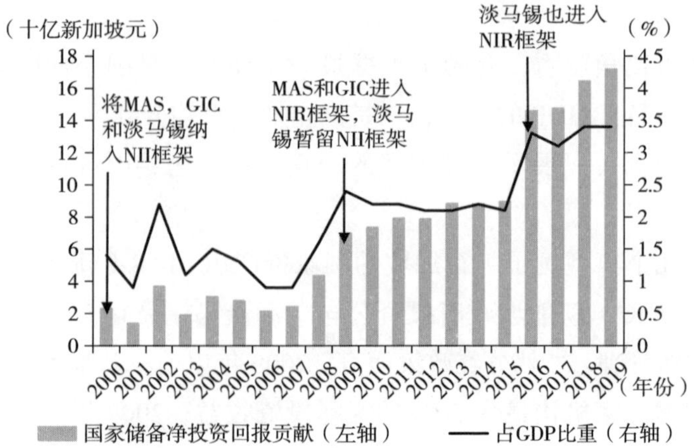

注：NII 是指净投资收入，NIR 是指净投资回报。

图 2.18 新加坡国企分红规模及框架变革

资料来源：新加坡政府，招商银行研究院，招银国际研究。

开始的市场化改革使得国有资本逐步退出了一些领域，但目前仍留有相当大的规模。① 2004 年，法国成立了国有控股机构 APE，旨在更专业地保护和管理国有资产。目前，APE 拥有 81 家企业，行业分布广泛，管理的资产已超过 900 亿欧元，是法国政府资产的重要组成部分。法国国企在 2014—2017 年向政府分红占归母净利润的比例达到 52.41%，分红总额占法国 GDP 的 0.16%。

再如瑞典。该国的国企规模庞大，经营状况良好，政府管理有效，其国企产出比例和吸收就业比例在欧洲均名列前茅，因而常作为发达国家管理国有资产的标杆。截至 2018 年，瑞典政府仍直接拥有 47 家企业，主要集中在基础工业和能源行业。2013—2017 财

---

① 目前法国国企分为三类，一是与战略利益和主权安全相关的企业，二是政府不必过分参与，仅作为股东的公共服务企业，三是在危机期间发挥作用的关键企业。法国最大的五家国企 EDF、ENGIE、Orange、ADP 和 La Poste 合计贡献了超过八成的国企分红，分红上缴比例也比较稳定：EDF 大约在 50%，ENGIE 在 65%~75%，ADP 在 40% 左右。

年，瑞典国企共上缴财政 932 亿瑞典克朗，平均占瑞典 GDP 总量的 0.44%，国企分红率高达 71.41%。

最后看看挪威。目前，挪威共有 75 家国企。2013—2017 年，上市公司向国家的分红率最低为 24%，最高达 332%；非上市公司的分红率介于 28%~275%。5 年内，挪威政府共收到国企分红 1 660 亿挪威克朗，占国企归母净利润的比重达到 62.38%，平均占挪威 GDP 的 2.46%。石油类等国企的高额分红也使挪威建立了规模庞大的政府养老基金，成为世界上资产总值最高的主权财富基金之一。

现在，让我们回到中国，并将之置于国际比较的框架中。在上一篇报告中，我们按照“两次分配”机制的运行逻辑，推算出我国金融类和非金融类（实业类）国企对公共财政的贡献程度，同时测算出全部国企部门对公共财政的实际分红率。我们发现，近年来，国企向公共财政的实际分红率总体呈现出先升后降的趋势。2017 年，金融类国企分红率总体维持在 30% 左右；而实业类国企初次分配分红率为 16.2%，再次分配分红率为 28%，进入公共财政。

现在，我们可以将中国放在国际范围内进行比较。从近年来的平均分红率水平看，俄罗斯、新加坡、立陶宛等国的政府对国企的要求分红率为 50%，克罗地亚政府的要求分红率为 60%；从实际分红率情况来看，多数国家和地区分红率已达到 50% 以上，芬兰、新西兰、拉脱维亚等国家的国企分红率更超过了 70%。

相较而言，以 2014—2018 年的平均值计算，我国国企部门初次分配的分红率仅为 27.7%，与国际水平相去甚远；若以再次分配考察，分红率更低至 20% 以下（见图 2.19）。从国企分红占 GDP 的比重来看，我国的初次分配占比为 1.01%，再次分配占比为 0.73%，虽然高于部分资本主义国家，但若考虑到国有经济在我国国民经济中所占的比重，那么这一占比显然不高（见图 2.20）。

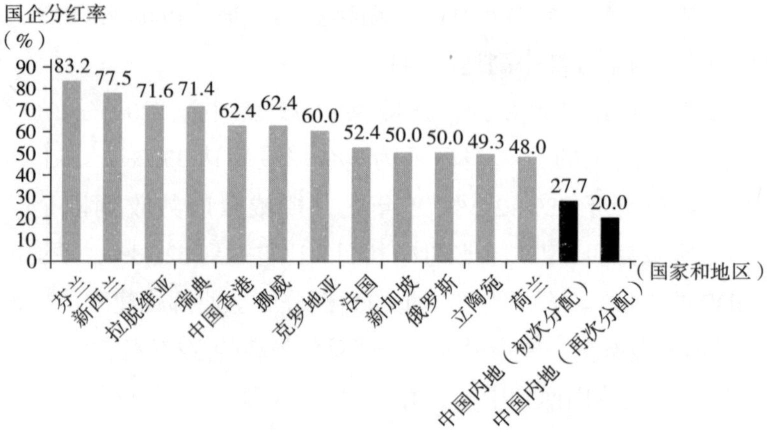

图 2.19 国企分红率的国际比较（保留至小数点后 1 位）

资料来源：政府财政数据，国企报告，企业报表，汤森路透，招商银行研究院，招银国际研究。

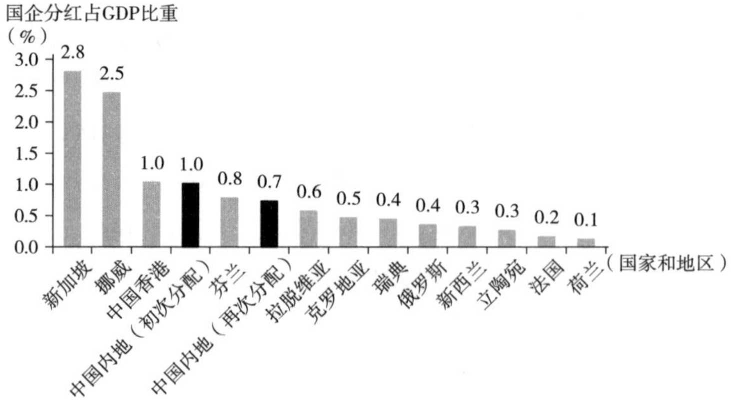

图 2.20 国企分红占 GDP 比重的国际比较（保留至小数点后 1 位）

资料来源：政府财政数据，国企报告，企业报表，汤森路透，招商银行研究院，招银国际研究。

我们将分红率和分红的 GDP 占比两组数据结合起来，得出了一张意味深长的全景图（见图 2.21）。就国企部门向国家财政的分红而言，无论是占 GDP 的比重，还是分红率水平，中国都比某些典型的私人资本主义国家低。这是一个令人尴尬的现实，毕竟我国是以公有制为主体的社会主义国家，而国企部门对财政的贡献程度，也就是对全民股东的分红却不如某些以私有制为主的自由资本主义国家，这与我国的基本经济制度不相称。这也说明，我国国企向财政分红的提升空间仍然很大。

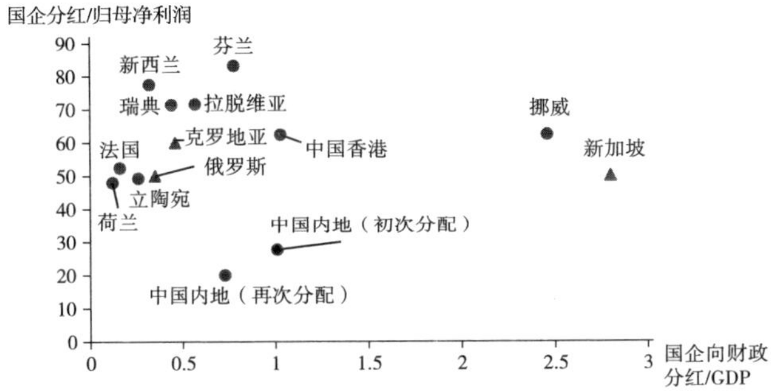

图 2.21　令人尴尬的现实：国企分红的国际比较

资料来源：政府财政数据，国企报告，企业报表，汤森路透，招商银行研究院，招银国际研究。

二、理论分析：国企分红与过度投资

（一）国企的代理问题

从理论上说，公司股东与管理层之间存在着经典的“委托—代理”关系。受雇于股东的管理层理应以股东利益的最大化为目标，但实际上其利益或激励与股东利益在很大程度上并不相容。而且，由于信息不对称，股东难以对管理层进行有效监督。因此，源自公司所有权和管理权分离的利益冲突，将不可避免地导致效率和福利的损失，这在经济学上被称为“代理成本”。其中，过度投资与过度在职消费是代理成本的两种主要表现方式。

相较民营企业，国企的“委托—代理”问题更为突出，代理成本更为高昂。第一，国有股份的所有者为全体公民[①]，但实际上全体公民却无法直接行使所有者权利，这就产生了“所有者缺位”的问题。第二，我国国企“委托—代理”关系层次多、链条长，链条上存在着全体公民、国务院、国资委、集团公司和经营单位等多个层级，加剧了信息不对称，更容易滋生“内部人控制”的问题。第三，由于国企所有权比较集中，管理者往往“一身二任”，既是经理人又是党政官员，角色冲突使得国企在经营上政企难分。第四，国企“大而不倒”，普遍存在预算软约束，“僵尸企业”难以出清。第五，国企并非以利润最大化或企业价值最大化为目标，还存在规模扩张、社会责任等其他维度的考核指标，管理者的升迁机会和社会地位往往与企业规模正相关，衍生出过度投资的激励措施。在此背景下，不难理解控制代理成本是改善国企公司治理的关键。

（二）自由现金流假说

哈佛大学经济学教授迈克尔·詹森于 1986 年在《美国经济评论》上发表论文[②]，提出了“自由现金流假说”，成为历史上被引用次数最多的经济学文献之一，其理论对于改善现代公司治理具有启示意义。

自由现金流假说认为，如果来自现有资产的现金流超过了适度投资水平，管理者可能会将自由现金流投资于低收益率乃至负净现

---

① 《中华人民共和国企业国有资产法》规定：“国有资产属于国家所有即全民所有。国务院代表国家行使国有资产所有权。”

② Jensen M. C. Agency Costs of Free Cash Flow, Corporate Finance, and Takeovers［J］. *American Economic Review*, American Economic Association, vol. 76（2）: 323-329.

值的项目，企业存在过度投资的倾向，资产配置的效率相应降低。詹森认为，分红可以削减自由现金流，有效抑制过度投资现象，从而提升公司价值。应当将自由现金流用于分红或是股票回购，而非浪费在负回报（$NPV < 0$）的投资项目上。

这一假说客观反映了如下现实：企业的管理者存在谋求自身利益最大化的动机，例如，为追求声誉和地位，倾向于扩大投资，实际投资金额可能超过企业的最优投资规模。更重要的是，管理者并不需要为错误的投资决策支付成本或者只需承担其中很少的一部分，投资过度带来的风险和损失主要由股东承担，其实质是典型的代理问题。过度投资不仅损害股东的利益，也是对社会经济资源的浪费。

自由现金流假说得到了广泛的实证支持。诸多研究发现，过度投资在自由现金流充裕的公司中尤为普遍，提高分红可以明显减少公司的异常开支，有效约束管理层的过度投资行为。学术界的普遍共识是，提高分红的政策对于提升公司价值、提高投资效率，进而保护股东利益都有积极的作用。

进一步而言，企业分红之后若出现新的投资机会，企业可能需要通过外部融资的方式来解决资金需求。这时，商业银行、投资银行以及资本市场的压力将对管理层的投资决策形成外部约束，限制其潜在的过度投资行为。不过，对于我国的国有企业而言，外部融资对国企过度投资的有效约束是存疑的，因为国企在获得银行贷款方面具有明显的优势。商业银行对国企有更高的授信倾向，且对国企的具体融资、投资行为约束力不足，这在客观上使国企的融资成本较低，更加刺激了国企的投资冲动。就这个角度而言，在外部融资约束不力的情况下，更加需要建立一套严谨而有纪律的国企分红政策，从内部自由现金流的角度约束过度的投资行为。可见，提高国企分红的好处，不仅在于提高财政收入，有效降低政府的杠杆率，而且能够防止国企过度投资，从而控制国企部门的杠杆率。

（三）过度投资的证据：国企净资产收益率下降

国企部门过度投资的表现，一是我国经济发展模式的变异，投资过剩、消费不足；二是出现部分行业的产能过剩，尤其是以国企为主导的传统部门；三是各大国企集团纷纷进入新的投资领域，离主营业务越来越远。一个证据是，国企投资的长期低回报水平。根据国资委数据，2018 年全国国有企业净资产收益率仅为 3.9%，甚至不及当年银行理财产品的收益率水平（见图 2.22）。

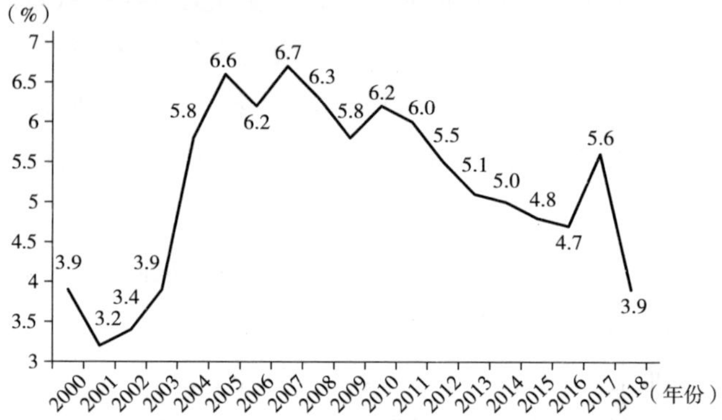

图 2.22　全国国有企业净资产收益率有明显下滑的趋势

资料来源：Wind 数据库，招商银行研究院，招银国际研究。

三、结论：加大国企向财政的分红

从国际比较看，我国国企分红水平与其他国家相比存在明显的差距，反映出我国国企分红还存在巨大的提升空间。经济学理论表明，提高国企分红水平，有助于降低代理成本，抑制国企过度投资的行为，提升国有资产的价值。同时，提高国企分红也有助于改善公共财政收支失衡的状况，凸显国有资产全民所有的性质。

落花无言：民营企业的困境 *

作为社会主义市场经济的重要组成部分，民营企业是我国经济制度的内在要素，是社会主义市场经济发展的重要成果。但2017—2018年民营企业的发展遇到了诸多困难，导致大量民营企业退出市场。这一现象直接反映在国家统计局公布的工业企业数据上：累计同比与累计值同比出现偏离。本文从这一数据偏离出发，发现工业企业的“幸存者偏差”中那些不幸消失的企业基本上是民营企业，指出了在供给侧结构性改革和“去杠杆”政策冲击下民营经济发展的困境。2018年11月习近平总书记主持召开民营企业座谈会，听取民营企业家的意见和建议，指出要毫不动摇鼓励支持引导非公有制经济发展，支持民营企业发展并走向更加广阔舞台。强调在我国经济发展进程中，要不断为民营经济营造更好的发展环境，帮助民营经济解决发展中的困难，变压力为动力，让民营经济创新源泉充分涌流，让民营经济创造活力充分迸发。

一、改革开放40年：民营经济发展乃中国奇迹

改革开放40年，不忘初心。改革的初心就是建立和完善社会

---

* 本文首次发表为招银国际“首席观点”研究报告，2018年9月6日。

主义市场经济体制。这一改革逻辑至今仍是我国社会、政治、经济和道德议题完整而深入人心的表述。40 年来，中国社会经济最具争议性的两个问题，一是政府与市场的关系，二是国有经济与民营经济的关系。只要这两个问题没有得到很好的回答，我们就仍然处于典型的政治经济学时代，我们的改革仍然需要深刻的思想启蒙。

当然，仅有价值观上的完美表述是不够的，还需要基于科学的实证。事实是，中国的民营经济经过几十年的发展，已成为我国经济生活的重要构成部分。一个基本的共识是，民营经济的发展与市场体系的建立，在相当程度上可以解释中国经济得以快速发展的奇迹。

二、规模以上工业企业：幸存者偏差

我一直认为国家统计局定期公布的规模以上（年收入 2 000 万元以上）工业企业经营数据，频度高而且质量不错，是从事经济运行分析研究必备的实证材料。然而，从 2017 年 8 月开始，国家统计局公布的工业企业数据出现了“异象”，表现在：工业企业的收入和利润“累计同比”与“累计值同比”出现偏离，而且偏离越来越大，这一现象引起了广泛关注（图 2.23）。

具体而言，从主营业务收入看，国家统计局公布的 2017 年 1—7 月（规模以上）工业企业累计同比增长 9.9%，看似不错；但根据收入累计值计算的同比增速为 –13.36%，形势严峻；方向一增一减，相差 23.26 个百分点。从利润总额看，国家统计局公布的 1—7 月工业企业累计同比增长 17.1%，但根据利润累计值计算的同比增速为 –8.1%，同样一增一减，相差 25.2 个百分点。如此巨大的偏差，原因何在？

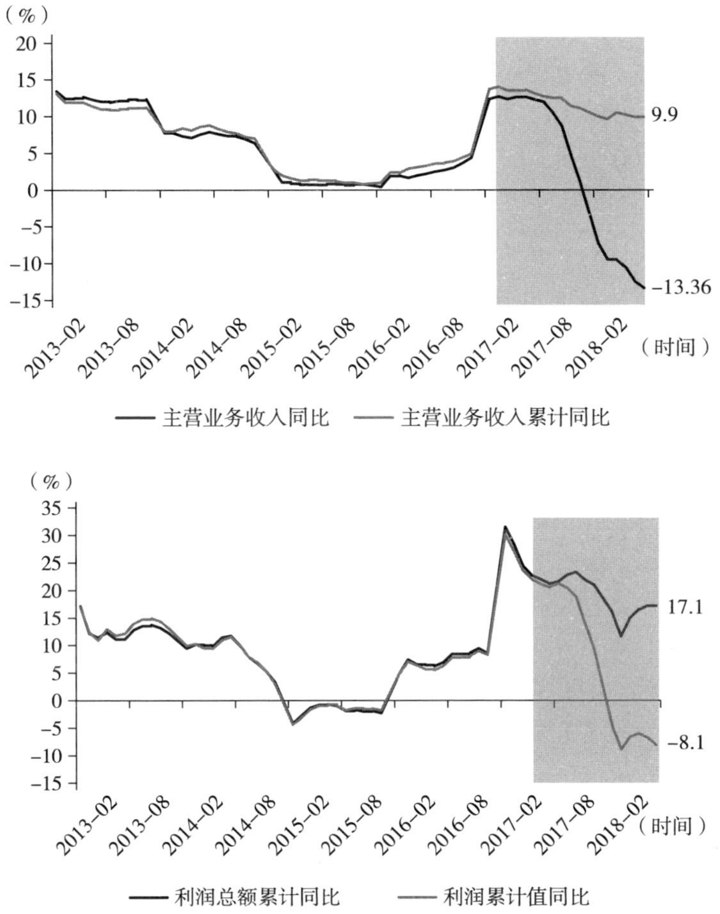

图 2.23　工业企业主营业务收入 / 利润总额数据偏离

资料来源：Wind 数据库，招商银行研究院，招银国际研究。

关于出现偏离的原因，国家统计局的官方解释主要是企业统计数量发生了变化，还有加强统计执法、剔除重复计算和非工业生产经营活动剥离等原因。历史上，国家统计局公布的累计同比增速与根据累计值计算的同比增速之间大体保持一致，偏离非常小。而国家统计局统计口径内的企业数量变化是持续的，并非今年才有。并非国家统计局撒谎，关键是它认为数据的比较对象需要同口径、同范围，对同一批企业进行比较才能真实反映经济情况。国家统计局的同口径、同范围、同一批企业（“三同”），是指当年主营业务收入超过 2 000 万元的工业企业，所以它计算的“累计同比”，是以“三同”口径的企业今年和去年申报的数据为依据计算的。而累计值是当年统计口径内全部企业的加总，问题是今年和去年在统计口径内的企业数量明显不同，所以我们自行计算的“累计值同比”不等于国家统计局公布的“三同”口径下的“累计同比”，而官方认为后者能够更准确地反映经济的真实情况。

这是一个统计学上典型的“幸存者”问题，关于幸存者偏差的谬误已有学术定论。幸存者偏差是指，如果只关注某种经过筛选的结果，就会产生认知偏差或者逻辑谬误。例如，在某一事件发生之前的企业数量为 100 家，每家产出为 1 元，总产出为 100 元；事件发生之后幸存 90 家企业，总产出为 96 元。总产出事实上减少了 4 元，即总产出增长为 –4%；但在可比口径下，那 90 家幸存企业的产出反而增长了 6.7%。如果直接引用这一结果，从宏观总产出的角度看，我们将得出与事实完全相反的结论！这显然是思维的陷阱。

三、破解幸存者偏差：究竟谁消失了？

在规模以上工业企业统计范围内幸存下来的企业数量是动态变化的，理论上既可以增加，也可以减少，都会产生程度不一的偏离。2017 年以来，两者间的差距逐渐拉大，其主要原因是在过去一年间规模以上工业企业的数量不断减少，幸存者偏差就突显成为大问题。规模以上企业数量减少本身就是一个经济下行的信号。然而，更重要的是要分清楚哪些是“幸存者”，哪些是“不幸者”；这些幸与不幸与宏观经济政策是何种关系。这里隐含的宏观经济含义实在太重要了！

过去两年，宏观经济政策的一条主线是“供给侧结构性改革”，采取了包括“去产能”和环保巡查下的各种停产限产措施等。我们的第一个发现是，那些在规模以上统计样本中消失的企业主要集中在受供给侧结构性改革影响的11个行业之中，2016年初至2018年中，供改行业①企业单位数量减少超过1.1万，缩减幅度占供改行业企业总数的11.1%（见图2.24）。其中钢铁、煤炭企业数量缩减的幅度分别超过50%、30%，可见行政力度之大。而在此期间，非供改行业②企业单位数量增加了约1 500，升幅约为0.5%。

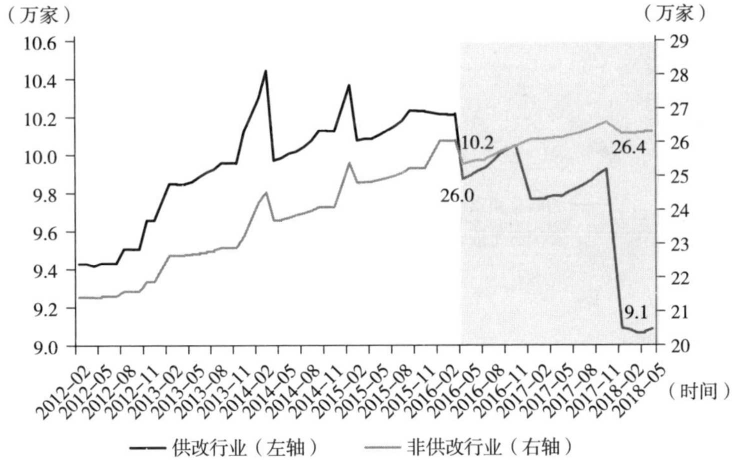

图2.24　供改行业和非供改行业企业数量变化情况

资料来源：Wind数据库，招商银行研究院，招银国际研究。

---

① 供改行业为受供给侧结构性改革影响的行业，包括煤炭开采、黑色矿开采、有色矿开采、非金属矿开采、造纸、石化炼焦、化工、化纤、黑色冶炼、有色冶炼、非金属矿物制品等11个行业。

② 非供改行业为除上述11个行业外的其他29个行业。

进一步观察利润总额累计同比与累计值同比的偏差，我们得到另一个发现：2017 年 1—7 月，国有工业企业的偏差非常小，利润总额累计值同比增速为 30.5%，而利润总额累计同比增速为 28.5%，相差 2 个百分点；而民营工业企业的利润总额累计值同比与累计同比数据的偏离巨大，前者为 10.3%，后者为 –27.9%，增速方向相反，相差 38.2 个百分点（见图 2.25）！

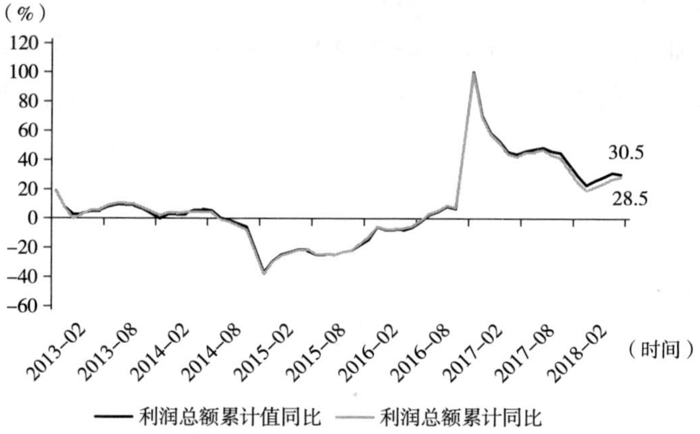

a. 国有工业企业利润总额累计值及累计同比

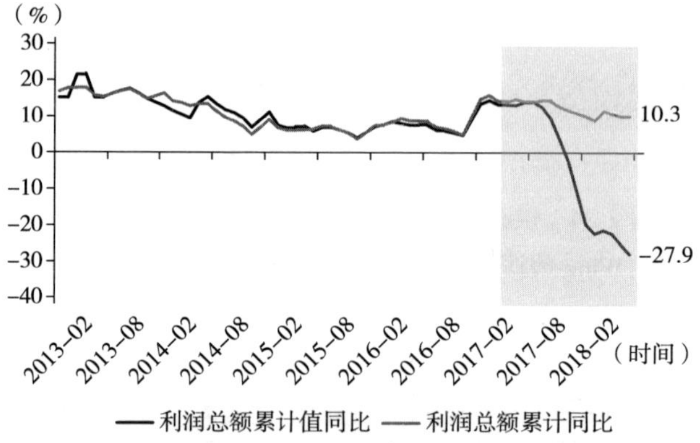

b. 民营工业企业利润总额累计值及累计同比

图 2.25　国有工业企业幸存者偏差微小，但民营企业幸存者偏差巨大

资料来源：Wind 数据库，招商银行研究院，招银国际研究。

由此，我们可以得到一个初步的结论，在规模以上统计样本中消失的企业，主要是受供给侧结构性改革冲击的民营企业。那么，冲击产生的影响有多大呢？消失的企业利润反映在利润总额累计值的变化当中。2017 年 1—7 月，民营工业企业利润总额的变化（累计减少 3 946.5 亿元）超过全部工业企业利润总额逐月的变化（累计减少 3 443.1 亿元），而且逐月来看拟合度几近完美。这就说明从样本中消失的民营企业几乎可以解释全部的幸存者偏差（即累计同比与累计值同比的偏差）。

由此，我们可以推断：在规模以上工业企业这一存在典型幸存者偏差的统计数据中，那些不幸消失的企业基本上是民营工业企业，它们或者是惨淡经营，或者是彻底灭亡。而那些由“幸存者”所描绘的“三同”口径数据，虽然很漂亮，却极大地扭曲了实体经济的真实表现。

四、去谁的杠杆？作为“幸存者”的民营企业依然不幸

我们当然也有兴趣知道，那些在规模以上样本中幸存下来的民营工业企业的经营状况如何。大家都知道，2018 年的另一个重要政策表述是“去杠杆”，我们就来看看企业资产负债率的变化情况。从资产负债率看，一直以来是国有企业高杠杆，民营企业低杠杆。但是，2017 年以来的变化出乎意料：国有企业资产负债率略有下降，从 61.1% 下降至 59.4%；民营企业资产负债率明显上升，从 52.2% 上升至 55.6%（见图 2.26）。

另一个证据是，伴随着资产负债率的快速上升，民营企业的利息开支加大，同比利息支出上升 11.8%，结合主营业务收入增长的回落，幅度可谓惊人。

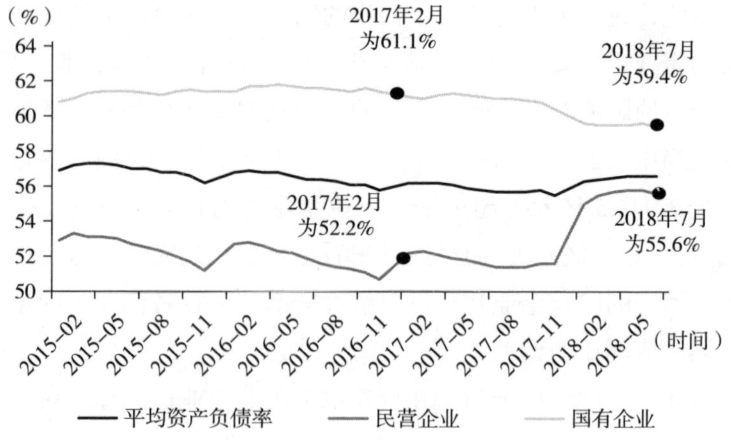

图 2.26 国有和民营工业企业资产负债率

资料来源：Wind 数据库，招商银行研究院，招银国际研究。

去杠杆导致实体经济的信用收缩，自然的结果是企业的现金流紧张，交易对手风险上升。这一点可以从企业应收账款平均回收期的变化情况看出端倪。自 2016 年开始实施供给侧结构性改革以来，国企的应收账款平均回收期总的趋势是在缩短，而民营企业却在明显拉长，特别是最近一年。应收账款问题严重恶化，对于流动资金紧张的民营企业而言，无异于雪上加霜。

五、“死亡交叉”：民营经济的衰落

最后，我们再来看看构成 GDP 的工业增加值增长数据。历史显示，得益于市场化改革进程，民营企业的工业增加值增速一直高于国有企业，但是情况从 2016 年开始突然发生了变化：国有企业工业增加值按月增速开始回升，而民营企业在 5 年间维持增加值增速整体持续下行的态势。2017 年 6 月开始出现“死亡交叉”，国有企业工业增加值当月同比增速开始超过民营企业（见图 2.27）。

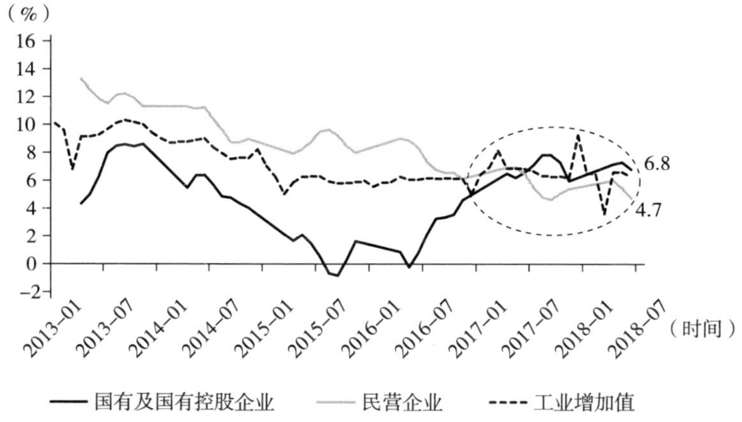

图 2.27　工业增加值当月同比 3 个月移动平均

资料来源：Wind 数据库，招商银行研究院，招银国际研究。

六、结论：听见花落的声音

近年来，“国进民退”成为一个广泛关注的话题。有确凿的证据显示，民营经济特别是民营企业的发展陷入了改革开放 40 年以来前所未有的困境。我们发现存在以下两点问题。

一是规模以上工业企业同口径同比数据，是经过筛选得到的结果，存在幸存者偏差。如果只看到幸存者的辉煌，而忽视不幸者的悲伤，就会出现歌舞升平的错觉。这是统计学上典型的逻辑谬误。

二是民营企业的不幸，可以解释导致统计学上幸存者偏差出现的真实原因。在众生喧哗的世界，我们更需要聆听花落的声音，那些消失的、惨淡经营的、痛苦挣扎的人间故事，更值得我们深思。

个税改革：收入影响与消费倾向 *

本文写于 2018 年《中华人民共和国个人所得税法》第七次修正后。之后两年的数据再次印证了本文的结论，即个税改革难以拉动消费升级。减税未带来居民可支配收入增速的提升，亦未带来边际消费倾向的上升。本文提出，降低间接税（特别是增值税税率）才是真正关键的改革方向。2019 年 4 月，财政部、国税总局、海关总署发布《关于深化增值税改革有关政策的公告》，宣布下调增值税税率。

一、结构性减税：新个税改革“增减”效果并存

2018 年 8 月 31 日全国人大常委会通过了新版《中华人民共和国个人所得税法》（以下简称“个税法”），这是我国自个税立法以来的第七次修订，也是时隔 7 年的再次修订。本次修订既包括扩大中低税率对应的收入级距、增加专项附加扣除、赋予省一级地方政府更大的减征权限等具有减税性质的内容，也包括加强个税征缴，

* 本文首次发表为招商银行“首席观点”研究报告，2018 年 10 月 18 日。

并首次引入反避税条款等具有增税性质的内容。

据此，我们需要认真回到对以下几个问题的思考：谁是此次个税改革的主要受益者？此次个税改革能否通过可支配收入的增加来拉动消费，从而刺激经济增长？我们尝试从消费函数的视角来分析上述问题。主流经济学认为，私人消费与可支配收入之间存在稳定的函数关系，可以表述为消费是可支配收入、未来可支配收入预期和边际消费倾向的函数。

二、平均税率的启示：谁是此次个税改革的主要受益者

我们首先破解消费函数中的第一个自变量，即可支配收入（$Y-T$）的变化。简单计算可以发现，新版个税法下所有收入水平对应的个税缴纳金额均较旧版个税法有所下降；而且收入水平越低，个税缴纳金额的下降幅度就越大。例如，月收入在 5 000 元以下的居民缴税金额下降幅度达到 100%，而月收入为 10 万元的居民缴税金额下降了 10% 左右。以缴税金额的减免幅度计算的曲线呈逐渐下滑的走势，表明低收入阶层个税缴纳金额下降幅度超过高收入阶层。直观地看，低收入阶层是本次个税改革最大的受益群体（见图 2.28）。

不过，此种简单的计算方法失之偏颇。由于基数原因，不同收入阶层的缴税金额变化幅度失去了分析上的意义。而正确的做法是分析不同收入阶层实际税负的改变，即通过观察纳税人平均税率的变化程度，来判断哪个收入群体是个税改革的主要受益者。

平均税率的计算结果显示，新版个税法下不同收入阶层的实际税负较旧版个税法均有不同程度的下降；不过，更为重要的是，我们发现实际税负下降幅度最大的并非低收入群体（见图 2.29）。

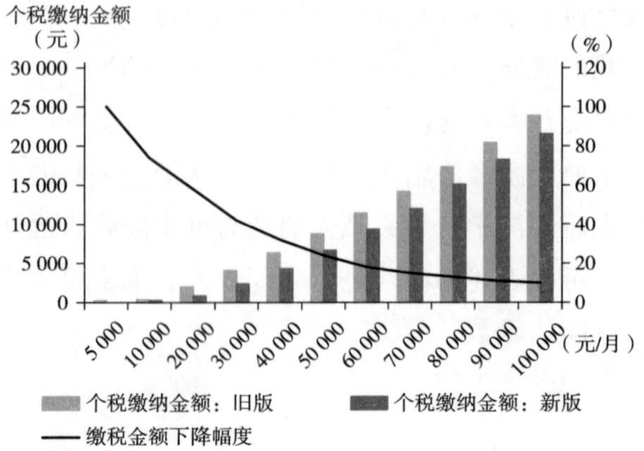

注：个税缴纳金额下降幅度 =（新版个税缴纳金额 – 旧版个税缴纳金额）/ 旧版个税缴纳金额。

图 2.28　个税缴纳金额下降幅度随收入水平提高而下降

资料来源：Wind 数据库，招商银行研究院。

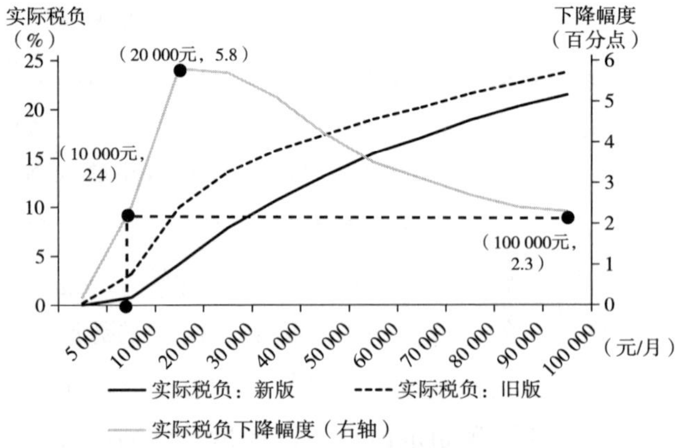

注：1. 实际税负以平均税率衡量，平均税率 = 月度个税缴纳金额 / 月收入，其中月收入为扣除五险一金及个税前的收入；

2. 由于目前新个税法尚未对年终奖的计税方式做详细规定，且不同单位的年终奖计税方式存在差异，因此，本图忽略了新旧版个税法下年终奖对个税税负的影响。

图 2.29　各收入阶层实际税负及下降幅度

资料来源：Wind 数据库，招商银行研究院。

1. 当月收入范围在 5 000 元至 20 000 元时，居民实际税负下降幅度随着收入水平的提高而增大；当月收入为 20 000 元时居民享受的实际税负从原来的 10% 下降至 4.2%，降幅为 5.8 个百分点，为所有收入水平中下降幅度最大的。

2. 当月收入范围在 20 000 元至 100 000 元时，居民实际税负下降幅度随着收入水平的提高而减小；当月收入为 100 000 元时居民享受的实际税负从原来的 23.8% 下降至 21.5%，降幅为 2.3%，为该收入区间内下降幅度的最低值。

3. 当月收入大于 100 000 元时，居民实际税负下降幅度继续随着收入水平的提高而减小，最终的实际税负下降幅度理论上趋近于 0。

从以上分析可以看出，月收入在 10 000 元至 100 000 元区间的居民（中高收入群体），实际税负降幅高于月收入在 10 000 元以下的居民（低收入群体）。可见，中高收入群体在本次个税改革中受益更多。

这种分析的意义在于，不同收入群体具有不同的边际消费倾向，从而对消费有不同的拉动作用。简单来说，低收入群体的边际消费倾向较高，中高收入群体的边际消费倾向较低。新版个税法下中高收入群体的实际税负下降幅度更大，这种结构性差异可能制约消费水平的提升。

若考虑到新引入的专项附加扣除项，则中高收入群体的受益程度更大。因为对低收入群体而言，基数较低常常导致专项附加扣除项得不到充分使用；而对中高收入群体，专项附加扣除项可以进一步抵扣其所缴纳的个税，继而进一步降低其实际税负。

三、“黄宗羲定律”：未来可支配收入的陷阱

现在来讨论一下消费函数中的第二个自变量，即未来可支配收入预期（$Y^e - T^e$）的变化。

学者秦晖[①]曾依据明代思想家黄宗羲的学说，在其论文《并税式改革与“黄宗羲定律”》中指出：中国历史上的税费改革不止一次，但每次改革后，农民税负在下降一段时间后又涨到一个比改革前更高的水平。观察我国历次个税改革的数据可以发现，国家征收的个税，其增速短期下行后便迅速反弹至高位，并且出现个税收入增速长期高于居民可支配收入增速的特征。这种现象说明，历次个税改革并未对居民可支配收入增速的提升产生积极影响，因而不利于对居民可支配收入预期进行改善。

虽然个税仅是影响可支配收入增速的诸多因素之一，但个税改革作为新增的外生变量，理应对可支配收入增速产生直接影响，减税效果应当体现为居民可支配收入增速的提升，但历史数据显示：

1. 除少数年份外，个税增速总体上高于居民可支配收入的增速。尤其是自 2013 年以来，个税增速几乎是居民可支配收入增速的两倍，而且二者的差距有不断拉大的趋势。

2. 个税增速与居民可支配收入增速间呈现正向关系。除 2005 年个税改革推动形成 2006 年个税增速下降与居民可支配收入增速提升的喜人局面之外，其他两次个税改革在降低次年个税增速的同时，居民可支配收入的增速却并未提升，反而出现了下降。相关性分析表明，个税增速与居民可支配收入增速间不存在明显的负向关系，指望以个税改革的方式提升居民可支配收入增速并未得到历史数据的支持。

---

① 秦晖．并税式改革与“黄宗羲定律”［J］．农村合作经济经营管理，2002，3 ：6–7.

四、消费降级的佐证：边际消费倾向低迷

最后，来看消费函数中的第三个自变量：边际消费倾向的变化。

近年来，我国居民的边际消费倾向出现了大幅快速下滑，从2014年的0.78大幅下降至2017年的0.49，其中缘由值得仔细品味。就个税改革的角度而言，寄希望于以减税的方式提升边际消费倾向似乎并不现实。

从历史数据来看，几次个税改革并未对居民边际消费倾向产生积极影响。2005年10月的个税改革，起征点由800元提高至1 600元，个税增速由2005年的21%下降至2006年的17%，同时，边际消费倾向反而从0.71下降至0.6。2007年12月的个税改革，起征点由1 600元提高至2 000元，因受全球金融危机的影响，个税增速大幅下降至2009年的6%，居民边际消费倾向大幅提高至0.73，个税改革对边际消费倾向的提振似乎较为明显。2011年6月的个税改革，起征点由2 000元提升至3 500元，个税增速大幅下滑至2012年的–3.9%，但居民边际消费倾向并未出现预想中的上升，反而下降至0.55，个税改革未能提高居民边际消费倾向。相关性分析表明，个税增速与边际消费倾向间不存在明显的负向关系，因此，指望以个税改革提振居民边际消费倾向至少未能得到历史数据的支持。

要扩大居民消费，就必须扭转边际消费倾向快速下降的局面，但这是单纯的个税改革所无法承担的重任。显然，边际消费倾向的改变，背后可能有其他更为重要的原因，特别是近年来房价快速上升导致的居民杠杆率迅速走高，不仅减少了居民用于一般消费的可支配收入，还造成了居住的边际消费支出对其他方面的边际消费支出的压制，从而形成了对居民消费行为的“双重挤出效应”。

自2011年以来，居住的边际消费支出的“挤出效应”非常明

显：居住的边际消费支出占当年边际消费支出总额的比重逐年增长，且增长曲线越发陡峭；居民必选消费的边际支出占比则大幅下降，可选消费的边际支出占比自2014年起也呈下降趋势。如不改变国内房地产业与其他产业的畸形结构比例，预计居民的消费支出将继续倾向于居住领域，未来其他领域的消费升级空间将依旧无法得到扩展。

在我国以间接税为主的税制下，个人所得税作为直接税税种在国家财政收入中的比重一直很低。居民对直接税的变动很敏感，使得个税改革成为热议的话题。新版个税法正式实施后，仅以5 000元的基本减除标准来计算，缴纳个税的人数就将从目前的1.87亿减少到0.64亿，未来加入专项附加扣除项后，纳税人数将进一步减少。

个税改革当然是利民之举，这一点值得肯定。但从消费函数的角度分析表明，个税改革难以拉动消费升级。就供给政策的角度而言，降低间接税（特别是增值税税率）才是关键的改革方向，理解这一点就不难看出政府承诺的减税降费还没有完全兑现。更大规模的减税、更加明显的降费措施，还是一项未完成的工程，值得我们期待。

居民消费：升级还是降级？*

“十四五”规划提出，畅通“国内大循环”要立足于扩大内需的战略基点。消费对经济发展具有基础性作用，是扩大内需的重要着力点。本文从收入效应、财富效应、替代效应和偏好改变四个维度对居民消费是否升级进行了研究，指出当时市场的“消费降级论”更多地反映了在经济下行压力加大的背景下，部分居民收入效应的减弱，高杠杆对消费“挤出效应”的增强，以及服务供给相对不足对消费升级形成的制约。2021 年的《政府工作报告》指出，要多渠道增加居民收入，发展健康、文化、旅游、体育等服务消费，鼓励企业创新产品和服务，稳步提高消费能力，改善消费环境，让居民能消费、愿消费。

一、引言：消费在中国经济中的地位

改革开放 40 年来，我国经济增长逐步由投资与出口驱动转向消费驱动的新模式。伴随经济增长速度的放缓，最终消费（含政府

---

* 本文首次发表为招商银行“首席观点”研究报告，2018 年 12 月 24 日。

消费）对经济增速的拉动作用自2012年以来有所减弱，但对经济增长的贡献程度却在逐年上升，2018年第三季度已达78%。

就国际比较而言，如果我们只观察私人消费部分，我国的居民消费占国民生产总值的比重从2010年开始见底回升，2017年提升至39.1%。这一水平与美国（69.6%）、欧元区（53.9%）、日本（56.3%）等发达国家和地区仍有相当的差距，反映出我国距离“消费驱动型”的经济增长模式仍有较远的路要走（见图2.30）。

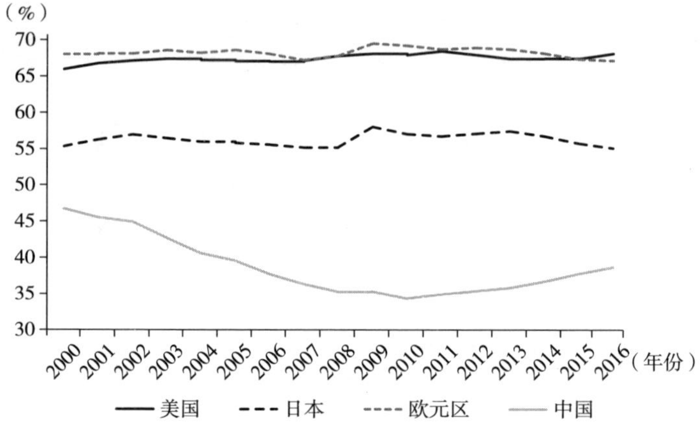

图2.30 居民消费占GDP比重的国际比较

资料来源：World Bank，招商银行研究院。

二、问题：消费升级还是降级？

近年来，我国主要经济数据持续下滑，其中与消费相关的指标同样增长乏力。人们发现某些低端消费品销量迅速增长，个别标榜低价策略的网络经营平台意外火爆，都为“消费降级”提供了佐证。一是社会消费品零售总额（以下简称“社消”）增速持续呈下降趋势。二是根据以“涪陵榨菜”为代表的低端消费品的销售收入大幅增长及方便面的销量和收入 5 年来首次出现止跌回升现象，推断消费降级。三是以拼多多为代表的网络平台快速“走红”，进一步证实了消费降级。四是 2018 年汽车零售总额的快速下行，也为消费降级提供了证据。

这些现象在引发热议的同时，也增加了全社会的焦虑感和悲观情绪。国人喜欢听故事，我们的传统文化擅于归纳而拙于演绎，在方法论上常常陷入以偏概全的困境。上述四个证据片段都值得推敲：一是社消增速虽然下滑，但依然处于扩张阶段。随着经济的发展，服务类消费逐渐增加，但社消的统计口径仅包括实物商品消费及餐饮服务消费，而其他服务类消费并未被纳入统计，仅凭社消增速下滑便断定是消费降级，不成立。二是“涪陵榨菜”业绩的提升很大程度上源于其商品本身的需求刚性及公司对产品的提价行为，而方便面止跌回升可能源于产品种类和品质的提升。三是近年来我国小城镇的网络信息化程度日益提高，拼多多准确定位了细分市场，满足了人均收入相对较低的小城镇居民对低价商品及便捷购物的需求，在一定程度上可以理解为是消费升级的表现。四是汽车零售总额大幅下滑主要源于 2017 年 1 月开始实施的购置税优惠政策于当年年底到期，提前透支了部分潜在的汽车消费，以此说明消费降级失之偏颇。

消费增长的确是一个关于经济转型的重要问题，有进一步讨论的必要。中央政治局会议和中央经济工作会议提出要“促进形成强大国内市场”，居民消费无疑是重中之重。因此，判断我国居民消费到底是“升级”还是“降级”，关乎我国经济增长的未来前景。

三、基于消费者选择理论的分析框架

消费是升级还是降级，这个问题很重要，我们需要找到回答。

但碎片化的证据不足以反映问题的全貌，首先要找到正确的方法和分析框架。以经济学语言来讲，“消费升级”的实质是效用水平的提升。在预算约束下消费者效用最大化的问题是微观经济学中消费者选择理论研究的主题，即面临预算约束的消费者如何选择最优的商品组合以获取最大的满足感。

我们回顾一下消费者选择理论的相关结论。假设消费者的商品篮子中仅有两种正常商品：苹果（A）和橙子（O）。消费者将选择无差异曲线和预算约束线相切的消费组合，以最大化其效用。其中，预算约束线[①]表征在既定价格和预算下消费者可以购买的商品组合；无差异曲线则表征消费者偏好，线上所有商品组合均给予消费者相同的效用水平。一般情形下，无差异曲线是一条斜率为负的曲线：在既定价格水平下，消费者为了获取同样的满足感，在增加一种商品消费的同时必须减少另一种商品的消费；同时，更高的无差异曲线，即右上方的无差异曲线总是代表更高的效用水平或满足感，因为对于较低的无差异曲线上的任一点，总是可以在更高的无差异曲线上找到包含更高效用水平或满足感的商品组合（见图 2.31）。

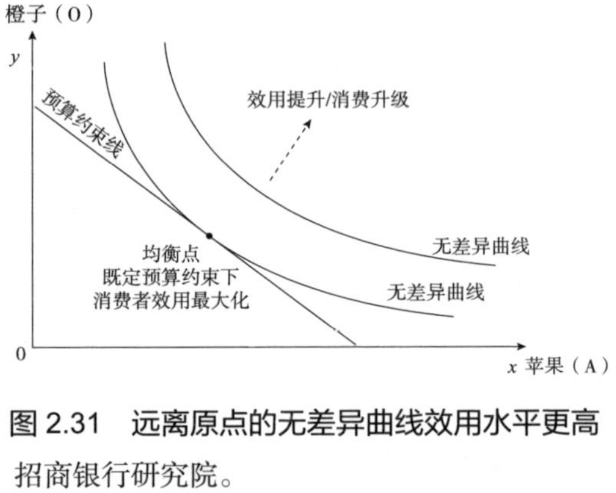

图 2.31　远离原点的无差异曲线效用水平更高

资料来源：招商银行研究院。

① 预算约束线可以有如下形式：$P_AQ_A + P_0Q_0 = B$。其中 P 为商品价格，Q 为商品数量，B 为消费预算。预算与消费者收入、预期收入以及财富相关。

在上述模型下，消费升级表现为无差异曲线与预算约束线的切点向右上方移动。切点的变化或者来自预算约束线的变化，或者来自无差异曲线的变化。其中，预算约束线的移动主要来源于收入、替代品或是财富的改变，而无差异曲线形态的改变则主要来源于消费者偏好的改变。这样，我们就可以找到分析消费升级的四个维度：收入、财富、替代和偏好（见图 2.32）。

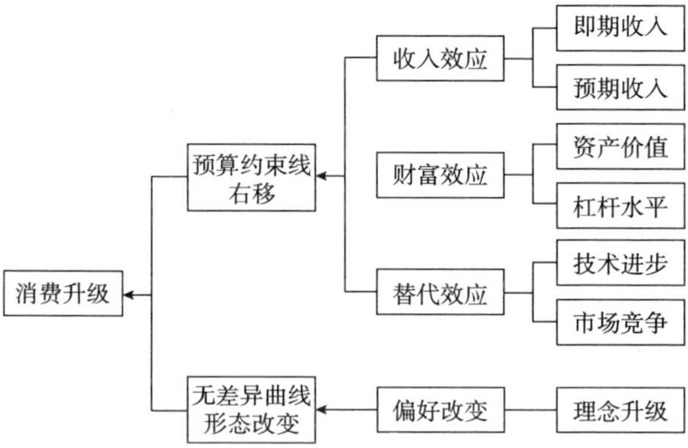

图 2.32　推动消费升级的主要途径

资料来源：招商银行研究院。

1. 收入效应。收入的增加将推动消费者用以消费的预算增加，提高消费者的购买力。米尔顿·弗里德曼的永久性收入假说指出，即期的消费支出不仅取决于消费者的即期收入，还取决于预期的未来收入：消费者若知道收入的上升是暂时的，很可能不会大幅增加当期的消费支出。用模型表示，假设价格不变，不论是即期收入还是预期收入的上升，都将使得预算约束线向右平移，推动消费升级。

2. 财富效应。消费者的预算约束不仅取决于其即期收入和预期收入，还取决于消费者的财富变化。而财富效应则进一步取决于居民资产负债关系，也就是杠杆水平。简言之，财富增值有利于消费升级，但若居民杠杆水平过高、上升速度过快则可能制约消费升级。罗伯特·席勒等人通过研究美国的历史数据发现[①]，房地产市场对消费有着显著的财富效应，房价上升将刺激消费增长，房价下跌则使消费显著下降。2001—2005年的美国房价上涨使同期居民消费上升了约4.3个百分点，而2005—2009年的美国房价下跌使得同期居民消费下跌了3.5个百分点。席勒的研究同时发现，美国股市对于消费的财富效应并不显著。

3. 替代效应。即商品价格或性价比的改变对应消费者选择理论中的替代效应。商品价格下降意味着在同样的预算下消费者可以购买更多同等品质的商品，从而实现消费升级。首先，商品价格的下降与科技进步息息相关；其次，商品性价比的提升也与市场竞争密切相关。市场竞争无疑将对厂商降低成本和创新形成激励，为消费者提供更多选择，进而提高消费者商品组合的性价比。

4. 偏好改变。由于效用是消费者的主观感受，因此，消费升级与否很大程度上取决于消费者自身的偏好。随着经济的发展和社会文化的演进，消费者的偏好也会发生相应的改变，对应到消费者选择理论，就表现为无差异曲线形态的改变。根据马斯洛需求层次理论[②]，人类的需求总体可以按照由低到高划分为生理需求、安全需求、社交需求、尊重需求和自我实现需求。总体来看，低级阶段的需求主要集中在物质消费领域，而中高级阶段的需求则通常集中于精神层面（主要体现为服务消费），人们往往是在满足了低层次需求的前提下，才进一步向更高层次跃进，由此逐步实现需求的升级。

---

① Karl E. Case, John M. Quigley, Robert J. Shiller（2013）, Comparing Wealth Effects: The Stock Market Versus the Housing Market, NBER Working Paper No. 8606; Karl E. Case, John M. Quigley, Robert J. Shiller（2013）, Wealth Effects Revisited: 1975-2012, NBER Working Paper No. 18667.

② 马斯洛需求层次理论是行为科学的理论之一，由美国心理学家亚伯拉罕·马斯洛于1943年在《人类激励理论》一文中提出。

四、理解我国居民消费的总体趋势

（一）收入效应：可支配收入与预期收入增长支撑消费升级

从我国城镇居民可支配收入实际同比增速来看，改革开放以来，除个别年份出现负增长以外，绝大部分时期都维持了较高的增速，而同期社会消费品零售总额的实际同比增速也维持在较高水平，两者呈现出较强的相关性。虽然我国经济增速有进一步下行的压力，但与世界主要国家相比仍处于较高水平，未来可支配收入的增长也将继续对消费升级形成支撑。

（二）财富效应：资产价格与杠杆水平对居民消费产生结构化影响

从资产端看，自 1998 年住房制度改革以来，对拥有住房的居民而言，房价的上涨可以增加财富，继而通过资产抵押变现等方式增加其消费支出。而对于没有住房的居民而言，房价的上涨会带动房租的上涨，不仅增加了居住消费支出[①]，而且会挤压其他领域的消费。近年来，随着房价的快速上涨，居民在居住方面的边际消费支出占比[②]明显升高，2017 年这一占比达到了 32.9%，对其他领域

---

① 在我国现行统计中，有两个口径涉及居民消费支出中的居住支出，一是在住户调查中使用的居民居住支出口径，主要是用来反映居民日常消费中用于居住的现金支出情况，主要包括水电燃料费、取暖费、租房房租、物业管理费以及装修材料等支出费用，不包括购建房屋支出和自有住房的虚拟房租；二是在进行国内生产总值支出法核算时，居民消费支出中的居住支出口径，它除了包含上述狭义口径中的居住支出外，还包括自有住房分摊部分或称作“虚拟房租”。

② 居住方面的边际消费支出占比是指当年居住消费支出较上一年的增加额与全部消费支出较上一年的增加额的比重。

的消费产生了明显的挤出效应。国内也有研究认为股市价格波动在经济转型的不同阶段呈现差异化的财富效应。

从负债端看，居民的债务水平（居民部门的杠杆率）也是居民消费的重要决定因素。如前所述，居民资产的财富效应在很大程度上受到居民杠杆水平的影响。若购房首付款和按揭款对居民产生较大压力，将对居民消费形成“挤出效应”。此外，随着金融在现代市场经济发展中的作用日益凸显及金融工具的广泛应用，居民可以通过背负一定的债务来提高当前的可支配资金，继而实现提高当前消费能力的目的，例如，信用卡、消费贷等业务在国内的广泛开展，就使得居民可以更主动地实现跨期消费安排，从而实现当期效用的提升。

自 2008 年金融危机以来，在主要新兴市场国家居民部门杠杆率稳中有降的同时，我国居民部门的杠杆率却明显走高，其主要原因在于主要城市房价高企与居民加杠杆行为形成的反馈循环，由此产生了房价对消费的“双重挤出”：（1）杠杆率上升增加了居民偿还贷款的压力，减少了可支配收入，继而减少了用于日常消费的支出，住房的需求刚性使得这种“挤出效应”更为显著；（2）被杠杆推高的房价需要更高的首付金额，因此增加了居民的储蓄动机，进而导致消费支出被再次压缩。

（三）替代效应：市场竞争与科技进步提升了商品性价比

前文对消费升级的界定，包含了居民在消费过程中对不同商品进行的理性比较，而这种理性比较就是俗称的对商品性价比的考量。市场竞争的日趋激烈促进了商品供应能力与商品质量的提升。1949 年以来，我国居民消费经历了从短缺经济、主要依靠国内市场提供商品，到充分利用国内、国外两个市场提供商品的变化过程。随着生产力的发展与对外开放程度的逐步提高，特别是我国加入 WTO 以来，国内商品间、国内商品与进口商品间的竞争日益激烈，在这一过程中，手工作坊逐渐升级为机器生产，制造工艺也日趋精湛，生产效率与商品质量均得到大幅提升，居民的消费升级也在其中得以逐步实现。例如，我国家电和手机行业的激烈竞争使家电和手机的品类增加、价格下降、品质提升，进而推动了消费升级。

此外，科技的进步也推动了消费模式的升级。网络技术的快速发展以及淘宝、京东等网络购物平台的迅速崛起，深刻影响了居民的消费行为，重塑了商品的产销模式。网络购物不仅可以让居民在短时间内“足不出户”地获取更多的商品信息，而且可以在轻点鼠标间选择性价比更高的商品，更可以享受快捷支付及送货上门等服务。省时、省力、省心、省钱的全新购物体验显然是在传统购物消费模式的基础上进行的升级。

值得一提的是，不同商品性价比的改变可能使得居民的消费结构也发生改变。动态来看，不同商品性价比的改变与商品供给端的资源禀赋、产业周期、市场结构等因素息息相关。例如，供给的相对短缺使得我国住房、医疗等服务的价格上升速度较快，由于居民在相关领域的消费支出弹性较小，因此，当居民收入的增长不足以覆盖服务支出的增加时，服务消费就会对商品消费形成“挤出效应”。

（四）偏好改变：消费理念的升级

正如马斯洛需求层次理论所揭示的，当生产力和收入水平较低时，消费者必定首先选择满足温饱等基本生理需求。随着我国居民消费能力和商品供应能力的全面提升，居民消费支出结构的变迁折射出消费理念的深刻变化。改革开放40年来，我国城乡恩格尔系数由60%左右大幅下降至30%左右，说明居民已逐步将更多的消费支出用于生存需求以外的方面。

进一步的数据分析可以发现，1992年以来，除居住（17.5%）外，我国城镇居民在交通和通信（18.9%）、文化娱乐（16.4%）、医疗保健（16.2%）、教育（13.6%）等方面的服务消费支出复合年化增速均高于人均可支配收入（12.5%）。我国城镇居民的服务类消费支出占比也随之上升，而食品、衣着等商品类消费支出占比则显著下降。商品消费和服务消费支出占比的此消彼长正体现了居民消费整体升级的过程。

五、结语

消费既是经济增长的目的，也是经济增长的重要动力，更是提升人民群众的获得感、幸福感、安全感的关键。鉴于当前社会关于消费升级或降级的讨论存在的问题，本文基于消费者选择理论，从收入效应、财富效应、替代效应和偏好改变四个维度出发，对我国居民消费是否升级做出了总体判断。

总体来看，在收入效应、替代效应和偏好改变的共同作用下，我国居民消费总体仍呈升级趋势，但财富效应对居民消费有着差异化的影响，其中居民杠杆率的快速升高对居民消费存在“双重挤出效应”，风险仍然不容小觑。此外，住房、医疗等供给的相对不足，共同形成了对未来居民消费升级的制约。当前的“消费降级论”更多地反映了在经济下行压力加大的背景下，部分居民收入效应的减弱，高杠杆对消费“挤出效应”的增强，以及服务供给相对不足对消费升级形成的制约等。

对此，从推动消费升级的四个维度出发，政府应当从供给端着手，加大对住房、医疗等民生领域的投资力度，鼓励创新、激发市场主体活力，满足居民消费升级的需求，进而推动我国经济增长向消费驱动转型，为中国经济增长提供持续动力。

争议赤字率红线：为什么是 3%？ *

2019 年之前，政府预期财政赤字率目标均设定在 3% 以内，因而以“国际通用的 3% 控制线”标准进行衡量，似乎具有合理性。2020 年，为应对新冠肺炎疫情全球性大流行对经济产生的负面冲击，政府将目标赤字率设定在 3.6%。2021 年，这一目标赤字率下调至 3.2%，但仍超过了所谓的 3% 的“红线”。那么近两年的政策目标是否就失去了合理性呢？其实不然，本文在两年前就论证了 3% 的赤字率“红线”并不存在理论依据和实证支持。以此作为赤字率的控制线不仅没有意义，还不利于经济下行时期财政政策发挥逆周期调节的巨大作用。因而，近两年将赤字率的目标调升至 3% 以上是适应我国经济下行时期的适度之举。

如果说，近年的《政府工作报告》在多方面的改革措施上均有突破，特别是减税力度如果超出市场预期，则财政赤字率可能是唯一低于市场预期的数字。今年的赤字率水平设定在 2.8%，比去年上调 0.2 个百分点，有观点认为，这一赤字水平位于“国际通用的 3% 控制线以内”，因而具有合理性。

---

* 本文首次发表为招银国际“首席观点”研究报告，2019 年 3 月 7 日。

观察历年中国的预算赤字率水平，的确被约束在 3% 这一隐性“红线”之内，对财政预算过程和调节效果构成了相当明显的限制。那么，我们是否应该追问，3% 的赤字率“红线”是否具有理论依据和实证支持？在经济形势趋于复杂严峻的背景下，要发挥财政政策的逆周期调节作用，就必须追溯 3% 赤字率“红线”的意义。

一、3% 赤字率“红线”的来源

国际上，3% 赤字率“红线”的说法，主要源于欧盟对成员国施加的财政纪律要求。作为成员国加入欧盟的财政准入条件，签订于 1992 年的《马斯特里赫特条约》明确规定，成员国财政赤字占 GDP 的比重低于 3%，政府债务占 GDP 的比重低于 60%，该标准被称为欧盟的“趋同标准”（见表 2.1）。

表 2.1　欧元区入盟标准

序号	指标名称	标准
1	通货膨胀	年通货膨胀率（以消费价格上涨率衡量）不得超过欧盟通货膨胀率最低的三个国家平均通货膨胀率 1.5 个百分点
2	利率	长期名义年利率（以长期政府债券利率衡量）不超过欧盟通货膨胀率最低的三个国家平均长期利率 2 个百分点
3	财政赤字	年度财政赤字占 GDP 的比重低于 3%
4	政府债务	政府债务占 GDP 的比重低于 60%
5	汇率	加入欧元区前两年，汇率的变动幅度要在欧洲汇率机制规定的范围内

资料来源：欧盟《马斯特里赫特条约》121.1 条，招商银行研究院，招银国际研究。

为保证欧元稳定，欧盟严格约束成员国对“趋同标准”的执行情况。欧盟成员国于 1997 年 6 月通过的具有重要意义的《稳定与增长公约》成为欧盟国家财政政策协调的基本架构。其中不仅再次明确了3%的财政赤字率上限，还进一步规定了针对超标国家的处罚措施，提出“矫正工具”，即若会员国财政赤字占GDP的比重高于3%或债务占GDP的比重高于60%，将启动超额赤字程序，包括对欧元区成员国进行罚款以及在超额赤字消除前暂缓向其融资等。

不过，欧盟也认同成员国在面临严重经济衰退时不受此限制，短暂超过3%的“红线”亦被允许。那么，为什么是3%？有文献指出，欧盟3%这一赤字率红线的设定依据，或许源于20世纪七八十年代欧共体成员国赤字的平均值，同时也与欧盟对20世纪90年代各成员国的预测赤字水平相关。①

二、追问赤字率红线：理论与实践

首先，从经济学理论看，3%这一定量赤字率警戒线并没有任何理论依据。尽管可持续的财政计划无法建立在过高的赤字率上，但“过高”本身并没有统一的衡量尺度。3%的财政赤字率仅是为建立欧洲统一货币区而制定的必要“筛选”标准。迄今为止，并没有研究能够证明3%的赤字率就是财政政策效果的分水岭，统计分析也不支持3%以上和以下的赤字率与经济增长关系的显著差异。②简言之,3%至多是“大拇指法则”，是一个经验数据或大致预测值，并无经济学理论作为支持。

---

① Burnside. Fiscal Sustainability in Theory and Practice: A Handbook. The World Bank.

② Buiter W., Corsetti G., Roubini N. . Excessive deficits: sense and nonsense in the Treaty of Maastricht. [J]. *Economic Policy*, 1993, 8 (16): 57-100; Pasinetti, L. L. (1998). The Myth (or folly) of the 3% Deficit/GDP Maastricht ‘Parameter’. *Cambridge Journal of Economics*, 22 (1), 103-116.

其次，从实践看，对于系统稳定的经济体来说，3% 可能是过紧的约束。21 世纪以来欧盟经济增长速度放缓，越来越多的国家为寻求更为积极的财政政策，纷纷突破了赤字率 3% 的“红线”。即便作为欧盟核心的德国和法国，其财政赤字率也有突破 3% 的情况发生。各国对《稳定与增长公约》的抱怨日盛，最终推动了公约的修订，其中新增了对成员国在“特殊情况”下适度提高赤字率的规定，并进一步放宽了超标国恢复 3% 赤字率标准的时限，将恢复时限从 1 年放宽至 5 年。

而且，实证研究显示，人为设定的赤字率“红线”使政策制定者行为扭曲。IMF 对赤字率的硬性约束和财政政策的关系做过实证研究[①]，发现在经济平稳发展的阶段，政府倾向于采取顺周期财政政策，将赤字率恰好控制在“红线”之下。这就使得政府在经济变差的情况下，能够采用的逆周期调节空间受限。为了避免因触碰赤字警戒线而遭到处罚，欧盟成员国的财政政策制定者不得不选择放弃调高赤字率可能带来的增长机会。硬性赤字上限对经济上行和下行产生了不对称影响，阻碍政府在出现经济下行迹象时及时做出政策调整，直到出现更严重的经济衰退时才做出财政转向，此时往往代价高昂。

三、真的存在 3% 的国际通用控制线吗？

从各国的财政实践来看，突破 3% 的“红线”已是见怪不怪，或者说并不存在 3% 的控制线。无论是美国、日本、欧盟等发达国

---

① Manasse，P.（2005）. Deficit limits，budget rules and fiscal policy. International Monetary Fund.

家和地区，还是印度、俄罗斯、巴西等发展中国家，财政赤字率都曾突破过 3%；尤其是美国，在金融危机时赤字率一度突破 10%，即便是在强劲复苏的今天，赤字率仍在 4% 左右（见图 2.33）。此外，俄罗斯在应对外需骤减时，赤字率也突破过 6%。欧债危机期间，2009 年希腊的财政赤字率更高达 13.6%。在经济下行时，突破 3% 成为常态，既不值得欢呼，也不是财政末日，需要具体问题具体分析。

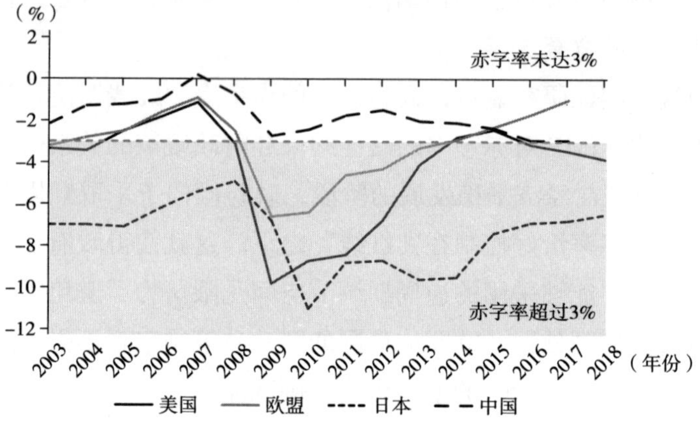

图 2.33 主要国家和地区赤字率[①]

资料来源：CEIC，招商银行研究院，招银国际研究。

可见，所谓 3% 的赤字率“红线”，与卡门·莱因哈特和肯尼斯·罗格夫提出的政府债务的关键性阈值[②]一样，并不存在理论依

① 事实上财政收支水平在国际上并不可比，中国财政拥有“四套账本”体系，政府的资产负债结构也与西方国家存在较大差别，且赤字率的计算方法与国际通行方法存在差异。若按照国际通行的方法计算，近三年中国的一般公共预算实际赤字率比公布的数据高大约 0.2 个百分点。

② 2010 年，哈佛大学经济学教授卡门·莱因哈特和肯尼斯·罗格夫在论文《债务时代的增长》中提出，当政府债务与 GDP 的比例超过 90% 的阈值，经济增长将放缓。新兴市场的公共和私人外债阈值更低，仅为 GDP 的 60%。后来保罗·克鲁格曼在 2013 年以“The Excel Depression”为题在《纽约时报》上撰文批判上述理论的研究错误和对该结论的盲目追捧。

据和实证支持，却在我们的具体政策制定过程中备受追捧，甚至被误尊为放之四海皆准的“金科玉律”。也就是说，在学理和实践上都不存在 3% 的控制线，以此作为赤字率的控制线不仅没有意义，还会束缚财政政策的逆周期调节作用。

见解

下

第三章
金融监管

金融与实业分离是大部分国家金融监管活动秉持的原则。分离金融与实体，既可防止利益冲突，也可维护金融稳定。围绕这一原则，我国实施了多项金融监管改革措施。本章的内容正是围绕近年来我国金融监管改革的内容和路径所展开的。

在全面推进供给侧结构性改革后，“防风险”成为我国金融监管的首要任务。2016 年，保险资金在 A 股市场举牌投资布局了约 120 家上市公司，对金融市场形成了巨大冲击，保险资金也因此一度被称为“野蛮人”。中国银行保险监督管理委员会在加强对人身险监管的同时，也对《保险公司股权管理办法》进行了修订，规定了加强对保险公司的股权监管、规范股东行为，引导保险业回归稳健理性投资。同年，国际货币基金组织发布《全球金融稳定报告》，指出我国信贷质量可能被低估，企业部门的债务风险不容忽视。2017 年，国际货币基金组织在发布的国别评估报告中，再次指出由于我国政府不愿遏制“危险”水平的债务，中期面临的债务压力正在上升。虽然在拆解报告后发现，国际货币基金组织在计算逻辑上存在不少错误，但我国信贷质量和债务问题仍是不容忽视的经济风险。2017 年 8 月，国务院办公厅印发《全国和地方资产负债表编制工作方案》，为摸清“家底”和揭示风险提供了重要工具。

随着金融控股和混业经营的发展，金融监管体系与金融活动实践之间的矛盾日益凸显，我国金融监管面临着新的挑战。2018 年，面对行业“野蛮生长”所积累的系统性风险，我国开展金融监管机构改革，形成“一委一行两会”架构，以适应功能监管的要求。2019 年，面对金融供给结构失衡的问题，中共中央提出金融供给侧结构性改革思路，推动金融供给服务实体经济。2020 年，面对另类的、非典型的、不规范的金融控股形态，中国人民银行正式通过《金融控股公司监督管理试行办法》，将金融控股公司纳入宏观审慎监管体系。2021 年，中小银行资本短缺问题再次显现，中央经济工作会议强调要推动中小银行补充资本，允许地方发行专项债券用于补充银行资本金，创设转股型资本债券等。

虽然在 2018 年，以蚂蚁集团为代表的金融科技企业已经参与金融控股公司模拟监管试点中，但金融科技创新使得蚂蚁集团在一定程度上可以规避金融监管的现有框架。目前，主流的金融监管方法和工具已不再适用于茁壮发展的金融科技公司。在数据经济时代，以法律合规和消费者保护为主的行为监管或将成为我国金融监管的新方向。

“野蛮人”的进化与积极股东的崛起*

2016年，保险资金在A股举牌投资布局了约120家上市公司，被市场称为“险资举牌年”，引发了监管部门的关注。2016年12月，中国银行保险监督管理委员会强调保险资金应当努力做资本市场的“友好投资人”，绝不能让保险机构成为众皆侧目的“门口的野蛮人”，也不能让保险资金成为资本市场的“泥石流”。随着资本市场的发展和监管制度的完善，我国投资者将逐步从“门口的野蛮人”向“积极股东”进化。本文所考察的华尔街案例，为中国机构投资者的发展和积极股东群体的出现提供了参考路径。2021年6月，国有资产监督管理委员会召开全国国有产权管理工作会议，强调将推动具备条件的上市公司引入积极股东参与公司治理，积极股东的崛起正在路上。

一、引言

我们知道，中国的股票市场从20世纪90年代初恢复设立发展到今天，有三个结构性问题长期存在，被广泛诟病。一是投资者的

---

* 本文首次发表为招商银行“首席观点”研究报告，2017年1月11日。

构成，A股市场是一个典型的散户市场，总市值中的40%由散户持有，机构投资者持有占比不足20%；二是股市投资风格偏于短线、投机，导致股市的非理性大起大落，长期投资和价值投资理念至今无法成为市场主流；三是企业法人股东“一股独大”，目前持有总市值的40%。这个法人股东群体与最初股份制改革的创始人企业（以国企为主）相关，因而表现出中文语境下特有的“内部人控制”。这一点与英美发达的资本市场不同，在华尔街没有这样的法人股东群体。英文语境下的内部人控制是指独立于股东层面的管理层控制，而我国的内部人控制则是“一股独大”背景下的产物。

上述三个结构性问题，表现在公司治理上就是企业法人，特别是国企大股东控制上市公司的运行，却不太关心股价的涨跌。散户和机构沦为“被动投资者”，只能用“脚”投票，快进快出、追涨杀跌，长线价值的投资理念毫无用武之地，对上市公司的发展没有形成足够的市场压力。我们需要很长的时间才能解决上述三个结构性问题。

二、积极股东的出现

什么是积极股东？股东积极主义（shareholder activism）这个词自21世纪初开始流行于欧美金融学界。它所描述的是这样一种潮流，即机构投资者作为上市公司的股东应该主动影响上市公司的运行，对上市公司管理层施加压力以求改善公司业绩、提升公司价值。所谓积极股东，是指某些机构投资者通过持有上市公司少数具有影响力的股权，对上市公司的发展战略和经营管理施加主动的、积极的影响。

从语义上来说，积极的反义词就是消极。在公司治理中，积极股东用“手”投票，消极股东用“脚”投票。用“手”投票的目的在于强化股东的特定诉求和直接影响。正是这种来源于资本市场的压力推动着管理层致力于改善业绩、提升价值，也是用来解决现代市场经济当中存在的代理人问题的有效手段之一。

积极股东可以再细分为进取型和防守型。进取型积极股东主动寻求变革，他们通常会尝试与管理层沟通协商，也容易因“一言不合”而与管理层形成对峙的状态。此时，进取型股东需要在市场上收集委托投票权，在极端敌意的情况下通过委托投票权之争“一决雌雄”。防守型积极股东则通过与管理层协商变革参与公司治理，并对管理层提交的重要议案采取高压式的质询态度，防止管理层成为自把自为的内部控制人。当然，进取与防守全在于积极股东所累积的持股比例和收集的委托投票权多寡，运用之妙存乎于心。

积极股东的出现，在某种程度上改变了原先股东的“门口的野蛮人”形象。金融危机之后，美国的上市公司特别是金融机构CEO（首席执行官）的高额薪酬问题被广泛批评。在机构投资者有组织的倡导和推动下，不少华尔街上市公司的高管薪酬激励方案被股东否决，这种现象被媒体誉为“股东的春天”。在高管薪酬问题上，大众舆论站在了积极股东的一边。积极股东逐渐取代“门口的野蛮人”，成为具有褒义色彩的称谓。

三、积极股东不再是“门口的野蛮人”

现在活跃于华尔街的积极股东（机构投资者）与20世纪80年代“门口的野蛮人”有明显的不同。

第一，从持有上市公司的股权份额看，机构积极股东通常持有5%~20%的股份，并不寻求对上市公司的全面控制，而是通过获得董事席位的方式影响上市公司决策。20世纪80年代的“门口的野蛮人”的典型做法是利用垃圾债券作为杠杆，全面收购进而私有化上市公司，在短时间内“肢解”并出售公司资产，以获得资产收益。相对而言，“门口的野蛮人”要约收购的成本高昂、风险巨大。而积极股东的一般做法是维持目标公司的上市地位，避免触及要约收购，在二级市场上进退自如，策略灵活且风险较小。

第二，从积极股东的实践看，他们更倾向于进行价值投资，在二级市场买入股价被低估但具有改善空间的目标公司，在积累一定的股权之后，仍然尝试维持与上市公司管理层的关系。在管理层具有敌意的情况下，其施加影响的最后手段也只是委托投票权之争，通过股东大会的投票堂堂正正地与管理层对决。在有效的市场环境中争夺委托投票权，无论是机构股东还是管理层都要遵守公司治理规则，通过比拼专业逻辑，以理服人。

目前，积极对冲基金已经成为美国和欧洲市场上一个非常活跃的资产类别，随着大量的保险资金、退休养老金和大学捐赠资金的投入，管理资产规模已超过 3 000 亿美元。

四、美国对积极股东“举牌”的监管

SEC（美国证券交易委员会）是如何监管积极股东的“举牌”行为的呢?

1933 年和 1934 年陆续出台的《证券法》和《证券交易法》是美国证券法律体系的基石。自 20 世纪 60 年代开始，美国出现了频繁的公司并购，催生了 1968 年出台的《威廉姆斯法案》。该法案实际上是对 1934 年《证券交易法》的第 13 条和第 14 条的修订，其目的是规范收购行为，明确收购程序和信息披露要求，使公司股东和管理层有充分的时间了解收购方的背景和意图，从而判断对目标公司产生的影响，以便做出相应的决策。

美国涉及监管“举牌”收购的主要信息披露条款是《证券交易法》第 13 条。其中的重点条款是 13D、13G 和 13F，值得我们深究一番。

一是 13D。该条规定要求收购某上市公司达 5% 及以上股权的股东（含一致行动人）须在 10 天内填写 13D 表格，披露其持股情况和持股意图，并向 SEC、交易所和目标公司做备案。之后，每买入或卖出 1% 以上该种股票或当购买意图发生变化时，应及时（一天内）向上述机构补充备案。13D 表格的主要内容包括股票信息和股东信息、资金来源（含贷款方名单）、购股目的、经营计划、重组计划等。13D 表格中最重要的部分为购股目的，该部分旨在让投资者和上市公司了解购买者的意图。

二是 13G。该条规定要求收购上市公司股权达 5% 及以上，但无意影响公司经营或取得该公司控制权的机构投资者在年末填写 13G 表格。收购意图是监管部门关注的重点，相对于 13D 而言，13G 是一个简化的披露表格，适用于无意对公司施加影响的收购行为。这是一个相对宽松的披露要求，一般在日历年结束后的 45 日内向 SEC 披露信息。不过，如果该机构投资者的持股比例达到 10%，必须及时（达到该比例之月末 10 日之内）披露信息，此后投资者无论是增持或减持比例达到 5% 时也需要及时进行披露。如果投资者持股比例达到 20% 及以上，则须填报 13D 表格。

区分填报 13D 和 13G 的目的在于让公众了解收购上市公司的机构投资者“举牌”的意图是什么。可见，申报 13D 是典型的积极股东行为；而申报 13G 则是消极股东（财务投资）行为。区分“举牌”的真实目的，是从公平公正的角度出发，对可能存在的恶意收购、公司拆解或其他影响公司控制权的重大事项做出及时的预警。目标公司也可以对未来可能面对的收购行为有一个合理的预期缓冲期，避免突然发生的收购行为令目标公司管理层及其股东措手不及。上市公司管理层可以在公司治理的法定框架下，制定相应的防御措施，避免少数机构持股人通过要约收购达到控制目标公司、操纵市场价格的目的。需要注意的是，美国在“举牌”申报13D、13G之后并没有对股票锁定期限提出要求。

三是13F。该条规定要求资产规模为1亿美元以上的所有机构投资者必须按季度填报13F表格，向SEC和公众披露证券持仓的全部信息。这项要求所涉及的机构投资者涵盖范围很广，包括互惠基金、对冲基金，以及银行、券商、资管、保险公司等。根据规定，投资经理必须在每季度结束后的45日内填报13F表格，这样做的目的在于让公众了解机构投资者的行为和意图，并增加公众投资者对美国证券市场信息完整性的信心。13F的信息都是公开的，巴菲特的伯克希尔·哈撒韦公司就需要填报13F，这才使我们可以一窥其神奇的股票组合；詹姆斯·西蒙斯的量化对冲基金——文艺复兴科技也需要填报13F。当你看到文艺复兴公司那份长达上百页的包含几千家上市公司的持股清单时，一定会惊讶不已！

13D、13G、13F构成美国涉及“举牌”的主要监管披露要求，这些信息在SEC的官网公开供公众查询。近来，美国监管部门和学术机构对积极股东“举牌”行为的信息披露也出现了一些改革争议，例如，13D的10日披露“窗口期”是否太长？是否应该在举牌之后限制买卖（美国目前没有限制买卖）？监管部门是否应该审查披露文件的准确性和完整性（现在是除非有人举证披露欺诈，否则没人去审查文件的准确性和完整性）？

五、积极股东的主要诉求：董事席位

根据申报13D的次数，美国2015年发生了355次“举牌”行为，超过了 2008 年金融危机时期“举牌”的峰值。2015 年美国的积极机构股东通过“举牌”获得了 127 个董事席位，其中 117 个席位是通过友好协商获得的；另外 10 个则是通过争夺委托投票权获胜得到的，有点敌对的意味。不过，从比例上看，通过协商获得的席位数量明显增加。

获取董事席位是积极股东“举牌”后的标志性动作，决定了“举牌”行动成功与否。只有在获得董事席位的基础上，积极股东才有施展作为的空间。从进化的意义上说，门被打开了，“门口的野蛮人”进入了董事会的会议室，坐下来就什么都好谈了。可以提出议案，分设董事会主席和 CEO 职位以改善公司治理情况；反对管理层的非核心业务投资计划或收购行为；否决高管的薪酬方案；要求现金分红或回购股份；参与高管选聘和董事会改组；等等。

六、积极股东能否带来超额收益？

积极股东问题是一个典型的极具争议的学术问题，自然也就形成了两派观点。

芝加哥学派的自由主义传统坚决地站在积极股东主义的一边，认为企业经营的目的就是实现股东利益的最大化；从公司治理的角度论证赋予股东更大的发言权有利于解决现代公司的代理成本问题，进而认为积极股东是解决道德风险的利器。从根本上看，“积极有为”是股东应有的权利，通过积极股东向公司的管理层施加压力和执行纪律，市场经济才能得以有效运行。哈佛法学院教授卢西恩·拜伯切克、杜克大学商学院教授阿隆·布拉夫和哥伦比亚大学商学院教授姜纬于 2015 年 6 月在《哥伦比亚法学评论》上发表的一篇题为《对冲基金积极主义的长期效果》的论文中表明，他们实证研究了 1994—2007 年美国 2 000 多起积极对冲基金的干预案例，发现积极股东的行为的确可以带来公司业绩的长期改善。

当然，也有持反对意见的观点，认为积极股东的出现不但不能带来公司价值的改善，反而会助长"短视主义"的滋生。虽然这在学术界尚未成为主流，但在大众媒体眼里，积极股东常常被描述为"唯利是图"和"股东至上"，是损害其他利益相关者权益的股东。在日益增多的积极股东"举牌"行动的冲击下，备受威胁的上市公司（管理层和员工）还是得到了社会的广泛同情，从而对长期以来采取"持平"态度的金融监管部门形成了一定的舆论压力。

作为一个受到学术界关注的话题，迫切需要回答的问题是：积极股东是否可以获得超额收益？一份被广泛引用的研究报告发现，2001—2006 年美国 2/3 的积极股东"举牌"案例取得了投资意义上的成功。[①] 在"举牌"（13D 申报）公告日（–20，+20）日获得了大约 7% 的超额收益。另一项基于北美、欧洲和亚洲市场的"举牌"研究从更大的样本基础上证实了上述发现，即积极股东主义的确有利于提升股东价值。[②]

华盛顿大学的马修·德纳等人曾做过一项有趣的文献综述研究[③]，他们分析了 20 世纪 80 年代以来关于积极股东主义的几十份学术文献，发现了两点有趣的结论：一是积极股东的策略演变，从早期的全面要约收购到今天的 13D"举牌"行为，积极股东关心的

---

① Jiang W., Brav A., Partnoy F., et al., Hedge Fund Activism, Corporate Governance, and Firm Performance［J］. *Journal of Finance*, 2008, 63（4）: 1729–1775.

② Bedrt M., Franks J., Grant J., et al., Returns to Hedge Fund Activism: An International Study *The Review of Financial Studies*, Volume 30, Issue 9, September 2017, Pages 2933–2971.

③ Denes M., karpoff J., McWilliams V., Thirty Years of Shareholder Activism: A Survey of Empirical Research［J］. *Journal of Corporate Finance*, Vol. 44, June 2017, pp. 405–424.

是上市公司价值的提升和效率的改善；二是相对于20世纪八九十年代的文献，21世纪以来的学术研究更加倾向于承认积极股东对目标公司价值提升和效率改进的正面作用。可见，华尔街的“门口的野蛮人”正在不断进化，积极股东行为模式逐渐成形。

除了学术机构之外，咨询巨头麦肯锡也关注到了积极股东现象，在一份研究报告中[①]，麦肯锡确认积极股东可以带来至少（–36，+36）个月的股东超额收益。此外，麦肯锡还发现积极股东的干预方式和目标公司的规模大小影响（3年期）股东超额回报水平。就干预方式而言，“和解”最佳，“股东获胜”次之，“管理层获胜”几乎没有超额收益。就目标公司的规模而言，大型目标公司倾向于更高的超额收益，而小型目标公司的超额收益不明显，这可以解释为什么越来越多的积极股东选择像苹果、宝洁、雅虎、微软、百事这类大型的目标公司。

几十年来，对于股票投资研究的学术文献多如牛毛，其核心命题就是如何战胜市场。主流观点认为，那些用“脚”投票的“懒惰的钱”不可能持续获得超额收益。这也就是说在一个有效市场假设下，被动投资不能持久地战胜市场。那么，积极股东是否可以获得超额收益呢？这个问题虽仍有争议，但越来越多的文献确认积极股东的投资策略可以获得超额收益。

七、结语

我们对华尔街的“门口的野蛮人”向“积极股东”的进化进行

① Preparing for bigger, bolder shareholder activists, March 1, 2014. https://www.mckinsey.com/business-functions/strategy-and-corporate-finance/our-insights/preparing-for-bigger-bolder-shareholder-activists.

的考察，的确深有用意。任何关注中国资本市场发展的人，都会注意到过去几年A股市场“举牌”现象频频。我们不禁要问，为什么会集中出现“举牌”现象？为什么是保险资金而不是其他机构投资者？应该如何改善对“举牌”收购的监管政策？如何加强相关的信息披露？凡此种种，值得深思。有一点可以肯定，尽管可能还需要一些时间，但中国机构投资者的发展和积极股东群体的出现，注定不可避免。

与 IMF 商榷：中国不良贷款率的真实水平 *

作为世界两大金融机构之一，IMF 认为中国信用贷款的不良率可能被低估。2016 年 4 月的《全球金融稳定报告》中测算出的不良贷款规模与不良率数据与我国官方公布的数据相去甚远，引发了市场讨论。本文根据底层数据剖析了 IMF 测算中国不良贷款规模及不良率的方法，指出了其测算方式的缺点，提出应该基于商业银行经由中国和国际会计准则审计的财务报表，辅以资本市场的估值来分析我国商业银行的不良贷款率。2017 年底，IMF 在《中国金融体系稳定性评估报告》中再次强调，中国当前的不良贷款率可能低估了信贷质量中的问题。随后中国人民银行发声，认为我国银行业加大不良贷款核销和处置力度，是不良贷款率保持在较低水平的重要原因，我国不良贷款率被低估的余地不大。

一、缘起

2016 年 4 月 IMF 发布《全球金融稳定报告》，用专门章节讨论

---

* 本文首次发表为招商证券研究报告，2016 年 9 月 22 日。

了我国企业部门的债务问题。IMF 使用“在险债务”这一概念衡量我国企业的债务负担，测算我国银行业公司贷款损失的规模。[①]

IMF 估算的我国上市公司的在险债务率为 14.1%，进而测算出我国商业银行公司贷款中潜在的在险贷款占比为 15.5%，对应的在险贷款规模为 1.3 万亿美元（8.2 万亿元人民币）。IMF 进一步假设在险贷款将遭受约 60% 的损失，对应的损失贷款规模为 7 560 亿美元（4.9 万亿元人民币），相当于我国 GDP 的 7%。2016 年 6 月，IMF 第一副总裁戴维·利普顿来到中国，出席了多场官方和学界交流与会谈活动，并强调了中国企业部门的债务问题严重。[②] 利普顿援引《全球金融稳定报告》的结果，认为银行公司贷款的潜在损失规模相当于 GDP 的 7% 仅仅是一个“保守的估计”。

根据银行业监督管理委员会数据，2015 年末中国商业银行的不良贷款率为 1.67%，不良贷款余额为 1.27 万亿元（相当于当年 GDP 的 1.86%）。2016 年中期商业银行不良贷款余额为 1.44 万亿元人民币，不良贷款率上升至 1.75%。官方不良贷款规模及不良率数据与 IMF 对我国公司贷款损失的估算相差实在太多，何止“十万八千里”！

IMF 的结论被广泛报道和转载，有舆论认定《全球金融稳定报告》的 15.5% 是我国银行业“真实”不良率的下限。涟漪效应绵绵不绝，衍生出各种版本的银行不良率估算数据，部分券商分析师乐于往高了说，15%~20% 的有之，35% 的有之，语不惊人死不休。为正视听，国务院新闻办公室先后于 2016 年 6 月 15 日和 24 日就中国债务问题举行了两场吹风会，邀请社科院学者以及国家发展和改革委员会、财政部、人民银行、银行业监督管理委员会有关负责人就我国的企业债务问题进行说明。可惜，吹风会的效果不佳，除

① IMF，Global Financial Stability Report，April 2016.

② http://www.imf.org/external/np/speeches/2016/061016.htm?from=groupmessage&isappinstalled=0.

了强调“中国特色”的债务风险总体可控之外，针对IMF报告的回应软弱无力。

然而，企业债务风险与银行不良贷款的关系是一个不容回避的问题，必须得到正确的答案。

二、IMF的计算方法

2016年4月IMF发布的《全球金融稳定报告》基于2 871家公司（包括2 607家上市公司和264家非上市公司）的数据计算中国公司的潜在在险贷款，计算过程如下：

1. 通过ICR（利息覆盖倍数）从样本企业中筛选出在险公司。在险公司是指EBITDA（息税折摊前利润）不足以覆盖利息支出的公司，即ICR小于1。

$$ICR=\frac{EBITDA}{利息支出}<1 \tag{3.1}$$

IMF筛选出的在险公司数量为590家，占样本公司数量的22.6%。

2. 将在险公司的债务定义为在险债务，并将在险公司总债务与样本公司总债务的比值定义为在险债务率。

$$在险债务率=\frac{在险公司总债务}{样本公司总债务} \tag{3.2}$$

据此，IMF计算得出2015年我国上市公司在险债务率达到

14.1%。IMF 进一步假设中国各个行业的在险贷款率等于该行业上市公司的在险债务率，从而推导出商业银行公司贷款中在险公司贷款占比为 15.5%，对应的在险贷款规模为 8.2 万亿元人民币。

3. 在字面上，IMF 承认在险贷款与银行不良贷款不是一回事，报告中写道："因此，本报告中所讨论的'在险贷款'不同于银行和监管机构所报告的'不良贷款'（NPL）。不良贷款的认定是基于监管标准（通常是在一段时间内未支付的利息或本金），并且会引发会计后果。"①

不过，IMF 还是有意将在险债务与银行贷款损失直接关联起来了，报告中的一张图示将银行的"不良 + 关注类"贷款占比与在险债务率联系了起来，用心不言而喻。IMF 假定在险贷款将遭受 60% 的"损失"，对应的损失贷款规模为 7 560 亿美元，相当于 GDP 的 7%。IMF 进一步指出，即使按照《新巴塞尔资本协定》假定 45% 的损失率，公司贷款损失规模也有 5 670 亿美元，相当于 GDP 的 5%。②

三、重复性检验

IMF《全球金融稳定报告》所采用的研究方法是清晰的，可以进行重复性验证。为此，我们与 IMF 驻华办事处联系索取了相关底层数据。IMF 采用的是标普全球市场财智数据库的数据。由于我们没有购买这套系统，IMF 出于版权的考虑没有提供相关数

① A loan potentially at risk as discussed in this report is thus not the same as a nonperforming loan (NPL) as reported by banks and supervisors, which meets a regulatory standard (usually nonpayment of interest or principal for a predetermined time), and recognition of an NPL triggers accounting consequences.

② Assuming a lower loss ratio of 45 percent – a Basel II norm for defaulted loans – yields potential bank losses of $567 billion, or 5 percent of GDP.

据。它建议我们采用其他数据库，如彭博数据终端。我安排了两个团队分别对 2015 年非金融上市公司财务数据进行重复性验证，一组使用的是万得资讯提供的 A 股上市公司数据，另一组使用的是彭博数据终端的上市公司（含海外上市中国公司）数据。出乎意料的是，两个团队得出的结论迥异：根据万得咨询提供的数据计算的在险债务率为 9.41%，比 IMF 的结论低将近 4.7%；根据彭博数据终端提供的数据计算的结果是 11.36%，比 IMF 的结论低 2.74%。

需要说明的是，我们使用的两套数据库包含的公司样本数目不同，计算结果略有出入是可以理解的，但如此之大的差异还是令人困惑。不管是哪一套数据系统，样本公司构成中的绝大部分是相同的，因此需要对几个百分点的差异给出合理的解释。我们将两套系统的底层数据进行大范围的仔细比对，最终发现了问题所在。

彭博数据终端提供的数据在公司申报报表的基础上进行了“标准化”处理，也就是说彭博有一套自己的用于公司分析的标准化财务报表格式，需要根据公司的原始报表进行填列。其中一项主要变化是将“投资净收益”从营业利润中扣除，将其列入非经常性的营业外收入。而万得数据则基本保留了公司申报报表的原有格式，投资净收益被包含在营业利润之内。我们发现，正是营业利润的不同引起了 EBITDA 计算结果的差异，进而影响了 ICR，最终导致在险债务率相差了好几个百分点。

一个合理的怀疑是，IMF 在计算 EBITDA 时扣除了净投资收益。为此，我们通过电子邮件与 IMF 驻华代表处联系确认 EBITDA 的计算方法，得到的答复是营业利润不含净投资收益，后者被列入营业外收入。由此，IMF 得出的中国上市公司在险债务率高达 14.1% 这一基本结论，以及由此推导出的银行公司贷款潜在损失规模达

15.5% 的判断，值得怀疑。

四、IMF 低估了我国企业的偿债能力

我认为，IMF 忽略投资净收益对营业利润的贡献，极大地低估了我国企业的偿债能力。投资收益是否纳入营业利润，既是会计准则问题，又涉及公司估值分析方法。各国会计准则对投资收益的列示要求不尽相同，中国会计准则明确要求将投资净收益纳入营业利润。争议的关键在于投资净收益是否为可持续的经常性收入来源，多数发达国家的财务报表并未把投资净收益计入营业利润，而是将它归属于营业外收入。

标普全球市场财智数据库和彭博数据终端的“标准化”报表，都将投资净收益排除在 EBITDA 之外，其背后的逻辑有二：一是认定投资净收益是营业外的、非经常性的、不可持续的；二是追求一致性，便于进行国家间的比较分析。这种处理方法，对发达国家而言，具有一定的合理性。发达国家例如英国和美国企业的投资收益科目，特别是以公允价值核算的短期投资收益的确不可持续，而来源于长期投资的“联营和合营企业的投资收益”占比很低，不构成显著影响。但是，东亚国家包括中国的情况则很不相同，这与当地的社会经济结构有关。应该说，中国新会计准则反映了我国公司股权结构和经营方式的特殊性。中国公司的股权结构是从计划经济下的公有制演变而来的，以权益法核算的长期投资收益一直是中国公司营业利润的重要组成部分。从数据看，2010—2015 年我国上市公司的投资净收益占营业利润的比重从 6.1% 稳步上升至 16.1%，成为企业正常、持续而稳定的利润来源。因此，忽略投资收益会极大低估我国企业的偿债能力。

五、中国企业的在险债务分析

我们计算得出的中国在险债务率远低于 IMF 的计算结果。基于彭博数据终端提供的是更大的上市公司样本（3 449 家在 A 股及海外上市的中国非金融企业），运用与 IMF 同样的方法（即不含投资净收益）计算得到的在险债务率为 11.35%，比 IMF 的结果低 2.75 个百分点；若考虑投资净收益，则得到的在险债务率为 9.36%，比 IMF 的结果低 4.74 个百分点（见表 3.1）。可见，是否将投资净收益纳入营业利润，将造成在险公司数量和在险债务率的明显差异。

表 3.1　2015 年中国在险债务计算结果比较

	风险公司数	公司总数	在险债务（万亿元）	总债务（万亿元）	在险债务率（%）
IMF	590	2 871	2.44	17.29	14.10
招商证券（不含投资净收益）	583	3 449	1.84	16.18	11.35
招商证券（含投资净收益）	491	3 449	1.52	16.18	9.36

注：IMF 的计算结果按 2015 年平均美元兑人民币中间价 6.23 换算。

资料来源：IMF《全球金融稳定报告》，彭博数据终端，招商证券。

此外，我们以 A 股上市公司为样本，考虑投资净收益后计算得到的 2015 年在险债务率为 10.6%，若将在海外上市的中国公司囊括进来后，这一数字降至 9.36%，说明在海外上市的中国公司经营质量更高，在险债务率要低一些。

六、在险债务率与银行不良贷款率的关系

IMF《全球金融稳定报告》的一个关键隐含假设是在险债务率

的升高会导致银行不良贷款率上升，甚至隐喻在险债务率才是真实的不良贷款率指标。从英文文献中看，在险债务率与银行不良贷款率的关系没有引起学术界的关注，“在险债务”这个词主要出现在IMF的相关研究报告之中，更像是IMF所特有的分析工具，而且IMF也没有刻意将之与特定国家的银行不良贷款率联系起来（中国除外）。

那么，在险债务率与不良贷款率之间存在什么样的关系呢？我们以中国、美国、英国、日本、澳大利亚、德国和法国为例，基于各国2010—2015年在险债务率与不良贷款率数据，计算得到在险债务率与不良贷款率的相关系数为–0.64，两者竟然呈负相关关系！在险债务率升高不能代表不良贷款率升高，从各国历史数据来看，在险债务率与不良贷款率在很多时候是反向变化的。此外，在险债务率的波动也远大于不良贷款率。因此，没有依据可以证明在险债务率是银行真实不良贷款率的替代指标。

七、IMF《全球金融稳定报告》的逻辑误区

IMF《全球金融稳定报告》的主要逻辑错误有以下三点。

1. 企业债务不等于商业银行的公司贷款。在IMF计算方法的第二步中，IMF不动声色地转换了概念，将企业债务直接等同于银行贷款。事实上，银行贷款仅是企业融资方式中的一种，其他的融资方式还包括发行债券等。从我国社会融资的规模来看，银行贷款占比约在七成左右，而且银行债务通常都有抵押品，还款来源的安全性比债券高。因此IMF高估了银行贷款的违约风险。

2. IMF《全球金融稳定报告》假定上市公司和非上市公司的债务负担和风险相同，可能高估了非上市公司的风险。实际上，中国

非上市公司（中小企业）的杠杆率平均水平低于上市公司（大型企业）。

3. IMF 最关键的逻辑错误是将企业作为债务人的在险债务规模与银行作为债权人的不良贷款余额混淆了。撇开计算中的错漏不谈，即使假定企业所有债务都是银行贷款，也不能将在险债务率与不良贷款率两者等同起来。不良款贷率是一个动态的会计指标，商业银行可以通过核销、打包转让等方式处置不良贷款，以摆脱不良贷款的包袱，核销和转让后的不良贷款不会继续显示在银行的资产负债表之上；但是这部分债务却会继续在企业资产负债表中存在，并不会减少企业的偿还义务。在上述情况下，理论上只有银行加回核销和转让的不良贷款数据，才与企业的违约债务规模相近。我国上市银行近年来积极处置不良贷款，若加回核销和转让的不变贷款数据，不良贷款总额则是现存不良贷款余额的两倍。也就是说，从债务人（企业）角度观察银行不良贷款规模，自然要比从债权人（银行）角度所列示的不良贷款余额高。

八、结论

IMF 每年 4 月和 10 月会发布两份《全球金融稳定报告》，旨在对全球金融市场体系和市场进行评估，并在全球化的语境下分析发展中国家的金融体系。《全球金融稳定报告》主要关注市场环境的最新动态，聚焦可能影响全球金融稳定及金融市场持续发展的系统性事件，因而在全球金融界有着广泛而深远的影响。2020 年 4 月的报告讨论中国的在险债务和贷款损失，理所当然地引起了各界的极大关注。正因为如此，本文跟它“较真”才有些许意义。

第一，重复性检验发现，IMF 所采用的财务数据经“标准化”

处理后，将投资净收益在 EBITDA 中扣除，客观上低估了中国企业的偿债能力，导致在险债务率计算结果偏高。

第二，《全球金融稳定报告》将企业债务与银行贷款混淆，须知贷款只是公司债务中的一个高等级的构成部分（通常含有抵押担保）。将在险债务转换成贷款损失（五级分类的损失类贷款）的过程很唐突，理据不足，逻辑链条跳跃太大。

第三，IMF 忽视了不良贷款体现在债权人（银行）和债务人（企业）财务报表上的差异。银行作为债权人通过核销转让处置不良贷款之后，这部分不良贷款已经离表；但企业作为债务人所欠的银行贷款依然在其资产负债表中存在。随着时间的推移，不良贷款在企业与银行报表上的差异日益积累，所谓自下而上的分析方法就失去了作用。就中国的实际而言，由于近年来加大了对不良贷款的处置力度，因此这种做法造成了显著的误差。

第四，或许也是最重要的一点。从不同国家的数据看，在险债务率与银行不良贷款率之间好像没有统计意义上的正相关关系。换言之，在险债务率与银行不良贷款率之间隔着一条“长江”——你在这边，它在那边。

随着经济增速的下行，中国商业银行面临着资产质量不断恶化的压力，这一点毋庸置疑。IMF 告诫我们，中国企业部门的债务风险不容忽视，这是《全球金融稳定报告》的积极意义所在。但是，无论这是不是 IMF 的本意，将“在险债务率”这个静态指标与银行“真实”不良贷款率的动态指标联系起来，进而判断我国银行不良贷款率高达两位数，明显高估了当前我国银行的不良贷款率水平。那么，中国商业银行的不良贷款率究竟有多高？我认为，还是应该基于商业银行经由中国和国际会计准则审计的财务报表，辅以资本市场的估值来分析。当然，这个问题需要另撰文回答。

中国债务问题的资产负债分析*

债务问题是近年来讨论中国经济时频繁被提及的主题。2017 年 IMF 发布国别评估报告，再次提及中国的高杠杆和债务风险问题。但实际上 IMF 所使用的国际经验指标在探讨中国的宏观杠杆率和债务可持续性方面存在缺陷。对于拥有庞大国有资产的中国来说，资产负债关系是分析债务问题的关键。当时虽有四个团队对国家资产负债表进行了研究，但在缺乏高质量、高频度的国民账户数据的情况下，研究并没有持续下去。本文提出，为更好地分析我国的债务问题，应尽快启动中央和地方政府资产负债表的制定工作。2017 年 8 月，国务院办公厅印发《全国和地方资产负债表编制工作方案》。2017 年末至今，全国各省自治区直辖市陆续开展地方资产负债表编制工作，为摸清“家底”、揭示风险、服务政府管理提供了重要工具。

一、背景

随着供给侧结构性改革不断推进，中国经济出现了一些积极变

* 本文首次发表为招银国际“首席观点”研究报告，2017 年 8 月 21 日。

化。IMF在2017年8月15日发布的国别评估报告中，大幅提高了对中国经济增长的预测。不过，IMF在承认近期中国经济前景增强的同时，也认为中期面临的债务压力在上升。隐含的意思是中国经济之所以可以实现快于预期的增长，原因是政府不愿遏制“危险”水平的债务，IMF认为，到2022年中国的非金融部门债务将超过GDP的290%。因此，IMF严厉地指出：“国际经验表明，目前中国的信贷发展趋势十分危险，出现破坏性调整和/或经济增速显著放缓的风险不断上升。”

IMF所说的国际经验，是根据非金融部门债务与名义GDP之比判断一国债务风险高低的经验结论。我们称这个指标为宏观杠杆率。IMF测算中国的宏观杠杆率，2016年底为235%，其中，国企部门为74%，民营企业为54%，广义政府为46%，地方平台为18%，家庭部门为18%。国际清算银行（BIS）则认为这一杠杆率为257%，其中，非金融企业部门为166.3%，家庭部门为44.4%，政府部门为46.4%。

二、宏观债务风险的测量：国际经验

近年来，政策制定者和分析人员对债务危机和系统性风险的警觉性日益提升。而债务与GDP之比作为“国际经验”很自然地成为我们借鉴的东西，很少受到质疑。这是很有趣的现象，值得刨根问底细细深究。一是为什么选用这个杠杆率指标？二是它具有什么样的分析意义？三是分析中国这样一个特殊的经济体，有什么需要留意的地方？四是还有什么其他指标可以辅助我们看清经济杠杆率的本质？

国际上为什么使用债务与GDP之比来观察宏观杠杆率？采用债

务与 GDP 之比这个数据来判断宏观杠杆率的高低，其实是因为没有更好的选择。我们知道，判断微观杠杆率的高低，最好的指标是债务与资产之比，即资产负债率。对于一个经济体而言，债务数据比较容易获得，而资产数据在统计上相当困难。资产有名义价值和市场价值之分，在宏观资产负债的分析意义上，后者更加重要，却几乎不可获得。

另一个原因在于，分析宏观杠杆率的核心是政府公共债务问题。虽然，就财务角度而言，债务与收入之比并不是很好的分析指标，我们更应该关注资产负债关系即债务与资产之比。但这里的困难在于，对于崇尚私有产权的自由市场体系而言，政府的赤字开支几乎全部都是消费性支出，例如，医疗、教育、福利以及国防开支。换言之，在典型的市场经济国家，政府举债的目的并非投资性的，并且没有形成可观的资产。政府债务所对应的资产规模很小，债务的偿还主要依靠未来的税收收入，而非资产所产生的现金流。从这种意义上，将债务与收入相比就有其合理性。而债务与 GDP 之比，在微观上类似于债务与收入之比。所以，从分析政府债务的角度看，这一指标有其内在的道理。

还有一个小问题需要解释：为什么国际社会特别关注政府债务而不是全社会的债务水平呢？这就牵涉到自由经济体系下，如何认识私人部门（企业和家庭）的杠杆率。在私利与理性的假设下，经济学家认为私人部门的杠杆率可以在市场机制中自动调节至均衡。对私人部门而言，一个单位的负债注定是另一个单位的资产，在市场理性之下无须第三者操心。因此，我们看到的海外分析几乎都是围绕政府公共债务问题，例如，欧洲债务危机、美国国债上限、日本债务问题等，无不如此。政府虽然也是私利的，但不适用于理性假设，预算软约束导致借贷行为并非完全理智，可能会做出出格的事情来，如过度借贷，借钱不还。在根本上，政府与市场互相矛盾，政府债务不完全是市场行为，其合理性就值得怀疑。

三、宏观债务率存在阈值吗？

究竟是否存在触发风险的宏观债务率阈值？这个问题曾引起过激烈的学术争议。很多国际组织和研究学者都试图寻找宏观杠杆率与经济增长和债务风险之间的关系。迄今为止，这方面的努力收效不彰。直观上，以2016年底宏观杠杆率数据为例，日本高达371%，加拿大为298%，法国为297%，英国为280%，中国香港为374%，新加坡为292%，似乎都看不到即时的债务危机风险。学术界对经济宏观杠杆率的高低没有多少研究，学者真正关心的是政府债务问题，而且几年前还为此发生了一场学术风波。

事情是这样的。2010年初，哈佛大学的两名经济学教授卡门·莱因哈特和肯尼斯·罗格夫联名发表了名为《债务时代的增长》的学术论文，研究公共债务与经济增长之间的关系。他们研究了44个国家200年来的数据后发现：第一，当政府债务超过GDP的90%时，经济增长的速度就会下降一个百分点；第二，对新兴市场而言，外部债务（公共和私人）超过GDP的60%时，经济增长的速度会下降两个百分点；第三，对发达经济体而言，通货膨胀与公共债务水平没有明显的关系，但对新兴市场而言，债务水平上升会导致通货膨胀水平上升。这份研究报告，特别是其中所提到的90%和60%的两个"阈值"，迅速成为那些主张紧缩公共财政的政客和学者的理论依据。特别是在当时欧元区主权债务危机背景之下，紧缩公共财政成为治理危机的主要方式。

遗憾的是，他们的研究出了些技术故障。马萨诸塞大学阿默斯特分校的经济学博士研究生托马斯·赫恩登在研究中发现了问题，他无法重复这些运算，更无法得出同样的计算结果。重复性检验证明莱因哈特和罗格夫的研究存在三大缺陷：一是数据计算错误；二是方法错误，某些数据被赋予了更大的权重，而另一些数据却被忽视了；第三，重新计算的结果是，那个导致经济增长率骤降的阈值（90%）是不存在的。后来，保罗·克鲁格曼加入了辩论，通过他在《纽约时报》的财经专栏，连续发文严厉批评莱因哈特和罗格夫所倡导的紧缩政策观点，其嬉笑怒骂的行文引发了一场不大不小的笔墨官司。

这场辩论的启示在于，虽然我们大致知道过高的杠杆率是危险的，但是我们不知道究竟多高（阈值）才会引发债务危机或经济衰退。在我看来，其原因可能就在于被忽视的资产端。从微观角度看，债务与收入之比是存量（债务）与流量（收入）之比，不能完全而准确地评价债务风险。正是由于政府资产端的规模和构成不同，导致我们无法单独依靠债务端的宏观杠杆率指标得出有意义的分析结论。

针对宏观杠杆率仅关注负债端的不足，国际组织、政策研究部门和学术界开始思考如何改善分析方法。一种尝试是引入净杠杆率作为辅助指标，即考虑政府资产对杠杆率的影响，用政府净资产除以 GDP 得出净杠杆率来评价公共债务的风险。这种方法计算出来的净杠杆率，对日本、挪威、瑞士等国的影响特别大，因为这些国家的资产负债表上有相当多的金融资产，甚至改变了其方向（拥有正的净资产）；对另一些国家，如美国、意大利的影响较小，它们的政府资产负债表上只有少量的金融资产，因此它们的净杠杆率和总杠杆率相近（见图 3.1）。

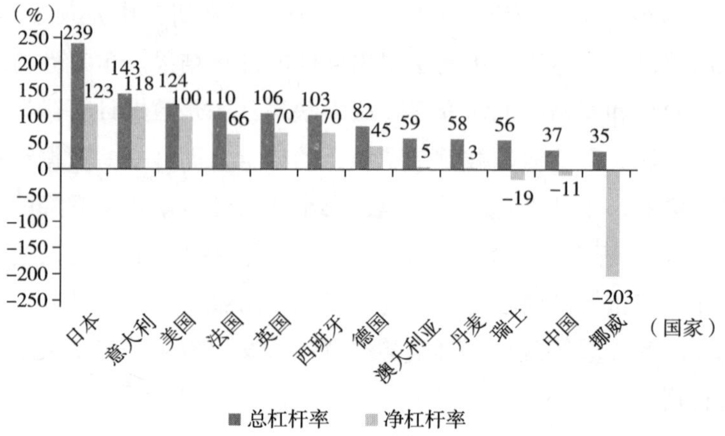

注：中国政府净杠杆率根据李扬等所著的《中国国家资产负债表2015》狭义政府净资产6.4万亿元计算与当年名义GDP之比。

图3.1 主要国家的政府总杠杆率与净杠杆率

资料来源：National Accounts at a Glance，2015（OECD）。

四、债务问题的资产负债视角：国家资产负债表

任何人的债务都是他人的债权（资产）。所以，要从资产负债管理的角度分析债务问题。理解中国政府部门的债务问题，不同于其他国家的关键之处在于广义政府的资产端。在分析债务的可持续性时，债务与GDP之比的缺陷在于只考虑到债务端，而没有考虑到资产端，至少只说明了部分问题。除了一般财政收入可以用于偿还债务之外，资产收入或资产出售也可以用于偿还债务。杠杆水平高但资产负债表上有大量资产，显然比杠杆水平低但几乎没有资产要好，包含资产端信息的资产负债关系是分析债务问题的一个更加关键的视角。理解这一点对中国尤为重要，因为我们现阶段将债务用于固定资产的投资特性，形成了规模庞大的政府和国有资产，这

是我国与国际经验不同的地方。

我们将焦点放在广义政府部门，因为这是目前中国债务问题的关键所在（见图 3.2）。根据 IMF 的估算，2016 年底中国广义政府部门的杠杆率为 138%（国企部门为 74%，广义政府为 46%，地方平台为 18%），这个数据从国际经验来看显然是偏高的。然而，如果考虑广义政府资产负债的资产端，可能会得到不同的结果。

广义政府部门	非金融企业部门	家庭部门
中央	国有	
地方	民营	私人

图 3.2　公共部门和私人部门的结构

资料来源：招银国际研究。

要分析总债务和广义政府资产债务问题，就需要高质量的国家资产负债表数据。几年前曾有四个团队对中国的国家资产负债表进行了开创性的研究：一是中国人民银行金融研究所课题组，二是博源基金会组织和资助的马骏团队，三是社会科学院李扬教授团队，四是中国银行曹远征团队。虽然数据结论有所出入，但是有助于我们深刻理解中国的资产负债状况。根据中国人民银行金融研究所的数据，2013 年底中国广义政府净资产为 92.3 万亿元，占当年 GDP 的 162%，这应该是全球主要经济体中最高的。可惜的是，这项研究工作没有持续下去，缺乏高质量、高频度的国民账户数据一直是我们开展经济分析工作时面临的主要困难之一。

在探讨中国的宏观杠杆率和债务可持续性方面，以债务与 GDP 之比为核心的国际经验方法存在缺陷，尤其是针对我们这个拥有庞大国有资产的国家，这一分析框架对中国的适用性存疑，可能形成误导。我们知道宏观杠杆率过快上升的危险性，也知道广义政府的资产端收益率可能正在下降，但是我们不能对资产端视而不见。

总结而言，中国债务水平是否“危险”，时常被全球热议，IMF 最新发表的报告再次对中国的债务问题发出警告。不过，在观察中国宏观杠杆率方面，IMF 所倚重的以债务与 GDP 之比为核心的“国际经验”存在缺陷。对于拥有庞大国有资产的中国，包含广义政府资产端信息的资产负债关系是分析债务问题一个更加关键的视角。可惜这方面的研究有限，现在迫切需要提高统计水平，改进统计方法，发布更具权威性和高质量的国家和地方资产负债表。

全国金融工作会议强调，要推动经济去杠杆，把国有企业降杠杆作为重中之重，将降低杠杆率政策细化到降低国有企业杠杆率。应该说，政策制定者对当前的高杠杆问题有清醒的认识。但是，我们不应该惊慌失措，更不应该受所谓“国际经验”的误导。中国的债务问题是一个长期的演变过程，现在迫切需要的是改进统计方法，提高数据质量，尽快启动中央和地方政府资产负债表的制定工作。

如何理解金融供给侧结构性改革*

金融是国家的核心竞争力之一，金融安全是国家安全的重要组成部分。为更好地发挥金融在经济社会中的重要作用，国家提出深化金融供给侧结构性改革，平衡好稳增长和防风险的关系，精准有效化解重点领域风险，使金融更好地服务实体经济。理解这一改革思路的关键在于正确认识当前金融供给侧的主要结构性矛盾所在，这也是本文讨论的中心问题。

一、金融供给侧结构性改革的思路

金融供给侧结构性改革的核心是推动金融供给服务实体经济发展，其内涵极为丰富。理解这一改革思路的关键在于正确认识当前金融供给侧的主要结构性矛盾。总结而言，一是通过发展资本市场调整实体部门的资本结构；二是实行“竞争中性”原则改善中小企业和民营企业的融资环境；三是鼓励社区银行发展提升普惠金融服务的水平。

---

* 本文首次发表于《新财富》杂志，2019 年 4 月 28 日。

2019年2月22日，中共中央政治局就完善金融服务、防范金融风险举行了第十三次集体学习。会议提出要正确把握金融本质，深化金融供给侧结构性改革，平衡好稳增长和防风险的关系，精准有效处置重点领域风险，深化金融改革开放，增强金融服务实体经济能力，坚决打好防范化解包括金融风险在内的重大风险攻坚战，推动我国金融业健康发展。这是中央最高层首次提出金融供给侧结构性改革的思路，引起了广泛关注和讨论。

二、金融的本质

要理解金融供给侧结构性改革这一命题，就需要我们重回金融的本质。有人认为金融就是资产交易，通过交易实现资本回报，这是一种广泛存在的误解。因为资产交易特别是二级市场交易本身并不产生多少经济增加值，反而可能催生资产价格泡沫和金融风险。李克强总理在全国两会后回答记者提问时指出，服务实体经济是金融的天职。也就是说，服务实体经济才是金融的本质。理解这一点相当重要，金融供给侧结构性改革的关键就是要从金融供给的角度出发，增强其服务实体的经济能力，这无疑是目前金融改革的主要任务。

金融体系与实体经济的关系，是金融供给与实体需求的关系之一。金融体系向实体经济提供信用和资本，将社会储蓄转化为投资和消费，推动了实体经济增长，从而在服务于实体经济的同时获得资本收益。与此同时，金融体系与实体经济也是一对矛盾，主要体现在风险与回报的关系之上。本质上，金融体系的风险和回报都源于实体经济的运行，金融体系与实体经济如同血液与肌体，不可分割。

所以，回顾实体部门供给侧结构性改革是具有启发意义的。我国实体部门的主要问题是传统行业的产能过剩，所以从供给端去产能就成为改革的主要线索。有人认为高杠杆是实体部门的主要问题，虽不能说错，但也不完全准确。因为高杠杆问题既是产能过剩的结果，本身又是一个结构性问题，大而化之地进行总量判断并没有意义。正是由于认识上的差异，导致实体经济部门的改革措施效果不一。迄今为止，实体经济的供给侧结构性改革，主要依靠的是行政化的“去产能”和环保督察限产手段，成效不可谓不明显。但从金融供给的角度而言，“去杠杆”和“紧信用”在一段时期成为制定金融供给政策的主线，实体经济部门所经历的却是金融供给的明显收缩，背后的逻辑是认定金融供给存在过剩。应该说，这种简单收缩政策的效果不彰，值得我们深刻反思，在这种背景下提出实施金融供给侧结构性改革正当其时。

三、金融供给侧的结构性矛盾

我国金融供给侧的主要矛盾是什么？我认为并非是金融供给总量过剩，而是供给结构失衡。主要表现在以下三个方面。第一，就实体部门的资本结构而言，主要是债务资本与权益资本的结构失衡。以债务资本为主，其结果将导致宏观杠杆率上升，债务风险压力加大。映射在金融供给侧上的问题，就是间接融资与直接融资的失衡。间接融资即银行贷款占据主导地位，而直接融资特别是权益融资的占比较低，这又与金融市场特别是证券市场的发育不足相关。第二，金融资源向国有大中型企业过度倾斜，而中小企业和民营企业面临融资难的困局，金融供给同时存在局部过剩和局部短缺的结构性矛盾。第三，金融供给过于粗放，商业银行发展片面追求资产规模增长和跨区域扩张，中小银行特别是扎根于社区的普惠金融服务欠缺。

如果上述判断是正确的，那么就不难判断出金融供给侧结构性改革对我国金融体系和实体经济可能产生的深远影响。

首先，要化解实体部门资本结构的失衡，金融体系需要进行深刻的改革。改革的方向应该是：提高直接融资在社会融资中的比重，相应降低间接融资的比重。减少对银行贷款的依赖，进一步培育和发展资本市场，在金融供给侧结构性改革框架下具有全新的使命。一方面，随着发展模式转变和产业结构升级，传统的银行信贷模式难以适应创新经济的融资需求。另一方面，减少对银行信贷的依赖，也是宏观去杠杆、稳杠杆的需要。加快发展资本市场，提升股权融资占比，改善实体部门的资本结构，是金融供给侧结构性改革的题中应有之义。从这个意义上讲，科创板开通、注册制改革具有里程碑式的意义，因为它为进一步推进主板和创业板的制度改革提供了借鉴。

其次，要解决金融供给过剩与短缺并存的结构性矛盾，改善中小企业和民营企业的融资环境。这当然是一项困难的工作，需要持之以恒。对于不同的所有制企业，如何践行“竞争中性”原则，是金融供给侧结构性改革的难点所在。事实上，央行对如何加大金融扶持小微和民营企业可以说是费尽心思。央行多次定向降准，置换 MLF（中期借贷便利）鼓励商业银行向实体企业贷款，创设 TMLF（定向中期借贷便利）工具为小微民企纾困解难。这些都可以看作对金融供给侧结构性改革的有益尝试。在竞争中性的原则下，需要淡化所有制标签，完善社会信用体系的建设，平衡风险与回报的关系。

最后，要推动社区银行和普惠金融的发展，明确中小银行的角色和定位。金融供给侧是一个复杂的体系，中小银行的定位非常关键。金融供给侧结构性改革将鼓励民营银行和中小银行进一步发展，我认为改革的重点并非增加中小银行数量，亦非鼓励中小银行跨区域扩张，而是明确中小银行扎根社区、服务社区的定位。一直以来，我国的银行体系都在强调规模增长，地方性的中小银行都存在跨区域异地扩张的趋势，造成金融供给区域间的不平衡发展。改革的方向应该是鼓励扎根于区域发展的社区银行，推动普惠金融服务能力的提升。这就要求地方性银行回归社区本源，服务该区域的实体经济发展。

四、结论

金融供给侧结构性改革的核心是推动金融供给服务于实体经济发展，其内涵极为丰富。理解这一改革思路的关键在于正确认识当前金融供给的主要结构性矛盾。总结而言，一是通过发展资本市场调整实体部门的资本结构；二是实行“竞争中性”原则改善中小企业和民营企业的融资环境；三是鼓励社区银行发展提升普惠金融服务水平。可以预见，金融供给侧结构性改革将有利于增强资本市场的活力，增加实体企业特别是小微企业的融资供给，从而帮助中国经济在年内企稳回升。从长期看，金融供给侧结构性改革将有利于稳杠杆和去杠杆，从而有效地防控系统性金融风险。

破解中小银行资本不足的难题*

一、中小银行资本不足问题

进入 2021 年，中小银行资本短缺问题再次凸显，成为当下防范化解金融风险攻坚战的难题之一。中央经济工作会议强调要推动中小银行补充资本，中央金融管理部门出台了一系列政策，包括允许地方发行专项债用于补充银行资本金，创设转股型资本债券等。

然而，中小银行资本金短缺是一个结构性问题，不是简单地依靠补充资本就可以解决的。我们需要从金融供给侧结构性改革的角度出发，推动部分中小银行主动收缩资产负债表，从而减少它们对资本不断扩大的“胃口”。

对商业银行而言，并非所有的资本不足问题都可以通过资本补充来解决。若一家银行经营状况良好、业务稳健，只因为发展遭遇资本瓶颈，则补充资本是应有之义。但如果一家银行治理低下，管理不善、运营低效、风险暴露导致资本被过度消耗，那么简单地补充资本只能是掩盖问题。此时，正确的做法是收缩资产负债表，肃

* 本文首次发表为招商银行“首席观点”研究报告，2021 年 1 月 18 日。

清问题、出清风险。

在我国 4 000 多家中小银行当中，部分是属于第一种情况，但更多的是属于第二种情况，比如在央行 2019 年度金融机构评级中被划为高风险机构（8—D 级）的 545 家中小银行。只有追溯这些中小银行资本短缺的根源，才能找到解决问题的正确方向。

第一，很多高风险的中小银行，在发展模式上是低质量的，在公司治理上是不规范的。相当部分的城商行、农商行的主要股东是地方政府和当地企业。一方面，受地方政府的影响，中小银行为地方平台、城投公司提供了大量融资服务；另一方面，受各类企业股东的影响，中小银行为关联企业特别是房地产企业融资过于集中。过去 10 年，中小银行的资产规模扩张速度过快，现有股东的注资能力跟不上扩张的速度。为了扩大资本补充途径，部分中小银行引入了一些不规范、不合格的社会资本，甚至出现虚假注资、循环注资等行为，广泛的关联交易导致利益输送问题频频发生，导致银行的公司治理水平低下。

第二，不少中小银行风险管控能力低，业务发展盲目而激进，不良资产认定不充分。长期以来，地方政府融资、房地产融资不少是以表外非标投资、资管产品等影子银行形式开展的，在防范金融风险、加强金融监管的背景下，这种畸形资产结构的弊端暴露无遗，无论是债务违约还是表外转表内，都在快速消耗着中小银行的资本。近年来，监管部门在不断强化不良资产认定的要求和标准，使不少中小银行过去隐匿的不良资产得以暴露，导致不良贷款率大幅飙升，拨备覆盖率和资本充足率大幅下滑。

二、金融供给侧结构性改革框架下的中小银行缩表思路

金融供给侧结构性改革在银行业的具体要求，就是实现高质量

的发展。针对因为公司治理不规范、业务结构不合理、风险管控不到位而导致风险爆发、资本不足的中小银行，一种更可行的思路是：压缩高风险的资产，收缩资产负债表。

收缩资产负债表，是国际银行业应对风险压力和经营危机所导致的资本不足的常用手段。例如，欧洲银行业在金融危机和欧债危机的冲击之下，总资产在2008—2015年连续负增长。其中，最为典型的是苏格兰皇家银行，资产规模从2007年折26.6万亿元人民币，一路下滑到2018年的6.1万亿元人民币；汇丰控股的资产规模在金融危机后一直没有增长，直到2018年才回到10年前的水平，这还得益于汇丰在大中华地区的业务增长。瑞士信贷在2019年底的资产规模只相当于2008年的76%。对国际银行而言，要求股东补充资本是极不负责任的做法，只有通过剥离非核心资产、缩减资产负债表、重组架构、改善业务才能获得投资者的认可。从国际惯例上看，面对资本压力，收缩资产负债表是最自然、最合理和最有效的手段。

不断要求资本补充，在经济学上是一种典型的"负向激励"。银行可持续的商业模式，就在于资本与规模的相互约束。但是，我国不少地方中小银行片面追求规模上的跨越式发展，又被地方政府和房地产业高度绑定，规模与质量相背离，必然导致资本的快速消耗，形成对资本补充的持续依赖。根本上，商业银行如果不能实现资本内生，而过度依赖外部融资，则在商业模式上是不可持续的，更加谈不上高质量发展。

所以，只能通过收缩资产负债表来打破这种恶性循环。从宏观上讲，收缩部分银行的资产负债表，还可以缓解金融风险不断向银行业集中的趋势。中国人民银行易纲行长曾撰文指出：近年来金融资产风险明显向金融机构尤其是银行集中，而相当部分最终要由政府承担。这容易扭曲激励约束机制，影响金融资源的配置效率；还会扭曲风险定价，导致金融资产总量过快膨胀以及部分资产质量下降，放大金融风险。

三、中小银行资本问题的分类管理建议

我国有着 4 000 多家地方中小银行，既有经济发达地区的，也有经济欠发达地区的；既有市场化运行机制良好的，也有改革滞后、管理落后的。这样的现状决定了对中小银行不能采取“一刀切”的政策，资本补充也不是放诸四海而皆准的良方。在金融供给侧结构性改革思想的指导下，应该采用分类管理的方式解决中小银行的资本问题，选择有针对性的解决方案，精准化解风险。

其中，高风险银行要收缩资产负债表，这是金融供给侧结构性改革的应有之义，但是在政策工具箱中它似乎被忽略了。地方银行与地方政府高度绑定，既是中小银行风险累积的制度根源，也是地方债务持续膨胀、宏观杠杆率居高难下的症结所在。所以，推动高风险中小银行收缩资产负债表，既能有效化解中小银行的风险，也能抑制地方债务的膨胀，同时能去掉宏观杠杆率当中最应该去掉的部分，有“一举三得”的效果。

金融监管机构改革剑指何方？*

2018 年，为防范化解金融风险，我国对金融监管体制进行了改革。本文探讨了此次金融监管体制改革的内容、缘由、特点，指出随着金融行业的动态发展，金融监管改革方案的发展还有进一步深化和优化的空间。随着金融混业经营模式的进一步发展，金融监管面临着新的挑战。2021 年中国人民银行工作会议表示，金融风险攻坚战取得了重要的阶段性成果，但在国内外经济金融形势复杂多变的背景下，我国金融领域仍面临不少风险和挑战，仍须抓紧监管制度的短板，持续防范化解金融风险。

一、我国的金融监管机构改革尘埃落定

2018 年 3 月，我国的金融监管机构改革尘埃落定。国务院机构改革方案整合原有银行业监督管理委员会（银监会）和保险业监督管理委员会（保监会）的职能，组建国务院直属的银行保险监督管理委员会；同时将银监会和保监会拟定银行业、保险业重要法律法

* 本文首次发表为招银国际“首席观点”研究报告，2018 年 3 月 16 日。

规草案和审慎监管基本制度的职责划归中国人民银行（央行）（见图 3.3）。

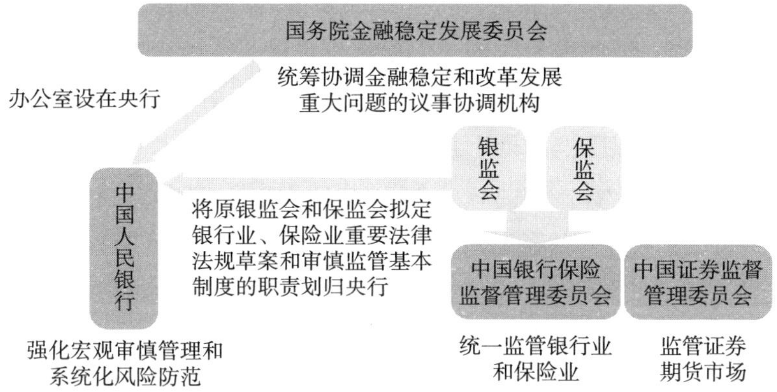

图 3.3 金融监管改革后将形成“一委一行两会”架构

资料来源：国务院机构改革方案，招银国际研究。

二、改革因由：金融控股和混业经营的发展

随着中国经济和金融行业的发展，金融监管体系（上层建筑）与金融活动实践（经济基础）之间的矛盾日益凸显。原有的金融监管架构是基于分业经营的格局，但近年来金融子行业之间的壁垒逐渐被打破，金融机构混业经营发展势头迅猛，金融产品日益多样化、复杂化，金融乱象和金融风险也由此滋长。金融监管改革已形成共识，如若坐视不理，行业“野蛮生长”所积累的系统性风险很有可能吞噬中国经济发展来之不易的果实。2017 年 10 月，党的十九大报告将“防范化解重大风险”列为“三大攻坚战”之首，金融监管改革成为“防风险”的必然要求。

但是，就“如何改”的问题此前各界仍然存在分歧。有观点认

为，继续“分业经营”，筑起严厉的监管壁垒是隔离和阻断风险的良方。回过头看，20 世纪 90 年代中国金融业处于发展初期，时任总理朱镕基在当时所确立的“分业经营”“分业监管”模式无疑是正确的选择。然而世易时移，无论从理论还是实践来看，当前中国的“金融控股”“混业经营”趋势事实上源于对“效率”的追求，是金融发展难以阻挡的内生趋势。

从国际经验看，重回“分业”“画地为牢”，难以隔绝“风险”。1929—1933 年“大萧条”后，美国政府颁布了《格拉斯—斯蒂格尔法案》，确立了美国金融业在其后半个世纪的分业监管格局。但是，这一法案不仅未能阻止金融危机的爆发，还抑制了美国金融机构的竞争力，使得 20 世纪七八十年代美国银行业被蓬勃发展的日本银行业超越。20 世纪 90 年代末美国的《金融服务现代化法案》摒弃了严格的分业管制体系。事实上，允许金融业开展“混业经营”本质上是尊重市场的选择。

三、改革特点：“宏观审慎”与中国特色

那么，此次金融监管改革体现了哪些特点呢？首先，新监管框架适应了国际金融监管的最新理论发展与主流的监管实践，既体现了“宏观审慎”的一般性特征，又结合中国的具体实际情况，有针对性地解决原有体系的特定弊端。

金融危机后，主要发达国家都对原有的金融监管框架进行了程度不一的修补和改革。其中主要强化了宏观审慎监管，以之作为连接货币政策和微观审慎监管之间的桥梁。简言之，微观审慎监管的假设是独立的，即个体的安全意味着整体的安全，因此注重的是单个金融机构面临的风险，特别是内部风险。这一假设已经被金融危

机的爆发证伪，系统性风险这一命题独立于微观审慎监管之外，加强宏观审慎监管成为当前各国央行在制定货币政策之外的另一项任务。这就是所谓的“双支柱”：货币政策与宏观审慎监管。此次监管改革强化了央行的角色，将银监会和保监会拟定银行业、保险业重要法律法规草案和审慎监管基本制度的职责划归央行。此外，金融危机后主要经济体的金融监管改革体现了“功能监管”的趋势。相对于基于分业经营的“机构监管”，功能监管主要适应了金融混业经营模式，以求更好地解决监管空白和监管套利问题。中国金融监管改革合并银监会与保监会就是为了满足功能监管的要求。

四、激进的“双峰模式”仍有争议

金融监管改革需要充分考虑改革的成本。纵观国际金融监管的发展历程，不难发现不同国家的金融监管体系有着不同的演化路径，这在很大程度上是出于“成本”方面的考虑。简单来说，好房子人人想住，但并不是谁都负担得起。例如，美国金融监管体系呈现出“碎片化”和“多头监管”的特征，很大程度上是由于在联邦和州分权制衡的政治体系下，美国整合金融监管的“成本”过高，难以落实，因此采取了“打补丁”的修补方式。政治、经济、文化都会形成对“制度”的“成本约束”。对中国而言，现阶段的监管架构改革，相较于更为激进的方案（例如，“双峰模式”是分离审慎监管与行为监管的模式）更具可操作性。双峰模式需要将原有监管框架彻底拆散、颠覆与重构，不论是对政府部门还是对市场机构来说都意味着巨大的成本，面临着巨大的不确定性。2017 年第五次全国金融工作会议提出的在“一行三会”之上设立的国务院金融稳定发展委员会是对原有金融监管协调机制的升级。此次整合银监会和保监会的改革举措，完美体现了“渐进式”改革的真谛。

万众期待的金融监管框架已然“落地”，中国的金融发展将拥有更为优越的制度环境。金融机构应当积极准备，拥抱变革。总体来看，此次金融监管体制改革，一方面吸收了国际金融监管理论和实践最新进展的精华；另一方面充分考虑了中国金融行业的动态发展和金融监管方面的现有弊端。但是，金融行业是动态发展的，金融监管也应是动态发展的，双峰模式虽然过于激进，但仍值得我们继续研究。此次改革，或许并不意味着金融监管改革的完结。从这个角度看，随着形势的发展，目前的金融监管改革方案还有进一步深化和优化的空间。

金融控股公司的监管理念与规范发展 *

2020年7月，中国人民银行正式通过《金融控股公司监督管理试行办法》，将金融控股公司纳入监管范畴。金融与实业分离是金融控股公司监管的基本理念，但我国目前的金融控股形态是另类的、非典型的、不规范的，推动我国金融控股公司综合化经营的规范发展势在必行。参考国际经验，大型商业银行最适合向规范的金融控股模式转变。以下两篇文章给出了建设性的发展思路和实施路径，以增强我国金融机构服务实体经济的能力，适应进一步对外开放和参与国际竞争的要求。

一、《金融控股公司监督管理试行办法》出台

2019年7月26日，中国人民银行公布《金融控股公司监督管理试行办法》（征求意见稿）（以下简称《办法》）。这是监管部门首次以文件的形式确认金融控股公司在我国的现实存在，并将其纳入宏观审慎监管体系，预计在广泛听取意见之后，《办法》将会正式

* 本文首次发表于《新财富》杂志，2019年9月18日。

推出并执行。

目前来看，《办法》引起的主要争议在于，为了规范非金融企业（或自然人，下略）投资金融机构的行为，而向非金融企业发放了一张全功能的“金融控股公司”牌照，将其纳入审慎监管框架。细想一下，逻辑突兀。可见，关于金融控股公司的高质量发展，涉及一些重要的监管理念和实践问题，需要进一步厘清。

二、金融监管的基本理念：金融与实业分离

金融的本质是服务于实体经济，由于银行服务涉及广泛的公众利益并得到政府制度性的存款保障，所以必须是普惠而中性的。正因如此，从金融监管的角度，大部分国家均秉持金融与实业分离的原则，一方面，限制商业银行直接投资实业企业；另一方面，限制非金融企业投资、经营银行业务。事实上，美国、英国和欧盟等主要经济体对后者的限制要高于对前者的限制。典型的案例有金融危机后美联储对通用电气旗下通用电气资本的分拆处置，以及沃尔玛和家得宝试图设立银行信贷公司被美国监管部门否决。

实现金融与实业分离的监管原则，主要理由有二：防止利益冲突和维护金融稳定。各国的实践和大量的学术文献均支持这一观点。从国际上看，几乎找不到非金融企业投资控制大型存款类金融机构的个案。在这一点上，我国存在不少误解。例如，有一种广泛流传的说法是，鼓励企业集团内金融机构与实体企业间的“产融结合”，这和金融与实业分离的监管原则相悖。

金融监管应该坚持金融与实业分离的原则。这也应是金融供给侧结构性改革的主要内容之一，更是在对金融控股公司进行监督管理时应该秉持的基本理念。

三、监管意义上，什么是规范的金融控股公司？

什么是规范的金融控股公司？

首先，在监管的意义上，金融控股公司是严格界定，并获得央行的注册认可、可以获得央行流动性支持的重要金融机构。理解这一点，需要我们仔细区分“投资控股公司”与“金融控股公司”的概念和监管要求。例如，巴菲特控制的伯克希尔·哈撒韦是典型的多元化投资控股公司，持有的资产组合非常分散，既有对金融机构的投资，也拥有非金融机构的股权，但它不是美联储认定的金融控股公司，不能获得美联储的流动性支持；新加坡淡马锡控股是国有资本投资控股公司，持有的资产组合包括对金融机构和非金融机构的投资，同样，淡马锡控股不是监管意义上的金融控股公司，反而其作为主要股东（持股 29%）的星展银行集团是规范的金融控股公司。那么，如何监管投资控股公司的金融持股行为呢？各国的做法是通过金融机构对其主要股东实行全面、持续的穿透式监管。

其次，观察美国、欧洲和日本等地的实践，金融控股公司有三个特征。一是大多以商业银行为核心。以美国为例，20 世纪 70 年代修订的《银行控股公司法》和 1999 年颁布的《金融服务现代化法案》是规范金融控股公司的主要法律依据。从历史演变来看，金融控股公司是银行控股公司在概念上的延伸，一家银行控股公司可以同时申请被认定为金融控股公司，目前美国前十大金融控股公司中有 8 家以商业银行业务为核心，另外两家高盛和摩根士丹利虽是以证券投行业务为核心，但是在 2008 年金融危机之后均注册为银行控股公司，目的就是进入美联储的贴现窗口并获得央行最终贷款人的支持。二是金融控股公司是顶层设计，并非中间持股平台，大型金融控股公司都是上市公司，股权高度社会化，不存在实质性控制股东，这就在很大程度上切断了非金融企业通过控制金融控股公司而进入金融行业的可能性。当然，这一点的实现部分归功于金融与实业分离的监管原则，部分归功于《巴塞尔协议》对资本充足的要求。三是规范的金融控股公司，在集团内部形成了一种典型的全资控股的母子公司架构。也就是说，成员金融机构的股权多为控股母公司全资持有，从而形成了一个紧密的、利益一致的伞形结构。

四、我国金融控股的非典型形态

相对而言，我国现在的金融控股形态是另类的、非典型的、不规范的，现实中不少非金融国企和民企，包括实业企业、非银行金融机构和科技公司纷纷进入金融行业。部分非金融企业忽视主营业务的发展，盲目向金融业扩张，助长了“脱实向虚”和杠杆率高企；一些非金融企业以非自有资金进行虚假注资、循环注资；还有一些非金融企业不当干预金融机构经营，将金融机构作为“提款机”，使实业板块与金融板块风险交叉传递。

在此背景下，规范非金融企业的金融控股行为，就成为当前监管机构的核心关注点之一。2018 年 4 月 27 日，中国人民银行、中国银行保险监督管理委员会、中国证券监督管理委员会联合发布《关于加强非金融企业投资金融机构监管的指导意见》，要求非金融企业立足主业，不鼓励实体企业“脱实向虚”；对于主要股东特别是控股股东，明确要求规范股东准入资质，追溯资金真实来源，强调公司治理和关联交易等监管制度，不得对金融机构进行不当干预。

比较我国业已形成的金融控股模式发现，其与国际上规范的形态有明显的区别。一是商业银行的地位。目前全球主要经济体中只有中国还在采用严格的分业经营监管体系，商业银行向金融控股公司演变的路径不畅。二是各类非金融国企和民企纷纷脱离主业进入金融行业，股权关系链条复杂，利益输送现象频发。三是金融机构服务碎片化，同业业务、通道业务、表外业务乱象丛生，股东构成复杂，无法形成紧密的、利益一致的金融集团。

在这种结构下，按《办法》要求，非金融企业设立金融控股平台，在股权关系上就会形成这样一种非常特殊的层级结构：非金融企业全资拥有金融控股公司，形成利益一致的紧密关系；而金融控股公司对所投资金融机构的控制程度不一，既有绝对控股，也有相对控股，还有财务性参股，构成利益诉求不一，形成相对松散的关系。这与国际上规范金融控股集团的紧密的“伞形”结构刚好相反。

在这种松散的控股架构之下，如何维护金融机构运作的独立性，成为至关重要的问题。从国际金融监管改革的趋势看，金融危机之后人们开始反思如何隔断金融风险的蔓延。最新的发展是英国央行审慎监管局提出的“围栏法则”。所谓“围栏”，就是在金融控股集团之内，将某些关系到公众利益同时受政府存款保障的业务领域（主要是零售银行和中小企业业务）置于“围栏”之内，确保其运作的独立性、稳定性和持续性。

五、如何推动我国金融控股公司综合化经营的高质量发展？

推动我国金融控股公司综合化经营的规范发展，已经到了一个关键的历史节点。分业经营、分业监管的原意是隔断金融机构之间风险的蔓延。今天来看，常常事与愿违。在分业的框架下，客户的综合金融服务方案经常被肢解，衍生出大量的表外业务、同业业务、通道业务，在出现风险的时候无法有效识别和划分责任，无法及时有效地处置风险，导致交易对手间的风险快速传导，引发社会不稳定的因素出现。因此，推动金融控股公司综合化经营的规范发展，有利于防范和化解金融风险。从这个意义上讲，制定金融控股公司监督管理办法正当其时。

长期以来，商业银行作为中国金融供给的主要力量，在综合化经营领域一直受到严格限制，导致商业银行无法向金融控股公司转型，综合化经营目前仍处在个案特批、没有统一规范的碎片化状态。而在监管的夹缝中，非金融企业和自然人纷纷进入金融行业，使从国际上看处于边缘的、非主流的金融投资行为，反而可以通过控股公司模式大力开展综合化经营。

从国际经验看，推动金融控股公司规范而高质量发展，正确而稳妥的路径是：以风险管理完善、资本实力强大、管理能力突出、历史业绩优良的大中型商业银行为主体，打造规范的金融控股公司架构，以适应进一步对外开放和参与国际竞争的要求，增强我国金融机构为实体经济服务的能力。

在加快金融对外开放的背景下，推动有条件的商业银行向规范的金融控股模式转变，具有金融供给侧结构性改革的重要意义。将商业银行母公司改制为纯粹的金融控股公司，由控股公司持有银行、证券、保险、基金等其他金融资产，这既符合分业经营、分业监管的要求，也能在遵守《商业银行法》的情况下，通过金融控股公司实现综合化经营。这是国际上金融监管的主流形态，也是实现从分业向混业转型的最佳模式。

金融与实业分离的监管实践*

一、金融与实业分离

关于金融与实业分离的监管原则在主要国家的实践，概括如下。

一是美国。它是执行金融与实业分离最早，也是最坚决的国家。1956 年的《银行控股公司法》（BHCA）明确限制银行、非银行金融机构与实业的混业经营，到了 1999 年的《金融服务现代化法案》放开银行与非银行金融机构（证券、保险）的混业经营，但金融与实业的混业限制依然存在。尽管犹他州允许非金融企业设立工业贷款公司（industrial loan corporations，ILC），但在实践中对该类申请的限制仍很严格。2006 年沃尔玛和家得宝试图设立 ILC 被美国监管部门否决，自此没有任何一家实体企业成功获批设立银行。最近，美国的两家科技企业 Square（网络移动支付服务公司）和 SoFi（消费金融公司）提出申请设立 ILC，到目前为止监管机构

* 本文首次发表为招商银行“首席观点”研究报告，2020 年 11 月 24 日。

仍然没有批准。[①] 需要注意的是，即使是由非金融企业控制的ILC，实行的也是独立监管，而非合并监管，即美联储不会监管非金融业务。在现实中，实业企业当然可以投资参股银行，但美联储决不会允许非金融企业控制银行，要持股10%以上必须获得美联储的批准。美联储明确表明任何机构持有银行或银行控股公司的股权比例不可以超过25%。

二是欧洲。欧共体1993年发布的“银行业协调第二指令”，不允许企业持有银行（或银行控股公司）的控制性股权，将单一股东持有的银行投票权限制在10%以内[②]，成员国金融监管当局应审查并评估持有5%以上股份的股东的适当性，并可以拒绝任何特定的企业或机构成为银行的股东。部分国家在此要求之上，还施加其他限制。例如，荷兰规定持股超过5%的股东需要获得财政部长的不反对通知书。[③]

三是新加坡。时任新加坡金管局主席的李显龙2000年6月在新加坡银行协会的会议上做了题为“分离金融与非金融活动”的演讲，内容被公开发表在了《国际清算银行评论》中。李显龙的这次演讲，对我们尤其具有启发意义，他对新加坡金融监管改革涉及金融与非金融活动的分离，做了系统阐述。[④] 新加坡的金融机构，除了星展银行集团之外，其他都具有家族企业的特征，并且金融与实

---

① 美国国会研究服务报告 . “Banking Policy Issues in the 116th Congress”, Congressional Research Service, February 21, 2019。

② 福特汉姆大学国际法期刊 .The Second Banking Directive of the European Economic Community and Its Importance for Non-EEC Banks, Fordham International Law Journal, Volume 12, Issue 2 1988。

③ 克利夫兰联储经济评论 . “Banking and Commerce: How Does the United States Compare to Other Countries?”, Economic Review 1997 Q4。

④ 李显龙 . “Separation of financial and non-financial activities in Singapore”, BIS Review 53/2000。

业（特别是房地产）在股东层面纠缠一起，极容易衍生利益冲突。为此，新加坡金融监管局以“金融与实业分离”的原则强力推进监管改革，并取得了明显成效。

四是加拿大。监管政策规定任何股东都不可以拥有超过 10% 的银行或银行控股公司的股权。

二、如何对银行的主要股东实施穿透式监管？

首先，世界上没有哪个国家采用金融控股公司对银行股东进行穿透式监管的手段。金融控股公司的出现是适应混业经营发展的自然结果，同时在法律上符合分业经营的要求。金融控股公司并不从事具体业务，是纯粹的控股公司，平行持有银行、证券、保险、信托公司牌照，因而回避了《商业银行法》对银行持有其他非银行金融机构的限制。

其次，世界上没有哪个国家在非金融企业内部设立金融控股公司，更没有哪个国家将非金融企业整体认定为金融控股公司。一旦一家企业被认定为金融控股公司，那么旗下的非金融业务必须剥离，因为金融与实业两者不可兼得。

那么，应该如何对金融机构的股东进行穿透式监管呢？国际上的做法是“适当性”和“股权限制”。2019 年 10 月，巴菲特的伯克希尔·哈撒韦公司向美联储提出申请，有意将其对美国银行的持股比例提高至 10%，并承诺增持的性质是被动的财务投资，没有任何出售资产、合并公司、调整业务战略和对公司结构进行重大改变的计划。美联储将根据“适应性”和“股权限制”对此进行审查，并持续实施穿透式监管。值得注意的是，美国的前十大银行中只有三菱日联金融集团对摩根士丹利（投资银行）持股比例为 24%，超过了10%的监管门槛，这是金融危机期间个案特别处理的结果。

2018年1月，银行保险监督管理委员会（银保监会）颁布的《商业银行股权管理暂行办法》（以下简称《办法》）就体现了“适当性”与“股权限制”的意图。2019年11月银保监会发布《中国银保监会农村中小银行机构行政许可事项实施办法（征求意见稿）》，规定非金融企业单个股东及其关联方、一致行动人合计投资入股比例不得超过农村商业银行股本总额的10%。事实上，监管部门对股份制商业银行和中小银行的股权集中度一直有20%的不成文限制。

在银保监会股权管理政策的规范下，除国有大行之外，其他大部分商业银行的股权集中度都在30%以下，大股东对银行的实际控制受到制约。而《办法》专门适用于非金融企业实际控制的金融机构。这样就会产生歧义，通过《办法》对主要股东进行监管的意图将会落空，因为这样做无法穿透绝大部分持股5%~30%的股东。

对于穿透式监管，国际上通常的做法是，除了事前对“适当性”和“股权限制”进行审查之外，还可以对业已形成的股权结构进行年度公司治理审查；对超过股权比例的股东在董事席位、投票权方面设限，同时提出按时整改要求；对不符合“适当性”要求的主要股东，将其行为限制在被动财务投资的范畴。

三、非金融央企设立金融控股公司的问题

根据中国人民银行《中国金融稳定报告（2018）》披露，参与金融控股公司模拟监管试点的单位有5家：招商局集团、蚂蚁金服、苏宁集团、上海国际集团和北京金控集团。这5家试点单位可分为三类：一是实业型央企（招商局），二是地方国企（上海国际

集团和北京金控集团），三是金融科技企业（蚂蚁金服）。从共性上来看，这5家单位持有的各类金融机构股权比例不一，所持的银行股权都在30%以下。

值得注意的现象是，近年来，实业央企纷纷进入金融行业，已成燎原之势。除招商局之外，作为第一大股东持有银行股权的还有华润、中石油、五矿、烟草总公司等，作为主要股东（持股5%以上）的有宝钢、中航、中粮、国网、国电等。从金融监管的角度，实业型央企投资参股金融机构并无不妥，但实质控制银行是不恰当的，这与金融与实业分离的监管原则相悖，这种"脱实向虚""脱离主业"的现象值得我们高度警惕。

上海国际集团和北京金控集团都是典型的地方国资的金融投资持股平台。与实业央企不同，这两家企业基本上不存在金融与实业的冲突问题。上海国际集团所持的浦发银行股权比例低于30%，从公开的财务报表看，并没有将浦发银行纳入并表管理范围。北京金控集团刚刚成立，从定位来讲是要整合北京市属的银行、信托、证券、资管、保险及基金等多种金融服务。地方金融控股平台的主要问题可能有两方面：一是结构松散，所持金融机构的股权比例不一，股东之间利益诉求难以协调；二是做实地方国资金融控股，下属的银行等金融机构可能再次成为地方政府的附属，不利于维护金融稳定。历史上关于这方面的教训太多。

四、如何规范金融国有资产和实业国有资产的管理？

金融控股公司的发展与金融机构的股东穿透式监管，是两个不同的问题。金融控股公司解决的是混业经营问题，依靠金融控股形成紧密的、利益一致的综合性金融集团。金融机构的股东监督管理，则要回答股东的“适当性”和“股权限制”问题，既审核股东的资质，又限制股权集中度，从国际经验看，关键是实现金融与实业在股权关系上的分离，说白了就是不应该让非金融企业实际控制银行等金融机构。

对于非金融企业特别是央企业已形成的金融机构持股，不但不应通过设立进而做实金融控股公司，反而要通过监管要求制度化地逐步稀释股权，促使非金融企业成为被动性质的财务投资者。现实中，如果一家央企实质控制了金融机构，怎么办？依据国有金融资产与实业资产分开管理的原则，应该以向财政部特别分红的方式将金融业务从实体企业中剥离，归于金融国有资产的出资人（财政部），而不是继续在实业国有资产出资人（国有资产监督管理委员会）的管理之下。

金融控股公司规范发展，应该以风险管理完善、资本实力强大、管理能力突出、历史业绩优良的大型商业银行为主体，通过市场化的方式，将综合化金融机构改制为纯粹的金融控股公司，平行持有银行、证券、保险、信托等金融机构，打造规范的金融控股公司架构，以适应进一步对外开放和参与国际竞争的要求，增强我国金融机构服务实体经济的能力。

蚂蚁集团是如何逃避金融监管的？*

2020 年 10 月 21 日，证监会同意蚂蚁集团科创板 IPO 注册。24 日，马云在第二届外滩金融峰会犀利发言，其关于金融创新和金融监管的观点引发市场热烈讨论。29 日，本文发表，解构了蚂蚁集团通过金融科技参与信贷分工，进而逃避基于资产负债表金融监管的“表外信用创造”业务模式，并指出其中蕴含着巨大的系统性风险，应在“功能监管”的金融监管理念下从产品维度对蚂蚁集团业务模式的各个环节施加监管。31 日，国务院金稳委召开专题会议，指出“必须处理好金融发展、金融稳定和金融安全的关系”，“既要鼓励创新、弘扬企业家精神，也要加强监管，依法将金融活动全面纳入监管，有效防范风险”。11 月 2 日，《网络小额贷款业务管理暂行办法（征求意见稿）》出炉，四部门联合约谈蚂蚁集团实际控制人及董事长、总经理。次日，上交所宣布暂缓蚂蚁集团科创板上市。

一、引言

蚂蚁集团申请上市，让我们得以观其业务全貌。人们发现，蚂

* 本文首次发表为招商银行“首席观点”研究报告，2020 年 10 月 29 日。

蚁集团仅用了16年的时间就发展成为中国最大的线上消费信贷平台、最大的小微经营信贷平台、最大的线上理财服务平台和最大的线上保险服务平台。蚂蚁集团的核心业务已经和银行很接近了，其实际拥有的客户群体、管理的信贷规模、管理的客户资产规模以及市场影响力都超过了很多传统的商业银行。

蚂蚁集团的数字技术优势，是它得以成功的主要逻辑。同时，金融科技创新超越了现有的金融监管规则和理念，使得蚂蚁集团可以在一定程度上规避金融监管的现有框架。所以，我们应该回到金融监管特别是银行监管的根本逻辑，界定金融科技公司在信贷分工和信用创造体系中的角色，探讨金融监管的真正边界，建立起一套可以覆盖和指引金融科技创新的监管框架。

二、蚂蚁集团的联合贷款模式及其本质：信贷分工

从监管的角度看，我们需要重点考察的是信贷业务。蚂蚁集团的信贷业务是通过微贷科技平台提供的，包括消费贷款及小微贷款。其“促成的贷款规模”近三年的复合增速为76.4%，2020年6月底达到2.15万亿元，其中消费贷款为1.73万亿元，小微贷款为4 217亿元。按照可比口径，蚂蚁集团促成的零售贷款规模在2019年就已经大幅超过各大国有银行和股份制银行，若考虑蚂蚁集团促成的贷款在合作银行中的重复计算，对比就更加明显了（见图3.4）。

蚂蚁集团的信贷规模飞速增长，主要是依靠联合贷款以及助贷模式。在2.15万亿元的贷款当中，属于蚂蚁集团的表内贷款占比只有2%，其余的98%都是由合作金融机构发放或者证券化的。这里要说明一下，蚂蚁集团的助贷并不等同于一般意义上的助贷机构提供的助贷。通常

所说的助贷机构都只是帮助银行获客以及帮助客户准备申请资料，规模较小而且主要是区域性经营，不掌握流量入口也没有大数据风控能力。而蚂蚁集团的助贷和联合贷款的区别只是蚂蚁集团出资与否，贷款的获客、信评、定价以及贷后跟踪等环节主要掌握在蚂蚁集团手中。因此以下分析不再区分联合贷款或者助贷，而将其统称为联合贷款（见图 3.5）。

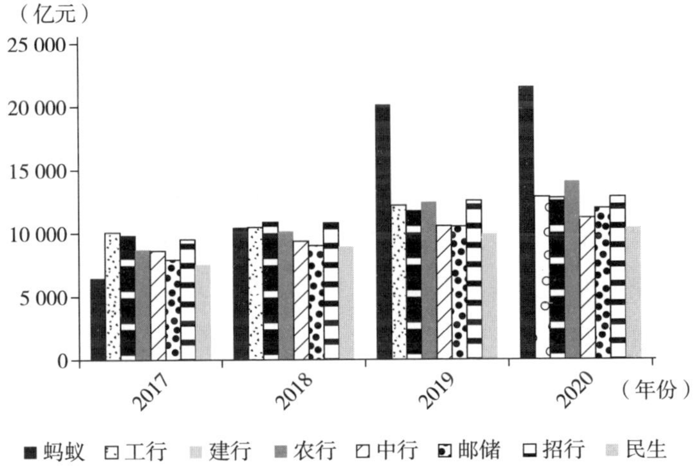

图 3.4　蚂蚁集团与主要商业银行的零售信贷规模对比（不含按揭）

资料来源：蚂蚁集团招股说明书，Wind 数据库，招商银行研究院。

蚂蚁集团的联合贷款模式，本质上是一次金融科技带来的信贷分工变革。银行传统的信贷业务是把吸收到的存款用于放贷，属于表内加杠杆；后来的资产证券化则是在贷后管理环节对资产进行出表处理，把出资者与组织者的角色分离，其中最为关键的风险管理角色由组织者承担。而蚂蚁集团的联合贷款则更进一步，在贷前环节就把贷款的出资者与组织者的角色独立开来。

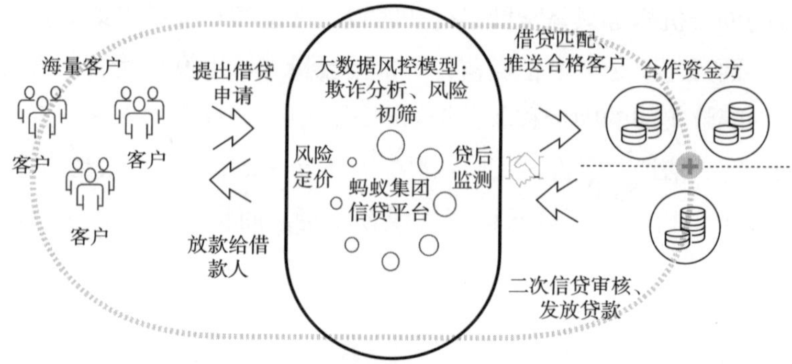

图 3.5 蚂蚁集团的联合贷款模式

资料来源：蚂蚁集团招股说明书，招商银行研究院。

我们可以进一步把贷款的全流程拆分为资金获取、客户获取、授信评估、风险定价、贷款发放及贷后管理这 6 个环节，此外还需要建立风险控制模型作为基础工具，一共 7 个模块（见图 3.6）。而蚂蚁集团以联合贷款的形式，实际上占据了其中 5 个模块的职能；而将吸收存款和发放贷款这两个涉及资产负债表的模块由合作银行完成。

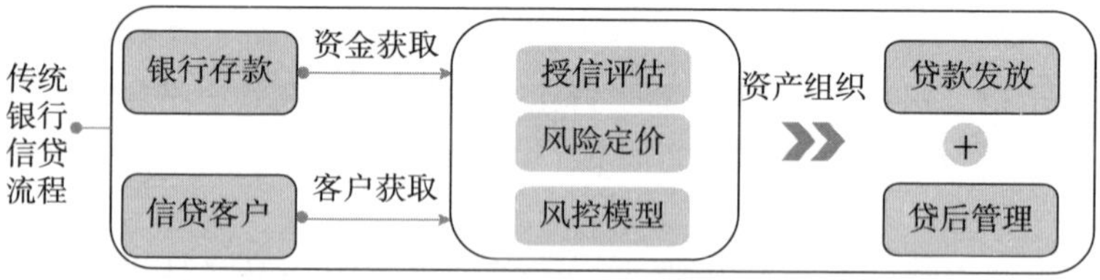

图 3.6 传统银行信贷流程

资料来源：招商银行研究院。

专业化分工可以带来效率的提升，这是经济学的基本原理。联合贷款因为引入了大量的合作银行，而使蚂蚁集团的资金动员能力和资产投放能力远超单家银行的水平。蚂蚁集团的合作银行已经超过 100 家，包括全部政策性银行、大型国有银行、全部股份制银行，而规模更小的城商行和农商行就更不在话下。所以联合贷款通过专业化分工，大大提高了整个银行体系的信贷产能，是对传统银行信贷业务的一次升级迭代（见图3.7）。

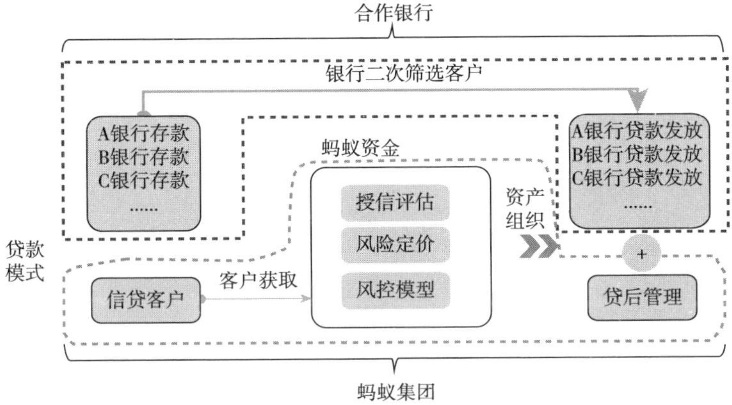

图3.7　联合贷款模式下的信贷分工

资料来源：招商银行研究院。

三、联合贷款是如何规避银行监管的？

联合贷款背后的信贷分工，已经超越了传统的监管理论和制度框架，导致金融科技公司和商业银行之间存在“非对称监管”。本质上，金融科技公司渗入了银行的信贷业务，但是现有的银行监管规则却几乎对其不适用。症结在哪里？让我们先回归金融监管的依据和方法来看看。

（一）金融监管的依据和方法

银行的金融业务纷繁复杂，但是真正能够和其他非银行金融机构划清界限的业务只有一项，就是吸收公众存款，除此之外的其他业务都不是银行牌照所独享的。而银行要承担比非银行金融机构更加严格的监管要求，本质上也是因为其能够开展“吸收存款”这一关乎公众利益的业务。

银行因存款业务而被严格监管，其背后的依据主要有两点。一是公众利益，银行的存款都是老百姓的财富，因此银行具有极强的外部性。如果一家银行出现问题而发生挤兑，所产生的不良状况将外溢到整个金融体系，使千万个家庭都受到冲击，影响社会稳定。银行的存款保险制度就是从这一角度出发所建立的金融保障制度。二是银行具有的存款派生机制，赋予了银行信用创造的权力。银行系统可以创造数倍于原始存款的派生存款，亦称“货币创造”。截至2020年9月末，我国的M2（广义货币供应量）是216万亿元，而真正由央行发行的货币只有8.2万亿元，也就是说全中国的货币总量中有96%是银行创造的。银行被特许吸收公众存款，同时又掌握货币创造的权力，自然要有严格的监管来防止这种权力不被滥用。整个存款派生链条，即从吸收存款到信用创造所涉及的所有金融行为都应该是银行监管的对象，这就是银行监管的根本依据。

在界定了监管对象之后，还需要设计相应的监管工具，才能对银行实现有效的制约。经过漫长的理念演化和监管实践，形成了存款准备金制度、风险拨备制度、《巴塞尔协议》体系等诸多监管工具。不难发现，这些监管工具大都是依据银行的资产负债表设计的，据此我们可以得出银行监管的一个重要方法——基于资产负债表设计监管工具。

随着金融体系的发展，金融机构的类型以及资产形式越来越丰富。一方面，承担信用创造功能的机构已经不局限于银行。例如，金融租赁、消费金融、信托、小额贷款公司等都是类银行机构；甚至连证券公司、保险公司也有一些特定的信贷功能，如两融（融资融券交易）、保单贷等。而这些机构只要能进入银行间同业市场，就属于广义上的银行系统成员，实际上参与了存款派生的过程。金融监管也相应地把银行监管的原理拓展到其他非银行金融机构，比如对金融租赁公司同样有资本充足率等和银行类似的监管要求，对消费金融公司、小额贷款公司以及证券公司两融业务提出相对简化的杠杆率要求等。另一方面，商业银行也通过证券化、衍生品等工具将信用创造对应的风险资产挪到表外或者转换资产形式。对于金融衍生品、资产证券化的监管也早就被《巴塞尔协议》纳入了监管范围当中。例如，由衍生金融工具形成的表外资产负债，要根据合同折算成表内口径进行统一监管。

现在来看，目前主流的金融监管的方法和工具，在金融科技公司的冲击之下被打破了。

（二）联合贷款开辟了“表外信用创造”模式

以蚂蚁集团为代表的金融科技公司，在联合贷款业务中以信贷分工的方式切入了信用创造体系，却没有体现在自身的资产负债表当中，成功地逃脱了基于资产负债表的监管框架，形成了一种新的“表外信用创造”模式。

一方面，从联合贷款模式来看，蚂蚁集团已经在信贷分工当中占据了多个核心角色：客户获取、风险定价、风险模型的构建与迭代、贷后监测等。蚂蚁集团把合作银行的资金汇集起来在自己的平台上发放贷款，这些贷款就变成蚂蚁集团用户在支付账户或者指定银行账户中的存款。在蚂蚁集团的微贷平台上，一边积累了 5 亿个个人信贷用户和 2 000 万个商家，另一边聚拢了过百家合作银行。所以蚂蚁集团已经在整个信用创造体系中充当了关键的角色。

另一方面，蚂蚁集团自身却不是银行，旗下控股的信贷机构只是小额贷款公司，既不涉及存款业务，也没有参与银行间同业市场。在整个信用创造的链条（存款—贷款—存款）当中，最初的存款是合作银行的，最后的存款是其他银行的，就连中间的贷款也主要是合作银行的。蚂蚁集团在微贷平台上促成的贷款主要由合作银行发放，绝大部分并不在蚂蚁集团的资产负债表内；而且这些在蚂蚁集团表外形成的资产，并不能像衍生品那样可以根据合同折算回表内。蚂蚁集团的资产和负债两端都隐匿在信用创造链条的背后，使得监管部门无法将蚂蚁集团纳入资产负债表监管的范围；即便要对蚂蚁集团实施监管，也会发现任何现有的监管指标都不适用于蚂蚁集团。

“表外信用创造”模式使得金融科技公司既成为信用创造的主体，又游离在监管体系之外。

（三）联合贷款规避了现有的监管框架，但无法突破金融的本质

蚂蚁集团就是监管滞后导致监管空白的典型案例。在这个案例中，我们可以发现联合贷款很巧妙地规避了现有的金融监管框架，但是金融监管的底层依据并没有改变。

第一，基于表面的存款派生主体来界定银行监管对象有很大的局限性。政府要对银行体系实施严格监管，本质上是因为银行体系具有信用创造的功能，而存款派生只是其表现形式之一。随着金融的发展，存款派生链条上的机构已经包括了很多非银行金融机构，这个大家都已经有了充分的认识。而随着科技的发展，一些头部金融科技公司虽然已经是信用创造的重要参与者，却因为隐匿在存款派生的链条之外而逃避了监管。目前，大家对此的认知还不够充分。如果说之前的类银行机构规模都不大，还没有触及系统重要性门槛的话，那么现在仅蚂蚁集团一家互联网平台促成的信贷规模就达到了 2.15 万亿元，必须引起监管部门的足够重视了。我们在界定银行监管对象时，还是要回归监管的本质，只要是参与了信用创造过程的机构，都要及时评估监管介入的必要性。

第二，基于资产负债表来制定监管指标有很大的局限性。银行监管主要是考查银行的资产负债表项目，但是这些监管指标对蚂蚁集团无效，因为信贷资产并没有在蚂蚁集团的体系内形成，而是直接体现在合作银行的表内。那么，就由合作银行接受监管是否已经足够了呢？很明显不是。在联合贷款模式下，虽然合作银行要把信贷资产纳入监管指标当中，但是最关键的风控模型却掌握在金融科技公司手中。金融科技公司由于掌握海量数据并具有强大分析能力，在甄别小微信贷信用风险方面的能力远远强于传统商业银行，实际上承担了授信评估、风险定价和贷后管理等一系列核心职能。即便国家出台了《商业银行互联网贷款管理暂行办法》，似乎也不能真正扭转这一局面。当这些核心的风险管理相关职能都游离在监管之外，金融体系是不是面临着更大的模型风险？美国次贷危机殷鉴不远。次贷危机爆发的直接原因就是次级贷款的资产质量恶化，但是衍生证券采用的是“盯住模型”的定价模式，因此出现了严重的错误定价。那么金融科技公司会不会出于扩大规模的目的，通过调整风控模型来提高信贷的可得性？如果这一金融不稳定因素全然依赖于公司内部的合规控制，而外部监管缺位，就会形成重大的风险隐患。

综上所述，当前监管体系对金融科技创新的监管出现了空白，暴露了监管方法和监管工具的局限性。但是，联合贷款模式并没有改变金融的本质，既然金融科技公司在信用创造体系中充当了关键性角色，就应该被纳入统一的监管框架之中。

四、探索新的监管方式，填补金融科技公司的监管空白

金融科技既然不是金融监管的法外之地，那么该如何进行监管？ 传统的监管方法论已经失效了，需要找到新的方法论作为指

导。其实，答案早就存在。2017 年的全国金融工作会议，习近平明确提出要“加强宏观审慎管理制度建设，加强功能监管，更加重视行为监管”。

我们传统的监管模式是基于资产负债表的分业机构监管模式，监管部门对各自所管辖的金融机构行使监管职权，包括金融机构的市场准入、持续经营、风险管控、风险处置、市场退出等。这套监管模式仍有实际的价值，也有提升和改善的空间，例如，针对金融科技公司采取特编资产负债表的方式，将监管指标予以落实。

而功能监管模式是根据金融活动的性质来进行监管，对相同功能、相同法律关系的金融产品按照同一规则接受一致的监管，而不管在哪一类金融或者非金融机构。以信贷业务为例，只要是从事信贷业务的机构，无论是提供资金的，提供模型的，还是提供渠道的，都要在统一的框架下接受监管。这为解决金融科技平台的监管提供了一个思路。

首先，功能监管的对象不限于金融持牌机构，非持牌机构只要从事信贷业务当中的任意一个环节，都处于监管范围之内。对于金融业务链上的非持牌机构，可以根据市场影响力、系统重要性程度，适时进行监管介入。

其次，功能监管是从产品维度而不是机构资产负债表维度实施管理的，对于表外业务具有独特的监管有效性。像联合贷款这种直接在蚂蚁集团体外生成资产的业务模式，功能监管可以基于业务流程制定监管标准。例如，蚂蚁集团在联合贷款模式下实际上参与了客户推介、风险定价、贷后监控等环节，那就应该按照各个环节来接受相应的监管。

最后，要顺应金融科技平台的发展，还需要探索和加强以法律合规和消费者保护为主的行为监管。其中的关键是关联交易、平台垄断、数据产权和个人隐私问题，这是一个更宏大也更为根本的命题。我们需要不断探索，搭建出一套可以覆盖金融科技创新的监管框架。当然，监管并不是要扼杀金融科技创新，而是要引导金融科技企业健康、可持续地发展。

数据治理的经济学分析 *

数据的非竞争性和部分排他性，使其具有准公共品的特征，可以从根本上改变经济活动，创造新的繁荣。但在数据面前，数据主体（即消费者）是弱势的，对数据经济进行适当治理尤为必要。从各国的监管实践看，数据治理主要聚焦在反垄断、数据确权和数据安全三个方面。

一、数据的经济特征

数据作为一种生产要素，已成为数字经济时代最重要的资源。数据加上算法，可以发现新的相关性，创造新的商业模式（见图 3.8），并产生巨大的经济利益。人们常说，数据太重要了，如同新时代的“石油”。不过，这一说法仍无法准确地捕捉到数据的经济特征。

首先，数据具有经济学上讲的“非竞争性”特征，即一个人对数据的使用并不影响他人对其的使用，而且边际成本几乎为零。传

---

* 本文首次发表为招商银行“首席观点”研究报告，2021 年 2 月 26 日。

统上，基于内容的信息商品通常可以由多人同时使用，例如，当你阅读报纸内容时，其他人可以同时进行阅读。额外一份报纸的边际成本很低，但并非为零。有了数字技术，它就变成了零。石油是典型的竞争性商品，你消费了石油别人就无法消费。从这个意义上看，数据可能更像太阳能，因为阳光是“非竞争性”的。

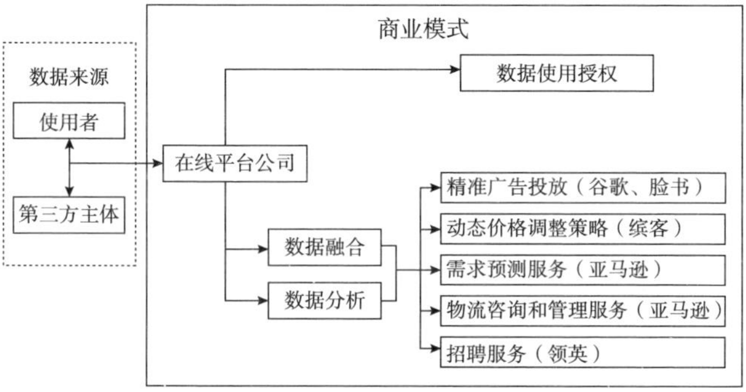

图 3.8 数据产生价值，创造新的商业模式

资料来源：Li，Nirei，Yamana（2019）[①]；招商银行研究院。

同时，数据也是“排他性”的商品，至少具有部分排他性。这体现在数据为某些平台企业收集、拥有并控制，从而把其他竞争对手排斥在外。为什么具有排他性？可能有两个原因，一是由于数据的非竞争性导致边际成本为零，压低了数据的交易价格，使得企业具有收集、囤积数据而减少交易的动因。二是对数据的安全担忧，一旦发生数据泄露，将导致免费数据泛滥，使数据市场交易更加不足。

数据的非竞争性和部分排他性，使其具有准公共品的特征（见表 3.2），可以从根本上改变经济活动，创造新的繁荣。因此，经济学家认为数据可以带来规模收益递增，应该推动数据的广泛使用和

① Li，Nirei，Yamana. Value of Data: There's No Such Thing as a Free Lunch in the Digital Economy［J］. RIETI discussion paper series 19-E-022.

共享，从而降低交易成本，促进经济增长。

表 3.2　商品特征四象限

	竞争	非竞争
排他性	私人品 石油	准公共品 电影、有线电视
非排他性	共有品 热带雨林、渔业资源	纯公共品 阳光、国防

资料来源：招商银行研究院。

二、数据市场的负外部性

但是，数据的过度采集、处理和使用会给数据主体带来负外部性，即造成个人隐私受损。通常，个人为了享受互联网便利，倾向于忽略自己的隐私安全问题，往往在还不确定数据流向及使用目的的情况下，同意企业收集使用数据，导致隐私过度暴露。同时，某些人对个人的数据定价过低，导致不仅出卖了自己的隐私，还损害了其他人的隐私，例如，在其他人不知情的情况下分享了自己的通讯录，或泄露与他人的社交和交易信息。

在数据面前，消费者是弱势群体，人们通常不知道自己实际付出了什么，得到了什么；不知道自己比别人付出的多还是少；更不知道自己是否因被各种“客户画像”精准锁定而失去自由选择的权利。正因为如此，数据经济的适当治理具有现实必要性。

三、数据经济发展带来的挑战

由于数据的以上特性，数据经济的迅猛发展在提升效率、促进创新的同时，也给各国的经济治理带来了严峻挑战。

首先，数据的规模报酬递增，范围经济和网络效应催生垄断。当前数据市场已被大型科技巨头分割，亚马逊占据了美国线上购物超过 40% 的份额，脸书和谷歌控制了美国线上广告市场 2/3 的收益。垄断带来了一系列不当行为：一是企业囤积数据，阻碍数据充分利用，降低经济效率。二是企业通过大数据分析进行“杀熟”等价格歧视，损害消费者及总体社会福利。三是拉大财富收入差距，拥有数据资源的行业、企业、居民将受益更多。

其次，数据市场无法实现经济学上所说的“有效均衡”，数据滥用成为普遍现象。一方面，数据确权困难，数据主体无法对数据主张权利，导致数据被过度收集和使用；另一方面，即使数据产权明晰，数据主体依然容易低估自己隐私的价值，也无法追踪数据的实际用途，导致产权执行过程中的交易成本过高。

最后，私人部门投资数据保护的动机不足，网络安全成为问题。技术进步导致数据复制和传输的成本变低，同时也极易遭受黑客攻击。一旦发生重大数据安全事件，可能引发系统性风险。另外，数据安全投资成本大、潜在收益不确定，因此，私人企业缺乏投资激励。数据侵权的立法不完善，侵权案件侦查技术难度大，难以追责和处罚，导致安全问题越发严重。

四、数据治理的原则

在数据经济时代，各国政府都在加强对数据的监管和治理。宏观监管当局应综合考虑效率、公平、个人隐私、公共安全，制定平衡的数据治理政策。困难的是，这些原则和目标在很大程度上是相互竞争的，需要很高的治理技巧。

一是提高效率。考虑到数据非竞争性的巨大潜在价值，应尽可能地鼓励数据的广泛使用，保障公平竞争，防范大型科技公司囤积数据、通过技术资本优势挤压和收购潜在竞争者等不当行为。最激进的方式是推进数据开源，但强制数据共享可能会进一步牺牲个人隐私，并抑制企业投资数据经济的积极性。

二是维护公平。在贫富差距持续扩张、民粹主义崛起的今天，监管当局应深化对数据经济财富效应的理解，尽可能将数据红利在数据市场参与者之间进行公平分配。应对科技企业价格歧视等损害消费者福利的行为进行严格监管。

三是保护隐私。尽管加密技术的快速进化有助于解决部分隐私问题，但明确数据的所有权和使用权的归属及其相应交易机制的建立，仍是解决数据滥用问题的关键。同时，监管应致力于推动数据市场信息透明化，为数据主体或消费者理解和控制数据采集及使用提供便利。

四是保障安全。数据安全问题会降低公众信任、削弱分享意愿，不利于数据经济的长期健康发展，并可能引发金融风险。监管必须完善数据安全立法，提高全民数据安全意识，落实主体责任，进而提升企业投资网络安全建设的积极性。

五、数据治理的国际实践

从国际实践看，数据治理主要聚焦在反垄断、数据确权和数据安全三个方面。

首先是反垄断。传统反垄断措施主要包括征税、反垄断诉讼和强制拆分。近年来，欧洲多国开始对互联网巨头征收数字服务税，突破了传统税收的属地原则。反垄断诉讼属于事后监管，目前谷歌、脸书等科技巨头正在接受多起反垄断调查。随着科技公司力量快速加强，拆分垄断巨头的呼声日益高涨，但由于数据经济的规模效应和网络效应，即使拆分巨头，也可能很快再度形成新的垄断。针对数据市场的这个特性，欧盟于2020年底发布《数字市场法（草案）》，直接干预大型互联网平台企业运营，制定了判断和禁止不正当行为的统一规则，并提供了相应的执法机制，是《反垄断法》在数字领域的拓展和体现。

其次是数据确权。构建数据权责框架的标志性措施是欧盟颁布的《通用数据保护条例》。它将数据控制权赋予个人，确保数据处理基于个人意愿，个人拥有知情权、更正权、删除权、限制处理权和反对权。它帮助个人更好地权衡隐私和便利，并确保数据处理是出于合法、公平和透明的目的，被公认为是全球对用户个人数据保护最严格的法律。同时，它要求企业通过加密和标记等手段，屏蔽敏感信息，实现数据匿名，保护数据隐私。

不过，欧盟的做法也引起了一些争议，例如，它所倡导的数据最小化原则，可能使得数据收集受限；其对数据隐私的强调增加了数字企业的运营成本，对企业的创新积极性造成不利影响。有观点认为，过分强调公平和隐私可能导致效率受损，更为严格的隐私控制很可能是欧洲在数字经济竞赛中落后于中美的重要原因。

最后是数据安全。目前，防范数据安全隐患的法律包括欧盟发布的《数字服务法（草案）》和中国发布的《数据安全法（草案）》。欧盟的法案旨在打击网络非法和不安全行为、假冒商品及有害内容；中国的法案旨在建立数据安全制度，明确企业保护数据安全的义务。总的来说，各国都非常重视数据安全基础设施建设，鼓励企业进行数据安全投资。

推动粤港澳大湾区金融融合发展*

2019 年 2 月中共中央、国务院印发《粤港澳大湾区发展规划纲要》，进一步提升了粤港澳大湾区在国家经济发展和对外开放中的支撑引领作用。作为我国开放程度较高、经济活力较强的区域之一，粤港澳大湾区在国家发展中具有重要的战略地位，亟须紧抓政策机遇推动粤港澳大湾区金融融合发展。

一、思考大湾区金融融合发展

粤港澳大湾区金融业发展程度已经较高。大湾区中既有世界级的金融中心——香港，也有金融发展日益迅猛的深圳与广州，总体金融实力强劲。粤港澳大湾区金融融合发展已有良好的基础。港澳地区在我国金融业对外开放的进程中具有门户作用。QFII（合格境外机构投资者）、QDII（合格境内机构投资者）、点心债、跨境人民币结算、RQFII（人民币合格境外机构投资者）、RQDII（人民币合格境内机构投资者）、沪港通、深港通、基金互认、债券通等创

---

* 本文首次发表为招商银行“首席观点”研究报告，2019 年 6 月 10 日。

新性业务都是从港澳地区起步的。香港一直是最大的离岸人民币市场。在 CEPA（《内地与香港关于建立更紧密经贸关系的安排》）的实施和广东自贸区建设的红利下，已初步搭建了粤港澳大湾区金融融合发展的框架。我国金融业双向开放程度日益提高，为粤港澳大湾区金融融合发展提供了政策基础。由离岸账户、非居民境内账户、自由贸易账户构成的多类账户体系，能够有效满足跨境主体的金融需求。

大湾区金融融合发展面临若干问题。第一，大湾区需要顶层设计。大湾区的内部产业有一定重合，发展金融业的目标也存在竞争，在规划、行动方面还需要更高层次的统筹。第二，金融法规需要进一步对接并协调。这也是内地对接国际标准的必由之路。第三，涉及大湾区金融融合的有关政策需要更多稳定性，以利于生产要素的长期跨境优化配置。第四，跨境资本流动的价格调节机制尚未理顺。境内外汇差、利差仍然存在，汇率避险工具的使用仍然存在一定障碍。第五，金融业双向开放存在不平衡、不充分问题。走出去比引进来难度更大，长期看未必有利于大湾区经济金融的平衡发展。第六，资本市场支持创新的力度有待提升。境内创新企业赴港融资仍然存在较多阻碍，内地资本市场也需要与时俱进。第七，较为复杂的银行账户体系影响金融运行效率，需要整合、优化账户体系。第八，要满足港澳居民在内地的金融需求仍然存在一定政策障碍，财富管理、保险等方面的需求仍需要在现实需要的基础上予以适当满足。

二、大湾区金融融合发展有经验可供借鉴

在国际经验方面，有欧盟一体化、英国脱欧、瑞士加入申根协议、澳大利亚和新西兰的伙伴关系四个案例可供借鉴。

欧盟一体化，是欧洲在经历了两次世界大战后痛定思痛的结果，其中各种精巧而又充满契约精神的设计，包括统一的金融监管框架、快速的立法程序等，值得我们认真学习。英国要脱欧，一方面想要放下财政和移民的包袱；另一方面，要保留与欧盟经济金融一体化的好处，因此开动脑筋引入各种新的机制，包括多种形式的对话和争端机制、立法衔接、跨境人员流动安排、借助科技的力量形成电子边界等。它们智慧的结晶，恰好可以为粤港澳大湾区在保持海关、货币、监管相对独立的情况下加强金融合作提供鲜活的范本。只不过它们是退一步，我们是进一步。瑞士加入申根协议，则是一个相对小型的经济体加入一个大型经济组织的成功范例，香港、澳门在与内地加强融合时都可以借鉴。澳大利亚和新西兰的伙伴关系，则是相邻两个关系紧密的经济体的合作，内地与香港的CEPA也是类似的安排。

在国内经验方面，我国先后推动了四批自贸区建设，试点了多项金融创新政策，为加快政府职能转变、积极探索管理模式创新、促进贸易和投资便利化，探索了新的路径。同时，为进一步推进金融业对外开放，我国先后建立了沪港通、深港通、基金互认、债券通、原油期货、黄金国际板等金融市场的跨境联通机制，还投资建设了人民币跨境支付系统（CIPS）等跨境金融基础设施，从而为境内外投资者提供了更为便捷的跨境投资渠道，推动了我国金融市场与国际市场的接轨与融合。上述金融政策试点以及制度与机制建立的过程并非一帆风顺，争论与妥协交织，顺境与逆境交替，在曲折的进程中积累的许多丰富的改革创新经验，都值得我们去总结与反思，可以为粤港澳大湾区的金融融合发展提供有益的借鉴。其中，引入标准化、平台化、专业化、透明化的运行机制，依靠市场化平台，最终实现规则的对接、交易的通畅和风险的可控是最为重要的经验。

三、从顶层设计角度推动规则对接和联通

粤港澳大湾区的建设愿景是人流、物流、资金流、信息流的融通，但需要逐步实现。第一步可以结合“宜居宜业宜游”的目标，在深港同城支付已经有了较好基础的前提下，通过加强大湾区内规则的对接、联通，进一步提升跨境收付的便利化水平。举例来说，在内地和香港、澳门，银行 App 的使用非常便利。从便利客户的角度出发，应该用金融科技的方法，把同一客户在内地和港澳的不同账户放在同一个 App 中进行管理，并且在现有的跨境汇款、兑换限额内为客户提供便利的资金调度和转换方式。粤港澳大湾区三地金融监管机构可就“建立宜居宜业宜游的大湾区”的相关配套政策加强合作和沟通，解决双方关切的问题，推动相关业务落地，为大湾区居民提供便利，促进大湾区发展。

总体看，国际上关于跨境金融的业务监管主要通过四种模式来实现融合，分别是国民待遇、豁免、通行证和国际协定。国民待遇相当于按国内法来规范外资机构，是“听我的”；豁免相当于“有些方面可以不听我的”；通行证，是符合一定双边互认条件的金融机构可以到对方那里去发行产品或提供服务，相当于“听你的”；国际协定则是“商量着办”的形式。

在具体的处理过程中又有 5 种处理方式：认可、认证、等同、代办、介绍业务。举例来说，基金互认就是双边互认，而这又是建立在双方规则基本等同的基础上的。如果暂时做不到认可或等同，则可以允许代办，例如，允许境内金融机构代销境外基金、保险，或允许进行介绍业务；允许境内外机构相互介绍客户，并且把收费、信息交换等规范化。大湾区内三地金融监管机构加强合作，综合运用上述 5 种处理方式，推动湾区内规则的对接和联通。

在金融服务牌照方面，可考虑建立湾区内金融机构“通行证 +

异地分支”机制。服务贸易有商业存在、跨境提供、境外消费和自然人流动四种形式，前三种都可通过这一机制解决。允许经大湾区监管互认机制认可的大湾区内的金融机构，按照“准入前国民待遇＋负面清单＋湾区金融通行证”的方式，“跨境提供”金融服务。用好CEPA的异地金融机构分支模式，让大湾区内的金融机构可以“跨境存在”。

四、建立大湾区统一市场

通过“账户标识”提升大湾区资金跨境流动效率。依托具体的实体经济项目，运用金融科技手段，对大湾区金融机构、企业和居民账户进行“标识”，标识后的账户资金可以更自由地进行跨境收付。配套建设FT账户（自由贸易账户）、“NRA+”账户（境外机构境内外汇账户）体系，拓展OSA账户（离岸账户）功能。针对OSA账户痛点，加强统筹，增加试点银行，开办人民币业务，并纳入宏观审慎管理。允许各中资离岸持牌银行可授权其在大湾区内的一级分行直接办理离岸银行业务。

为大湾区建设引入中长期建设资金。可考虑设立“粤港澳大湾区发展基金”。积极支持“扩流入”，适当放宽外债额度的限制，统一本外币外债资金用途，扩大本外币资本项目收入的资金使用范围。用好“跨境资金池”和人民币投贷基金，降低广东自贸区跨境人民币“双向资金池”业务的准入门槛。借鉴上海设立“赛领基金”的经验，鼓励更多地区设立相关投贷基金或子基金，参与“一带一路”建设。

积极探索跨境资产管理联动合作机制。积极促进大湾区内金融机构在人民币计价的海外发债、股票、基金等方面的合作。探索商业银行业务配套资产管理，如处置不良资产和资产证券化业务等，争取在粤港澳大湾区率先进行 QDII2（合格境内个人投资者）试点。

允许港澳居民使用闭环账户购买大湾区内地人民币理财产品。借鉴现行的境内外股票、债券、基金等市场互联互通的经验，在粤港澳大湾区建立“理财通”机制，遵循粤港澳地方银行理财产品现行的市场运作和监管规则，实行理财产品投资标的管理、额度控制和资金封闭运行，探索形成操作便利、风险可控、稳妥有序的跨境理财产品投资新模式。

五、运用金融科技拓展金融融合发展的可能性边界

用好区块链、大数据、云计算、人工智能等金融科技，助力大湾区民生金融和普惠金融发展。利用区块链技术，打造创新跨境支付平台；推动电子支付标准的统一，优化票据清算安排；依托云闪付、微信支付、支付宝等平台推进便民支付。为了满足大湾区内港澳居民移动支付的需求，建议扩大“见证开户”试点范围，方便银行为港澳居民开立内地银行个人Ⅱ、Ⅲ类账户。可以考虑适当放开见证开户限制，考虑推广“双向见证开户”业务，并统一账户管理，实现境内外资产合并展示，通过手机银行 App 等实现境内外资金转账。同时，建议制定大湾区专属区域政策，在符合反洗钱要求和风险可控的前提下，简化流程，降低门槛，便于两岸居民更好、更便捷地在多场景中进行消费。

运用监管科技手段，提升跨境金融服务监管效率。首先，未来粤港澳大湾区金融监管可加强对区块链技术的运用，建立统一的风险监测平台，实现对跨境洗钱、逃税、非法买卖外汇等违法犯罪行为的信息和数据的实时共享，加强协作，提高跨境金融业务监管的

效率和能力。其次，进一步提升对大数据、云计算、人工智能技术的运用能力，从海量跨境金融交易数据中，及时识别和处理复杂的跨境套利、洗钱、逃税、非法外汇业务等违规业务模式，提高违规风险识别的智能化水平。最后，借助云计算与人工智能技术，进一步提升机器运算能力，提高跨境金融风险识别速度和精度。在大数据基础上，从宏观审慎的视角监测和管理跨境资本流动风险，不对具体额度设限，这样有利于更加系统地、步伐更大地进行跨境金融创新。

第四章

资本市场策略

资本市场的变化总是猝不及防。

2008年全球金融危机爆发，对各国经济均造成了巨大冲击。在货币政策几乎“弹尽粮绝”的窘境下，多国实行负利率政策以避免经济增速下行。在负利率的情况下，央行对货币政策有效性的控制力大大降低，加大了经济环境的不确定性，权益市场波动性和潜在风险也相应地提升。

2015年，国务院决定加快棚改项目建设，推进货币化安置。政府以现金交易的方式将拆迁款直接支付给棚改区居民，激活了棚改区居民的房地产和消费金融行为，拉动了商品房销售。2017—2018年国内房地产市场销售景气回落，发生了“三重背离”的结构性变化，2019年棚改“退潮”进一步拖累房地产销售情况，对经济增长的拉动作用明显减弱，房价下行提升了地方政府的财政压力。由于对中国经济增长和金融改革的信心不足，且认为总体债务水平的上升难以阻止，国际信用评级机构穆迪和标普先后下调了中国主权信用评级展望，国内信用风险引发市场担忧。

2020年新冠肺炎疫情暴发，严格的防疫措施使得全球经济几乎停摆。对经济形成的强大外部冲击使得新冠肺炎疫情成为当前导致资本市场波动的主要因素之一，主要大类资产均承受着经济下行带来的压力。作为全球主导货币之一，美元在新冠肺炎疫情暴发后持续贬值，资本市场上关于美元是否进入长周期熊市的讨论不绝于耳。传统货币动能趋弱，以比特币为代表的加密货币却在华尔街的投资和交易推动下价格节节攀升。作为可交易的虚拟资产，加密货币是否可以取代主权法定货币，又是否值得长期投资，成为资本市场关注的焦点。

如何在瞬息变化的资本市场中调整投资策略以规避风险并获得收益，是市场投资者最为关注的问题。调整投资策略的基础是了解资本市场变化的逻辑，并厘清每个事件变化背后的深意。本章向读者阐述了负利率政策的内涵和影响，研究了房地产市场的结构性变化和棚改政策对其的影响，评述了国际信用评级机构下调中国主权信用评级的原因以及评级方法的错误之处，阐述了美元指数未来的走势和加密货币的本质及风险，最后展望了全球经济和货币政策未来的走向和变化，为投资者及时调整资本市场投资策略提供了有效参考。

负利率政策下的投资策略 *

金融危机后，为提振经济，多国实行了负利率政策。虽然“负利率”政策对刺激经济、提升通货膨胀的效果十分有限，但在货币政策工具箱中“弹药”无几的窘境下，经济体只能通过不断调低利率，启动量化宽松来避免经济增速下滑。2020 年新冠肺炎疫情再次对各国经济造成负面冲击，欧洲和日本不得不继续维持负利率政策以应对经济衰退风险。在全球化资产配置的背景下，厘清负利率政策的逻辑是应对政策变化、调整投资策略的基础。投资者需要重新审视长期投资目标，评估风险承受能力，实现投资类型多元化。

负利率已经成为德国、日本、瑞士、瑞典等经济体进行货币政策操作的新常态，并有向其他经济体蔓延的趋势。根据国际清算银行的最新估算，目前全球交易的负收益率国债和公司债规模超过 17 万亿美元，相当于全球 GDP 的 20%。标榜负利率的房贷也于 2021 年首现于丹麦。负利率出现的范围之广、影响之大是 2008 年金融危机前难以想象的。负利率时代已然渐行渐近。美国前总统特朗普甚至不断对美联储施加压力，敦促美联储效仿日本和欧洲，将政策利率下调至零以下，以保证“美国永远比别国少付利息”。

* 本文首次发表为招商银行“首席观点”研究报告，2019 年 10 月 25 日。本书对部分内容做了更新。

负利率直观上挑战的是传统金融借贷的逻辑，尚未被投资者充分理解，过度简化的表述也常常会造成误解。其背后的经济逻辑、运作机制和利弊影响还需要进一步厘清，这有助于我们在负利率浪潮席卷而至的今天，理解货币政策的真实影响，制定新环境下的投资策略。

一、负利率：打破“零下限约束”共识

尽管负利率在近年来受到广泛关注，但它本身并非新事物。历史上的高通货膨胀时期，实际利率①为负的情况数不胜数。同理，在持续通货紧缩的情况下也会出现负的名义收益率转化为正的实际收益率的可能，如日本。

不过，生活中的一个基本的常识是，名义利率不可能小于零。虽然低利率有利于刺激经济，理论界一度认为政策利率的下限不应小于零，否则会使得经济主体选择持有更多现金，造成“流动性陷阱”②而无法刺激经济。

但是，“零下限约束”理论逐渐受到越来越多的质疑，主要因为其核心假设是持有现金无成本，而现实中持有大量现金需要考虑储存、运输、安全、支付等额外成本，有研究估算大额现金的持有成本为2%。因此，当政策利率适度小于零时，现金的需求不会趋于无穷大，经济也不一定会进入“流动性陷阱”，负利率的货币政策依然有效。

---

① 实际利率与名义利率之间的关系：1+名义利率=(1+实际利率)×(1+通货膨胀率)，可简化为实际利率=名义利率－通货膨胀率。当通货膨胀率高于名义利率的时候，实际利率为负。

② 流动性陷阱的概念由凯恩斯提出，指名义利率在接近零时，中央银行扩大货币供应量只能提升人们持有现金或储蓄现金的意愿，无法使利率下降，货币政策趋于无效。

正是在这种理解之下，货币政策的负利率进入部分国家央行宏观政策的工具箱。为了在金融危机之后提振经济，2009 年瑞典央行成为全球首家实行负利率的央行，将参考利率降至 –0.25%，2012—2014 年丹麦亦出现了负的央行存款准备金利率。而在 2011—2014 年的瑞士和 2012—2014 年的丹麦，银行间同业拆借也出现了负利率情况。从 2014 年 6 月开始欧洲央行将存款便利利率从 0 下调至 –0.1%，也正式进入负政策利率阶段，此后又多次下调至当前的 –0.5%（见图 4.1）。从这些经济体的实践来看，的确可以适当地突破政策利率“零下限”至负区间。由此负利率打破了长期以来关于名义利率“零下限约束”的共识。

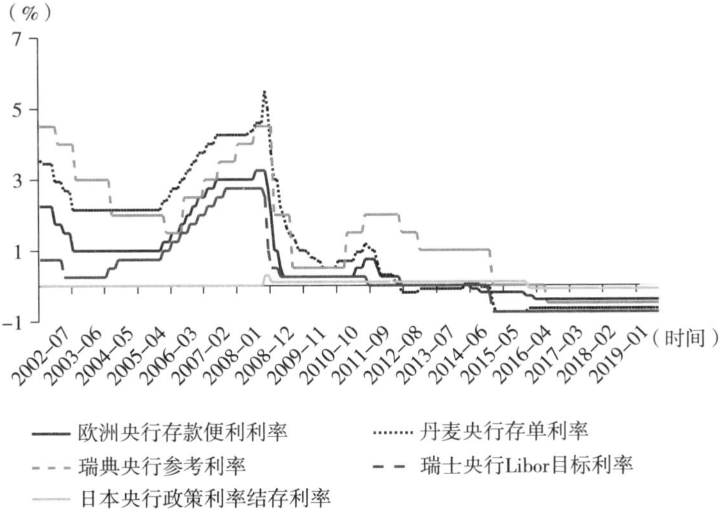

图 4.1　已有 5 个经济体推行负利率政策

资料来源：彭博终端，招银国际研究，招商银行研究院。

负利率的含义甚广，政策利率、债券利率、存贷利率等一旦降至零以下，都可贴上负利率的标签。而我们要着重讨论的是 2012 年以来越来越多的央行推行的负利率货币政策，目前采取严格意义上的负利率政策的经济体有欧元区、日本、瑞典、丹麦和瑞士。另外还有4个经济体出现了负的政策利率，但还没有推行严格意义上的负利率政策，其中匈牙利和挪威央行曾将存款准备金利率降至零以下，以影响跨境资本流动，但同业拆借利率仍维持正值；保加利亚和波黑对超额准备金实行负利率主要是为了应对欧洲央行的货币政策调整，将本币汇率与欧元挂钩。

从政策效果来看，迄今为止，负利率刺激经济、提升通货膨胀率的效果十分有限。自欧洲央行执行负利率政策以来，并未有效刺激经济和提升通货膨胀率，当前距离2%的目标通货膨胀水平仍有相当距离（见图4.2）。如今欧元区国家再次面临衰退风险，但货币政策工具箱里的“弹药”所剩无几，只能不断调低负利率，并早早重启量化宽松。日本的情况更令人忧心，下调利率已难以刺激银行放贷和经济增长，货币政策几乎失灵，一系列试图摆脱“流动性陷阱”的措施难以奏效。

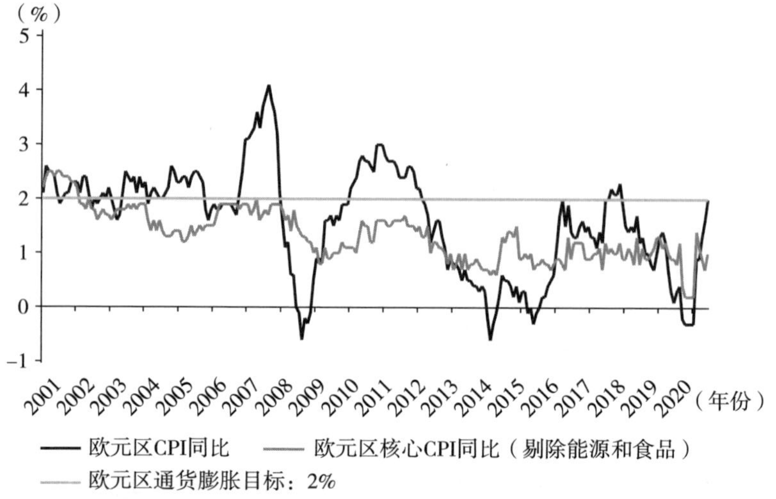

图4.2 负利率并未显著提升欧元区通货膨胀率

资料来源：彭博终端，招银国际研究，招商银行研究院。

二、负利率政策向银行信贷环节的传导

作为宏观货币政策的负利率安排，在传导机制上大体与正利率相似。央行将存款便利利率（即“利率走廊”下限利率）作为负利率操作的主要工具，意味着商业银行在央行存入的资金（包括超额存款准备金、隔夜存款等）不仅不会获得正利息，反而需要向央行支付费用。其主要目的有二：一是鼓励银行积极放贷，从而刺激投资和经济增长；二是压低本币汇率，避免货币升值，保护本国的出口。

央行和银行间的负利率会进一步影响货币市场的其他利率水平。在央行对商业银行部分准备金实行负利率的情况下，银行间同业拆借市场率先反应，隔夜拆息通常会随即落入负区间，加上期限溢价之后进一步压低中长期政府债券收益率，再加上风险溢价之后进一步影响商业银行贷款利率。央行在执行负利率政策时，通常会采取“分层”准备金的方法，仅对部分准备金实施负利率，在保持政策边际调控能力的同时，尽量降低对银行盈利造成的不良影响。

在现实中，商业银行的存贷利率无法大范围地进入负区间。在5个实行负利率政策的经济体当中，银行对零售储户的存款利率依然是正的，瑞士和丹麦的银行仅对存款数额巨大的部分企业和机构客户采取负存款利率。银行之所以在净息差不断收窄的情况下仍未直接转嫁成本给零售储户，主要是因为零售储户对存款利率下行更为敏感，持有现金的成本较低，可以随时提现、选择持有现金，增加了挤兑风险，因此银行仍然维持正利率以留住零售储户的存款。

2019年8月，丹麦出现了首例负利率房贷，10年贷款利率为 –0.5%。但需要澄清的是，这里有取巧的成分。所谓负利率房贷，并不意味着在贷款买房的同时还能从银行获取额外收益，原因在于贷款人需要向银行支付手续费，最后的结果仍是银行获得

收益。

尽管如此，负利率政策通过向借贷环节的传导，对银行金融机构的盈利影响还是很明显的。负利率会对银行的资产负债表两端施加不对称的影响。在资产端，银行金融机构面临负收益率的压力，而在负债端，却难以向零售储户转嫁这种压力，这造成银行利差收窄，从而影响银行的盈利能力。从资本市场看，负利率对商业银行的估值形成压力。另一个可能的前景是，银行在负利率下不得不延长借贷周期 ，并提升高风险借贷和高风险投资的比重，提升了整个金融体系的系统风险。

三、重新审视负利率下的投资策略

随着日本、欧元区等国家和地区相继推出超宽松货币政策，债券收益率大幅下行，截至 2019 年 9 月中旬，全球已有超过 17 万亿美元的债券已进入负收益率交易阶段，规模是 2018 年下半年低位时的近三倍。负收益债券主要是以欧元和日元计价（分别占五成和四成），以政府债券为主。在德国，整个国债收益率曲线已经完全进入负区间；日本的中短期国债收益率也为负。

负利率环境显然对传统投资策略产生冲击，我想着重分析三个问题：

一是对债券投资本身的影响，在负利率的情况下如何获得收益。

二是对其他风险资产以及黄金有何影响。

三是如何影响国际资本流动，进而对中国债市产生何种影响。

首先，负利率债券在一定的操作下也可获得投资收益。理论上，发行债券代表着承诺按一定利率定期支付利息并到期偿还本金。而负收益率债券却意味着债券的市场价格超过了持有到期所能获得的本金和利息总和。那为何仍有人购买负利率债券呢？这与债券投资策略相关，只要收益率曲线倾斜向上，即使是在债券收益率为负的情况下，依然可以通过更高频的管理操作获得收益。具体而言，就是采用“骑乘收益率曲线”策略，买入和持有债券一段时间，期望利率继续下降，待债券价格上涨后，在到期日前将其出售实现收益。

其次，除债券外，负利率环境也与股票和其他资产投资密切相关。“负国债收益率”意味着无风险资产收益率为负，使得一部分活跃的投资资金更倾向于进入风险资产。负利率下市场宽信用，流动性提升，短期内利好权益类资产表现；但投资者很快也会转而担心负利率背后的经济下行和盈利放缓预期，难以长久支撑股市。在负利率下央行对货币政策有效性的控制力大大降低，也会增加经济环境的不确定性，权益市场的波动性和潜在风险增加。

与此同时，黄金价格获得支撑。当存款利率极低时，货币储蓄收益在考虑通货膨胀后往往为负，相较之下黄金的保值和分散风险的特性得以凸显，这恰是因为黄金不仅是投资商品，也是交易媒介和储值工具。由于黄金与其他资产类别相关性较低，在经济下行风险加大、资本市场波动时期，其在投资组合当中的重要性会进一步提升。

负利率环境下个人投资者也会更加倾向于投资和消费在不动产上，推升房地产价格。欧元区实行负利率政策 5 年多以来，银行提供了大量极为廉价的房屋贷款政策，这是推动房价上升的重要因素。

最后，在我看来也是最重要的一个方面，即负利率对全球资本流动的影响。由于目前负利率现象主要出现在欧洲和日本，美国还没有进入负利率区间，而中国离负利率还有相当远的距离，这种利率落差新格局就意味着资金跨境流动的深刻变化。对中国而言，在推进金融对外开放的背景下，海外投资者特别是养老金、保险公司、信托公司等机构投资者，在追求收益率的驱动下，会进一步提高对中国债券市场的配置，这也可以很好地解释过去几年外资投资中国债市背后的动因，并且这很可能是一个长期趋势。

当然，也要对负利率可能带来的负面影响保持高度警惕。负利率政策是日本、欧洲等经济体在增长动能减弱、通货紧缩风险增大、常规调控工具用尽的情况下，不得不采用的非常规货币政策，其刺激效果正在逐步减退，进一步宽松的空间已经非常有限，而且还会产生政府和企业过度举债的风险。例如，政府通过再融资用于偿付到期债务以及为当年的财政赤字融资，负利率使得政府再融资过于容易，会使政府在债务累计方面失去必要的警觉，一旦利率波动则可能承受债务链断裂的压力，成为爆发债务危机和经济危机的导火线。

在全球经济下行的时期，负利率是一种全新的政策试验，其长期影响尚未可知，预计今后负利率现象会更加普遍。在此背景下，厘清当中的逻辑是我们应对政策变化、调整投资策略的基础。从资产配置角度来讲，需要重新审视长期投资目标，评估风险承受能力，并推动投资类型多元化。

房地产市场的“三重背离”及收敛*

2017—2019 年，房地产市场销售景气度回落并发生了显著的结构性变化，也就是本文所讨论的“三重背离”。本文提出，2019 年“三重背离”将必然趋于收敛，这一观点在之后得到了验证。近年来房地产市场持续受到政府关注，2020 年 8 月，住房和城乡建设部与中国人民银行划定房地产企业融资的“三道红线”；同年 12 月，中国人民银行和中国银行保险监督管理委员会对金融机构的房地产贷款占比及个人住房贷款占比设置了分档上限。新冠肺炎疫情暴发后，房地产市场销售景气度上升，加之政策对企业融资和个人贷款收紧，“三重背离”发生了逆转。

本轮房地产上行周期始于 2015 年，那时中国经济面临着较大的下行压力，工业品价格持续通货紧缩，股市大幅波动，房地产库存高企，在此背景下宏观调控政策逆周期放松。去库存成为房地产行业政策的主线，引燃了商品住宅销售的火爆行情。房地产业对经济增长的直接拉动从 2014 年的 0.12 个百分点上升至 2016 年的 0.5 个百分点。房地产量价普遍上涨，行业政策被迫逐渐收紧。2017

* 本文首次发表为招商银行“首席观点”研究报告，2019 年 1 月 14 日。

年房地产销售增速在高位掉头，该年房地产业对经济增长的直接拉动仍然维持在0.5个百分点的水平。2018年房地产销售增速持续回落但韧性仍存，销售面积和金额均保持正增长，房地产业对经济增长的直接拉动滑落至0.3个百分点。

2018年，中国的房地产市场除销售景气度进一步回落外，还发生了显著的结构性变化，我们可以将之概括为“三重背离”：一是销售增速与投资增速的背离，即商品房销售增速下滑，而房地产投资增速居于高位；二是土地购置费增速与建安设备费增速的背离，即土地购置费增速高企，而建安设备费竟然出现负增长；三是新开工增速与竣工增速的背离，即新开工面积增速上升，但施工面积增速平稳、竣工面积增速下滑。这“三重背离”折射出我国宏观经济政策、行业调控政策与房地产企业行为的深刻变化，值得我们深入探究。

一、第一重背离：销售增速与投资增速

（一）销售增速向下，投资增速向上

房地产销售是房地产投资的先行指标。在21世纪以来的六轮房地产小周期中，我国房地产销售增速与投资增速高度相关，且前者具备3个月左右的领先性。这主要是因为房企的资金周转高度依赖销售回款。房企获得销售回款后才能继续拿地，再进行建筑施工，在数据上就体现为销售增速领先于投资增速。2018年房地产销售增速下滑，而房地产投资增速仍居于高位，明显与历史趋势不符（见图4.3）。截至2018年11月销售面积累计同比由2017年的7.7%下滑至1.4%，销售金额累计同比由2017年的13.7%下滑至12.1%。而

房地产投资增速于 2018 年 2 月出现反弹，累计同比由 2017 年的 7% 升至 9.8%，之后一直保持近两位数的增速。而在此前数轮房地产周期中，房地产投资增速均伴随着销售增速的回落而下行。

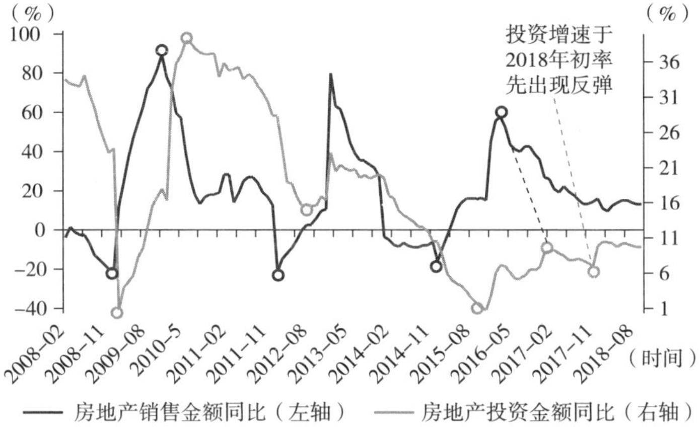

图 4.3　投资增速违背历史趋势率先出现反弹

资料来源：Wind 数据库，招商银行研究院。

（二）房地产销售增速的“厚尾”更“厚”

房地产销售增速为何持续回落？从历史上看，我国房地产周期的上行期短于下行期，即存在“右侧厚尾”现象（见图 4.4）。在 2009—2015 年的两轮完整房地产周期中，销售增速上行期平均历时约 1 年（分别为 11 个月和 12 个月），下行期平均历时约 2 年（分别为 27 个月和 24 个月）。而在 2015 年至今的不完整周期中，销售增速上行期历时 14 个月，与此前相若；但下行期则显著拉长，至 2018 年底已有 31 个月仍未见拐点。

房地产销售增速的“厚尾”现象与房地产行业调控政策“松短长紧”的特征相关。出现这一特征的原因在于，商品房兼具投资和消费属性，随着城镇化进程和人口的迁移变化，供给有限而需求刚性，价格易涨难跌，因此调控政策“松短紧长”。

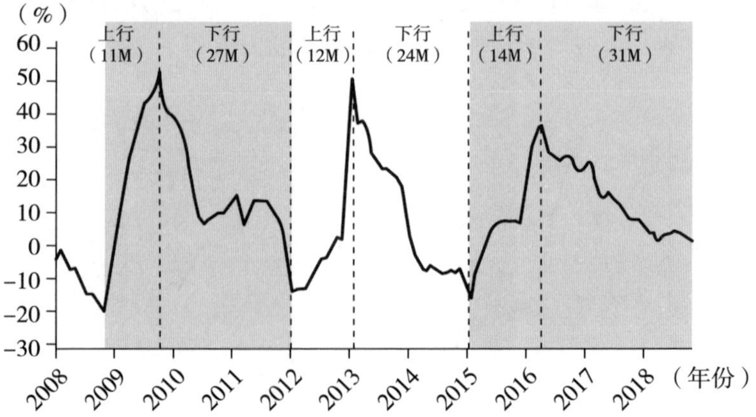

图 4.4 房地产周期存在“右侧厚尾”现象

资料来源：Wind 数据库，招商银行研究院。

然而，影响房地产周期的因素是复杂的，行业调控政策只是其中一个因素。城镇化、人口迁移和结构变化决定了房地产的长周期；而货币政策和调控政策影响着小周期。与前两轮小周期相比，本轮房地产周期销售增速的“右侧厚尾”现象更为显著：销售增长下行历时拉长，与此同时，销售增长具有韧性导致跌幅相对较小。究其原因，主要有以下两个方面。

第一，本轮房地产周期下行期政策组合的推进节奏和力度较前两轮不同。首先，货币政策相对宽松。在金融危机后的三轮房地产周期中，第一轮下行期 5 次降准、8 次加息（收紧）；第二轮下行期 1 次降息（中性）；而本轮下行期货币政策虽然表述为“中性”，但实际上降准已达 5 次，明显更为宽松。其次，房地产调控“因城施策”使得调控政策的节奏和力度出现结构分化。2016 年以来，一线、二线城市在“五限”和“两竞”的政策下，楼市迅速降温，商品房销售面积同比增速显著下滑。但三线、四线城市房地产调控政策出台较晚且尺度宽松，因此商品房销售面积同比增速和价格同比增速下滑较慢。考虑到三线、四线城市销售面积占全国销售面积比重超过七成，更具弹性的调控政策使得房地产销售具有韧性，下行较前两轮更为平缓。

第二，棚改货币化安置的推动。2015—2017 年棚改货币化安置比例显著提高，从 30% 上升至 60%。根据住房和城乡建设部披露的信息测算，2015—2017 年棚改货币化对全国住宅销售的贡献率逐年上升，分别为 14%、18%、21%。2017 年，棚改货币化安置对一线、二线和三线、四线城市住宅销售贡献率分别为 15.2%，23.9%。2018 年下半年棚改货币化政策虽有所调整，但全年安置比例仍然处于高位，对商品房销售形成显著支撑。

（三）房地产投资增速先于销售增速反弹

2018 年房地产销售增速持续下滑，而房地产投资增速却先行出现反弹，与历史走势相悖，主要是受到土地购置费高增长的驱动。土地购置费累计同比增速由 2017 年的 23.4% 快速攀升至 2018 年 11 月的 60.5%。此外，棚改也直接或间接地对房地产投资构成支撑，实物化安置直接拉动建安投资，货币化安置则通过商品房销售和库存去化间接拉动房地产投资。

总结房地产销售增速与房地产投资增速相背离的原因，销售端是在调控政策之下呈放缓之势，而在货币政策较松和棚改货币化安置的支撑下，房地产销售又表现出一定的韧性，“厚尾”现象明显；投资端则主要是由于土地购置费的高增长，房地产销售增速与投资增速因此出现背离。

二、第二重背离：土地购置费增速与建安设备费增速

（一）土地购置费高增长，建安设备费负增长

从历史上看，土地购置费增速与建安设备费增速具有较强的相关性。2009年以前，两者走势高度一致。2009年国家土地资源出让、买卖的招标、拍卖、挂牌制度被迅速推广后，土地购置费增速的波动性显著上升，但两者的走向仍大体保持一致。这主要因为房企要先拿地再施工，且拿地与施工均受商品房销售影响。

2018年房地产投资大体保持了10%的增长，但从构成上看却是“冰火两重天”：截至11月的累计同比，土地购置费达61%，拉动房地产投资同比增速12.7个百分点；建安设备费为–3.8%，拖累房地产投资同比增速2.8个百分点（见图4.5）。两者的背离，值得深究。

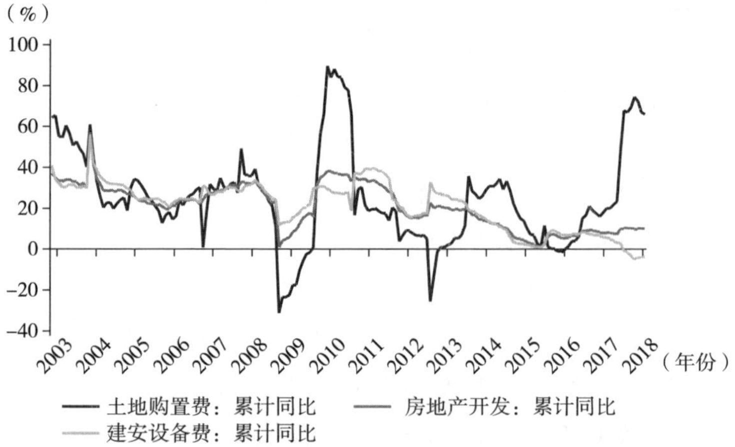

图4.5 土地购置费与建安设备费增速出现背离

资料来源：Wind数据库，招商银行研究院。

（二）土地购置费高增速：房企补缴拍地款推升增长

土地购置费源于前期拍地，而拍地首先受到土地供给政策变化的影响。与历次房地产调控减少土地供应不同，本轮房地产调控期间土地供给显著增加。2017 年 4 月，住房和城乡建设部与自然资源部联合下发《关于加强近期住房及用地供应管理和调控有关工作的通知》（以下简称《通知》），将库存周期与供地节奏联系起来。在低库存和销售韧性的支撑下，2017 年土地供给增加推动土地成交显著放量。房地产企业补缴 2017 年的拍地款（补缴比例约为 50%），推动 2018 年土地购置费持续高增长。

值得关注的是，三线、四线城市土地供给增速上升尤为显著。原因很明显，三线、四线城市的房地产销售从棚改货币化安置和"因城施策"的调控政策中获益更多，库存去化明显，土地成交显著放量。在《通知》下发后的 12 个月内（2017 年 5 月至 2018 年 4 月），全国土地成交面积为 12.3 亿平方米，较出台前的 12 个月（2016 年 5 月至 2017 年 4 月）增长了 1.9 亿平方米，增幅为 18.6%；其中三线、四线城市土地成交增长 1.6 亿平方米，占全国土地成交变化的 83%。

另外，商品房销售韧性维持一定的资金回流，能够提振房企拿地的信心。商品房销售的景气体现在销售面积和房价两方面。一方面，过去三年商品房年均销售面积（15.3 亿平方米）远超金融危机以来的平均水平（12 亿平方米）；另一方面，百城商品房价格指数环比连续 43 个月保持正增长，较前两轮周期显著延长。在"因城施策"的调控政策之下，房价增速出现明显分化，三线、四线城市的房价增速显著高于一线、二线城市。

（三）建安设备费负增长：融资约束叠加价格因素

土地购置费高增长不难理解。问题的关键是，为什么 2018 年房地产建安设备费会出现负增长？这需要细致的分析。我们发现其原因是在"紧信用"背景下，房企资金紧绌约束了建安设备费开支。

在"去杠杆""紧信用"的背景下房企融资来源受限。房地产行业近年来的高速发展很大程度上得益于表外融资，资管新规出台后非标规模持续收缩，房企资金来源受限。经济下行叠加"紧信用"环境使得房企融资成本大幅上升，金融机构风险偏好降低，加剧了房企资金链的紧张程度，也使得信用供给向头部房企集中，中小房企融资陷入困境。而且 2018 年还是房企偿债高峰，令资金周转"雪上加霜"。

在资金压力下，土地购置费高增长"挤出"建安设备费开支。相较而言，土地购置费开支是一项硬预算约束，补缴上一年拍地的分期款是房企的刚性支出，由于资金紧绌，对建安设备投资形成明显的"挤出效应"。

此外，价格可能也是一个因素。PPI 增速下行使得单位面积施工成本增速下滑。由于建筑施工需要投入大量水泥、钢材等工业品，单位面积施工成本与工业品价格高度相关①。2018 年全球经济增速开始放缓，总需求下滑，同时环保限产政策有所松动，使得 PPI 增速持续下行，价格因素在一定程度上减缓了建安设备费的增速。

总结土地购置费高增速与建安设备费负增长的原因，前者是由于补缴拍地尾款导致土地购置费高增长；后者是在资金压力之下土地购置费对建安设备开支的"挤出"。这造成了房地产市场的"第二重背离"。

---

① 建安设备费≈施工面积 × 单位面积施工成本 × 施工速度。

三、第三重背离：新开工增速与竣工增速

（一）新开工、施工与竣工面积数据背离

不论是逻辑上还是历史数据上，房地产新开工、施工与竣工面积增速均有较强的相关性。但 2018 年以来，房地产新开工面积增速一路向上，累计同比由年初的 2.9% 提升至 11 月的 16.8%；同期施工面积变化平稳有升，累计同比由 1.5% 小幅提升至 4.7%；而竣工面积增速则持续为负，11 月累计同比增速为 –12.3%（见图 4.6）。

高开工与低竣工的背离，是在资金捉襟见肘之下房地产开发行为“扭曲”的结果。

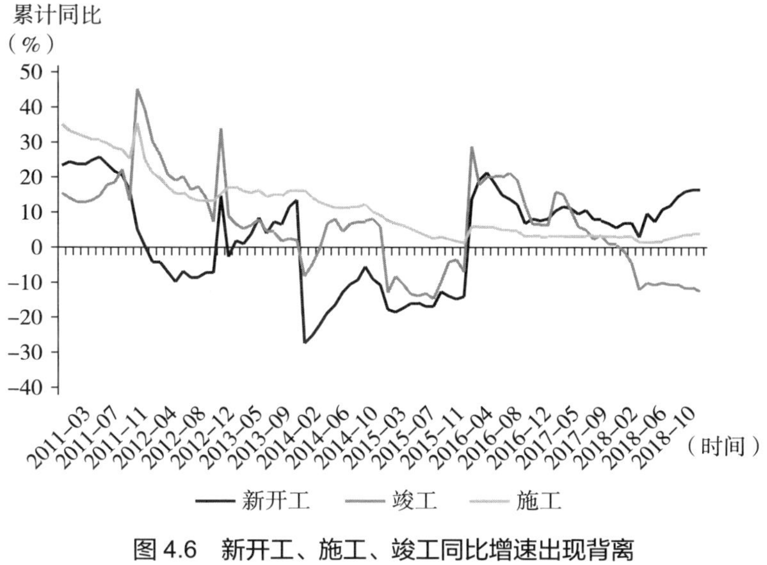

图 4.6　新开工、施工、竣工同比增速出现背离

资料来源：Wind 数据库，招商银行研究院。

（二）高开工：通过“抢开工”“高周转”快速获取销售回款

房企纷纷转向“抢开工”“高周转”模式，其背后的逻辑是，开工后即可申请开发贷，同时加快施工直至取得预售证，通过预售获取销售回款来应对资金压力。一个证据是2018年期房销售占比快速上升至86%。高开工在很大程度上与房企预期改变相关，为了争夺货币化棚改“最后的蛋糕”，房企“抢种抢收”的行为在三线、四线城市体现得尤为明显。

（三）低竣工：放缓施工、缩减支出

资金压力使房企被迫缩减可控支出。房企在通过“抢开工”快速获取预售证从而获取销售回款之后，显著放缓了后续施工直至竣工的节奏，实乃资金压力之下的理智之举。此外，小型房企退出及项目烂尾也对施工和竣工的增速造成向下的扰动。这一现象，可与2018年建安设备费负增长互相印证。

总结房企高开工、低竣工现象出现的原因，可以发现在“去杠杆”“紧信用”“严监管”造成的资金压力下，房企在拿地、开工、施工和竣工整个开发链条上的扭曲行为。

四、房地产市场展望：“三重背离”的收敛

事悖常理，必有蹊跷。“三重背离”的分析框架，为预测房地产市场的变化路径提供了重要线索。据此，我们对2019年之后的房地产市场做出如下判断。

（一）房地产销售将延续“长尾回落”趋势

首先，近年来支撑房地产销售的棚改货币化可能逐步淡出。棚改货币化安置推动了地方，特别是三线、四线城市此轮房地产市场行情，但随之也产生了一系列问题：一方面，居民通常会将补偿款作为购房首付款，推升居民部门杠杆率，刺激三线、四线城市的房地产销售和价格；另一方面，棚改货币化安置增加了地方政府的隐性债务水平。有鉴于此，住房和城乡建设部于2018年中表示，对于商品房库存不足、房价上涨压力较大的地方，应有针对性地及时调整棚改安置政策。棚改货币化的退潮，将拖累三线、四线城市的房地产销售增速。量在价先，销售持续“右侧厚尾”下行趋势，房价“只涨不跌”的预期松动，致使三线、四线城市房价下行的压力尤大。

（二）土地购置费增速将显著回落

2018年融资条件急剧收紧使得土地成交价款增速显著下滑，预示着未来缴拍地款的增速将会显著回落。而2018年全国土地流拍合计1 353宗，大幅超出历史水平。土地供应和成交回落将影响2019年土地购置费支出增速。而新增隐性库存（已开工未销售的商品房面积）上行，抑制房企在三线、四线城市拿地的冲动，将拖累后续的土地购置费增速。

（三）建安投资增速将回升

“抢开工”加速销售回款的“高周转”模式不可持续。随着交房期的临近，施工、竣工增速将回升。由于住宅期房的交房时间一般为两年左右，前期销售的期房将于 2019 年起逐渐进入交房期，施工、竣工增速大概率会因此回升。

2019 年，融资环境边际改善，资金压力有所缓释。房企大概率会恢复开工、施工、竣工的正常开发节奏。事实上，2018 年第三季度以来，房企资金来源已有所回暖。多地住房贷款利率下调，房地产开发资金来源中的贷款同比增速由 6 月的 4.6% 回升至 11 月的 7.6%。头部房企融资受益相对更多。虽然长期去杠杆的政策方向不变，但随着短期重点由“去杠杆”向“稳杠杆”转变，房企资金压力将会得到一定缓解，从而提振施工、竣工的增速。

（四）结论：“三重背离”无可避免趋于收敛

第一重背离“向下收敛”，即房地产销售增速延续“长尾下行”趋势，而房地产投资增速因土地购置费增长失速而下滑，使得销售增速与投资增速大概率向下收敛。

第二重背离“向中间收敛”，即土地购置费显著下行，而建安投资增速上行，两者向中间收敛。

第三重背离“向中间收敛”，即开工面积增速回落，而竣工面积增速上升，两者亦向中间收敛。

就经济增长的角度而言，2019 年房地产投资对经济增长的拉动作用将提升。结构上表现为土地购置费增速下行，导致房地产投资总量增速放缓，但是考虑到土地购置费不计入生产总值，在建安设备费支出增速回升的支撑下，房地产投资对于经济增长的拉动反而有所提升。

回归理性：房地产市场参与者的行为演变 *

严厉的调控政策使住宅市场出现拐点，游戏规则也相应地发生了深刻变化，对市场参与者——居民家庭、地方政府和开发企业——的行为产生了深远影响。从市场运行看，居民购房行为决定商品房需求，地方政府行为决定土地供应，房企开发行为决定土地需求和商品房供给，中央调控政策则构成房地产市场严厉的外部约束。

一、居民：购房行为

我国商品房的销售在新冠肺炎疫情防控期间意外地出现一个先跌后涨的“V”形小周期（图 4.7），2020 年第一季度快速陷入谷底，第二季度开始反弹，之后一路走高，最终，2020 年全年销售面积达 17.6 亿平方米，创历史新高。2021 年以来，房地产销售增长开始掉头回落，说明此轮周期顶点已经过去，销售放缓趋势大概率还将继续下去。

---

* 本文首次发表于《新财富》杂志，2021 年 8 月 28 日。

居民购房行为受居住偏好、预算和购房政策等多方面因素的影响。从全球看，新冠肺炎疫情对购房行为产生了显著的影响。

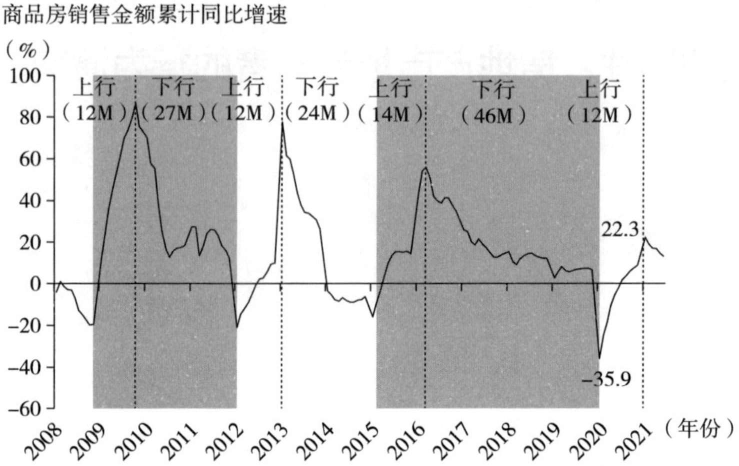

注：2021 年数据为两年平均增速。

图 4.7 中国房地产“新周期”逆势开启

资料来源：Wind 数据库，招商银行研究院。

首先，居家办公增加了家庭对居住空间的诉求，降低了对方便通勤的区位要求，这在西方国家表现得尤为明显。以美国为例，市郊住宅的价格涨幅显著超过市中心。截至 2021 年 7 月，美国次密集城市房价的涨幅达 23.1%，超过最密集城市的 21.1%。这种变化在中国的表现并不明显，主要是因为我国新冠肺炎疫情“先进先出”，复工复产迅速，没有形成持久的居家办公常态。核心区域的商品房仍然更受青睐，一线城市二手房价格上涨 15.0%，而二线城市、三线城市仅分别上涨 5.9% 和 4.8%。

其次，宽松的货币政策和直接的财政补贴，提升了房地产投资的预期回报，降低了居民加杠杆的成本。与发达国家相比，我国的货币政策相对克制，作为按揭贷款定价基准的 5 年期 LPR（贷款市场报价利率）下调 15 个基点，而美国 30 年期抵押贷款利率下调了 85 个基点。2020 年发达经济体和新兴市场国家的居民杠杆率分别大幅上涨了 9.1% 和 9.6%，我国居民杠杆率上行 4.3%，涨幅处于全球较低水平。这种差异，在很大程度上决定了房价的涨幅。相较 2020 年初，2021 年 7 月中国房价平均涨幅为 6%，美国则超过 19%。

此外，新冠肺炎疫情对居民收入的冲击出现了“K 型分化”。高收入群体受新冠肺炎疫情冲击小，更多受惠于宽松政策带来的资产收入，而低收入工薪阶层受新冠肺炎疫情冲击相对较大。不过，美欧在财政大规模转移支付的推动下，低收入人群的收入上升，提振了房租水平；在中国，一方面，在高收入群体投资需求的推动下房价不断上行，另一方面，居民平均收入增速下行导致房租不升反降，目前仍然低于新冠肺炎疫情发生前的水平。

总结而言，我国这一轮房价上涨的幅度，相对发达国家而言尚算温和，而且上涨周期的时长也比较短。这背后还有两个原因：一是政策干预，我国迅速采取强力措施“稳地价、稳房价、稳预期”；二是房地产施工受新冠肺炎疫情影响的程度不同，目前西方国家的新房开工、竣工仍显不足，供需缺口加大，推动房价上行。

二、地方政府：供地行为

新冠肺炎疫情之前，地方一般财政预算收入增长速度就已开始放缓，主要是减税降费的缘故。新冠肺炎疫情暴发后，地方财政收入端大幅下滑，支出端与疫情防控相关的开支上升，导致财政吃紧。地方政府通过土地出让来补充公共财政的动机显著增加，2020 年土地出让收入占地方综合财力（一般财政预算收入 + 土地出让收入）的比重上升了 4%。

地方政府的供地行为发生了明显变化。高线城市加快推出核心地段住宅用地，供地结构向核心区域集中，目的是激发更多房企参与拍卖拿地，获得更多卖地收入。这种策略的自然结果就是2020 年全国土地成交按面积计增长 –1.1%，按价款计却大幅增长17.4%，说明土地溢价率上升。低线城市自棚改退出后，土地成交增速明显下滑，房企拿地向一线城市集中（见图 4.8）。

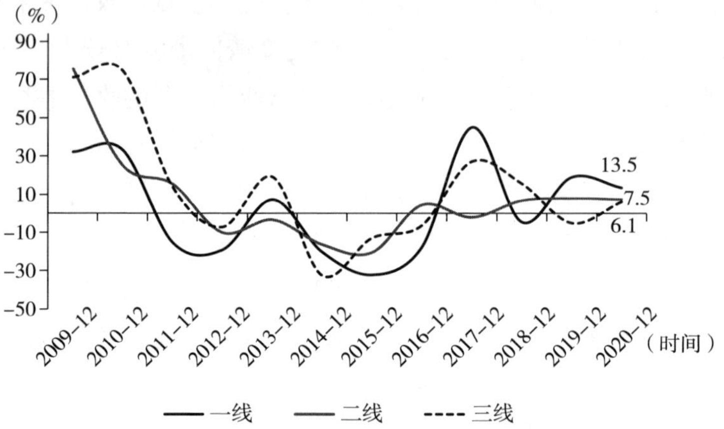

图 4.8　2020 年各线城市成交土地面积增速

资料来源：Wind 数据库，招商银行研究院。

从中央的角度来看，地价上升太快，并非理想情况。进入2021 年，房地产调控的主导逻辑转向“稳地价”，成为“三稳”（稳地价、稳房价、稳预期）之首。中央要求地方政府提高政治站位，确保土地溢价率保持平稳。

中央为“稳地价”推出了两项新政：一是集中供地，二是土地收入划转税务部门征收。不过，第一轮集中供地的效果并不明显，总溢价率虽较 2021 年下降了 0.6%，但结构依然分化。核心区溢价率较 2020 年上升了 1.5%，非核心区下降了 4.7%。核心区成交建筑面积占比由 2020 年的 44.9% 升至 54.1%。溢价率仍然偏高，部分城市被迫叫停第二轮集中供地，同时调整供地规则。

为控制溢价率，地方政府势必要调整供地策略和供地结构。考虑到过去商业或办公楼的库销比持续高于住宅，未来或将进一步加大住宅供地比重。预计到2022年，高线城市的土地集中供应将向非核心区转移，以控制溢价率，完成“稳地价”的政治任务。

三、房地产企业：开发行为

目前，房地方开发企业面临着前所未有的融资约束。《关于规范金融机构资产管理业务的指导意见》出台后，房企通过非标融资的渠道就已经全面收紧，金融机构的风险偏好降低，小型房企逐渐失去融资来源，信用供给向头部房企集中。部分头部房企相信“大而不倒”，反而逆势加快扩张速度，通过中资美元债的方式在境外融资，导致融资成本上升，财务杠杆加大，期限错配明显。

为维持现金流，头部房企采取加速周转的策略，在经营行为上体现为高开工与慢施工、低竣工的背离。高开工，目的是尽早进入预售期，获取销售回款；慢施工，目的是缩减现金流支出，在数据上表现为低竣工。2018—2019年，房地产新开工面积两年平均增速为12.8%，而施工和竣工的两年平均增速仅为6.9%和–2.7%。

这套把戏，当然逃不过监管部门的法眼。新冠肺炎疫情之下，房地产销售和价格逆势上升，调控措施加码，进一步从融资渠道延伸至开发主体。2020年8月，监管部门划出“三道红线”，直接为房地产企业设置杠杆率要求；12月出台《关于建立银行业金融机构房地产贷款集中度管理制度的通知》，明确贷款集中度上限，约束商业银行的房地产贷款占比。这套组合拳迎头痛击了那些长袖善舞、激进扩张的龙头房企。

房地产开发企业的融资约束，从维持现金流转向“降杠杆”，房企行为相应转向，呈现出与前期截然相反的“低开工、快施工、高竣工”特征。在预售阶段，房企收取首付款和贷款，会计处理上借记“银行存款”（资产增加），贷记“预收账款”（负债增加），尽管可以回流现金，但也使房企负债增加、杠杆率上升。集中供地又降低了房企在拿地环节的资金使用效率，使房企不得不减少拿地和新开工数量，将资金更多地向施工倾斜，以期尽快确认销售收入，降低杠杆率。数据表现为，一是施工和竣工增速高于新开工（见图4.9），2021 年 1—7 月，新开工面积的两年平均增速为 –2.7%，而施工和竣工面积两年平均增速分别达到 6.0% 和 5.8%；二是叠加大宗商品价格猛涨，建安成本增加，建安投资增速超过土地购置费增速。

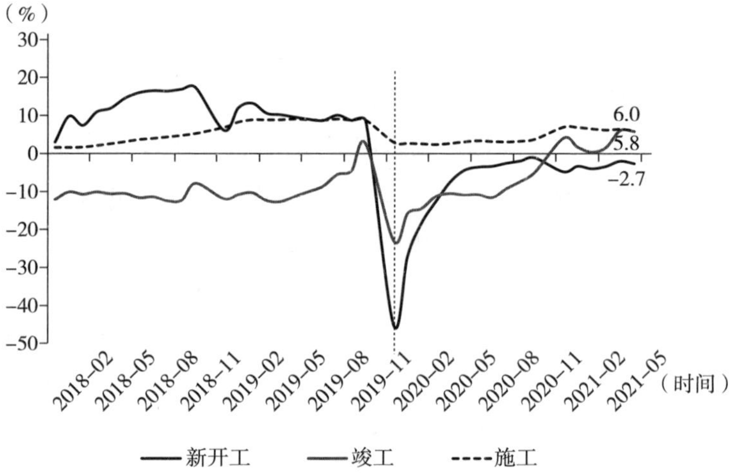

注：2021 年数据为两年平均增速。

图 4.9　新开工、竣工和施工面积累计同比增速

资料来源：Wind 数据库，招商银行研究院。

四、结语：理性回归市场

对于居民而言，在“房住不炒”的政策目标下，房地产的投机行为将受到进一步遏制，真实的居住需求趋于理性，这部分需求受制于人口增长、新家庭组建和人口流动的变化。在人口增速放缓、老龄化趋势加快、共同富裕的发展框架下，从长远来看，居民加杠杆的能力和意愿下降，真实的居住需求制约着房地产销售的增长，进而抑制房地产投资增长。

地方政府的供地行为，在“稳地价”的要求下，高线城市逐渐向非核心区域转移，低线城市为吸引房企拿地可能必须推出黄金地段的土地，城市间土地溢价率的分化将趋于收敛。各种竞拍规则花样翻新，各出奇招，以在满足土地财政需求的同时，控制土地溢价率。

房地产企业的行为，首先是降杠杆、活下来，尽快满足“三道红线”的要求。这在短期内明显制约了部分高负债企业的行为，中短期内施工和竣工面积增速将超过新开工增速，高杠杆民营房企的土地储备势必被快速消耗。而国企的拿地份额上升，加上土地溢价率受压，开发利润有望回升，国有头部房企的可持续发展优势将逐步凸显。

中央的调控目标是明确的，对三大市场参与主体而言，需要深刻理解房地产市场的逻辑已发生根本变化。展望未来，调控政策相机抉择的灵敏度和强度都会上升，“稳地价、稳房价、稳预期”的效果将逐渐显现，房地产行业周期性特征或将进一步弱化。居民投机炒房、扭曲的土地财政和民营房企的无序扩张，都将逐步回归理性。

棚改政策的由来、得失与影响 *

2018 年 10 月，李克强总理在国务院常务会议上强调，棚改是重大民生工程，也是发展工程。这项旨在改善居民生活和居住条件的工程，推动了房地产市场的蓬勃发展。2019 年 4 月，棚改政策开始退潮，对宏观经济和区域经济造成冲击。本文详解了棚改政策的由来、资金得失、经济影响，指出受棚改退潮影响，商品房销售增速将继续长尾回落，且仍将呈现一线、二线城市走强，三线、四线城市走弱的分化格局。此判断在之后的数据中得到了印证。棚改退潮对房地产的价格、销售和投资造成显著拖累，进而对地方财政收入和宏观经济增长形成了压力。

一、引言：一项民生工程的政策演变

棚改本质上是一项民生工程，目的在于改善居民生活和居住条件。2005 年辽宁省便已开展棚改试点，2008 年国务院决定全面

* 本文首次发表为招商银行“首席观点”研究报告，2019 年 7 月 11 日。

启动棚户区改造工程[1]。当时，棚改主要以实物化安置的方式进行，通过新建安置房置换棚户区住房，即“以房换房”。因为实物化安置不涉及市场交易，所以对房价影响较小，而且安置房建设对房地产投资具有拉动作用。

2015年，国务院决定加快棚改项目建设，开始推进货币化安置工作。政府以现金交易方式将拆迁款直接支付给棚改区居民。货币化方式彻底激活了棚改居民的房地产和消费金融行为。据调研，棚改补偿款中的七成被用于购房，部分居民会选择贷款加杠杆以进一步改善住房条件；另外三成则用于增加储蓄和提升消费。大规模的棚户区改造，加之货币化安置的杠杆效用，导致商品房销量大增，房地产库存被快速消化，推动房价上涨，加大房地产投资力度，在拉动钢铁、水泥等上游部门的同时，也带动了家电、家具、装潢、汽车等“后地产链”的繁荣，从而对宏观经济产生广泛的影响。

2019年4月，财政部公布2019年全国棚户区改造规划285万套，相较2018年规划套数（580万）“腰斩”54.2%。至此，国务院2015年出台的“棚改三年计划”到期[2]，此轮大规模的棚改政策开始“退潮”。

潮起潮落，云卷云舒。是时候总结此轮棚改政策的得失，以及预判一下次棚改“退潮”对宏观经济和区域发展可能产生的影响了。

---

① 2008年11月9日，国务院会议确定了进一步扩大内需、促进经济增长的10项措施，包括“加快建设保障性安居工程，加大对廉租住房建设支持力度，加快棚户区改造，实施游牧民定居工程，扩大农村危房改造试点”。

② 2015年6月30日，国务院发布《关于进一步做好城镇棚户区和城乡危房改造及配套基础设施建设有关工作的意见》，要求2015—2017年完成改造包括城市危房、城中村在内的各类棚户区住房1 800万套，加快棚改项目建设，并积极推进棚改货币化安置工作。

二、货币化安置的缘起：房地产去库存

从2009年底至2016年初，我国商品房待售面积由2亿平方米快速升高至7.4亿平方米，去化周期由2.3个月提升至6.2个月。导致房地产库存上涨的原因，从大叙事的角度而言，就是次贷危机引发的全球金融风暴之后，政府快速推出“四万亿”刺激措施，房地产价格出现了一轮上涨周期；与此同时，我国地方政府的各类平台公司如雨后春笋，迅速成为城市土地开发和新区建设的主体。在保增长和土地财政的政策激励下，地方政府加快推出土地，大量企业涌入房地产开发领域，特别是在准入门槛较低的低线城市。2010年政府开始收紧房地产调控政策，冲击了前期拿地开工竣工的商品房销售行情，致使库存不断积累。

不断升高的房地产库存，拖累了我国的经济增长。首先受到影响的是房地产投资。高库存制约了开发商的投资意愿，房地产投资增速从2010年开始显著下行，并于2015年末滑落至1.0%的历史低位。投资需求不足导致生产速度放缓，工业增加值增速大幅回落，对经济增长形成显著拖累。2015年4月，规模以上工业增加值同比增长6.2%，较2014年大跌2.1个百分点，增速明显下了一个台阶，此后持续停留在6%的中枢附近。

高库存抑制了房企拿地的意愿，使土地出让不畅，增加了地方政府财政收支的压力。2015年6月全国土地成交面积同比减少34%，国有土地出让收入同比下降38%，地方政府土地出让陷入“量价齐跌”的窘境。在财政压力下，地方政府有加大土地供应的动机，但这进一步强化了房价下行的预期，拖累商品房销售，继续积累库存，形成恶性循环。传统的房地产调控政策似乎无力纾解这一困局。

在此背景下，棚改货币化安置政策应运而生：通过货币化安置激活商品房销售环节，进而带动库存去化和土地出让，提振房地产

销售和投资，托底经济增长，缓解地方政府财政收入压力，效果几乎立竿见影。由此，棚改货币化安置政策创新了我国房地产的调控机制，从而具备宏观逆周期调节功能。

三、钱从何来：创新金融机制

棚改的资金来源主要包含政策性银行贷款、财政支出资金和债券融资等。自货币化安置工作全面开展以来，政策性银行贷款资金占比从 2013 年的 47% 左右跃升至 2017 年的 85%，在棚改资金来源中占据绝对主导地位。其中，央行创设的 PSL（抵押补充贷款）是棚改货币化推行最重要的金融工具：央行通过国家开发银行（以下简称“国开行”）向地方政府发放专项贷款，而地方政府通过回收土地获得卖地收入偿还贷款（见图 4.10）。

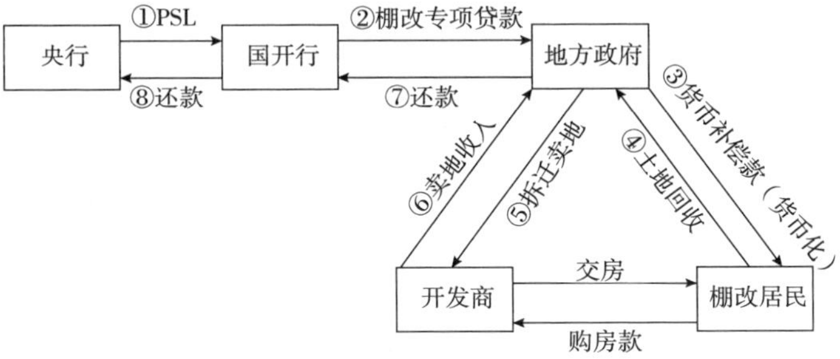

图 4.10 PSL 运作机理

资料来源：Wind 研究院，招商银行研究院。

央行于 2014 年创设 PSL，目的在于通过政策性银行为棚改项目提供长期稳定、低成本的资金来源。2014 年 6 月，国开行专门成立住宅金融事业部办理棚改相关贷款业务，并进行单独核算，加大了对棚改的支持力度。2015—2016 年 PSL 在政策性银行贷款金额中占比分别高达 91%、82%。截至 2018 年底，PSL 存量规模高达 3.5 万亿元。

本质上，PSL 具备两个特征。一是向地方政府提供了一项长期低成本的贷款。2014 年以来 PSL 利率较长期贷款利率平均下浮 40% 左右，部分 PSL 期限长达 25 年之久。二是向特定区域进行了定向货币投放，具备结构性特征。不同于总量调控工具，PSL 可向特定区域投放，例如，房地产库存较高的三线、四线城市，配合棚改货币化推动结构化去库存。

四、经济解释：棚改货币化的得失

首先，棚改货币化安置显著拉动了商品房销售。2015 年之后，货币化安置比例快速提升，由 2014 年的 9% 升至 2017 年的 60%，棚改货币化安置对商品房住宅销售的贡献率不断提升，由 2014 年的 3% 升至 2017 年的 21%；2018 年棚改货币化安置力度略有下滑，货币化比例约为 50%，对住宅销售面积的贡献率降至 18%。

其次，得益于货币化棚改带来的销售景气，商品房去库存取得了显著效果。2019 年 3 月，全国商品房库存 5.2 亿平方米，较 2016 年初的高点下降了 30%。相应地，商品房库存去化周期由 6.2 个月下降至 3.3 个月。其中，三线、四线城市去库存效果尤其显著，2015—2018 年库存同比增速显著低于一线、二线城市（其中 2016—2017 年同比增速为负），由于三线、四线城市商品房销售面积占全国 60% 以上，这有力地带动了全国商品房库存去化。

同时，棚改货币化安置政策延长了始于 2015 年的本轮房地产周期销售的景气时长，并造成了不同城市之间的分化。2017 年第四季度后一线、二线城市销售开始出现负增长，但受棚改货币化安置政策支撑，三线、四线城市销售持续位于景气区间（见图 4.11）。这使得本轮房地产小周期销售面积同比增速连续 41 个月正增长，长度显著超出前两轮房地产周期（平均 24 个月）。

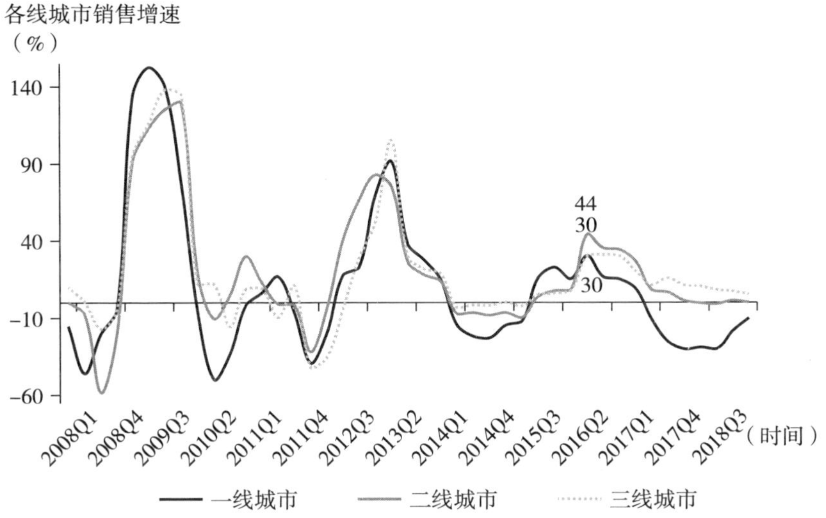

图 4.11　长尾：本轮房地产周期下行期更长

资料来源：住房和城乡建设部，招商银行研究院。

再次，房地产销售上行、库存下降推动了房价上涨。2015 年 8 月至今，百城住宅价格指数同比增速连续 44 个月为正，景气区间时长显著超出前几轮房地产小周期。2017 年中以来，房价走势出现分化，受货币化棚改支持，更多的三线、四线城市房价同比增速显著超过一线、二线城市。

最后，房价上涨预期又拉动了房地产投资，支持了宏观经济在 2016—2017 年企稳回升。

然而，我们应该看到，货币化棚改在提高安居保障、助力去库存和推动经济企稳的同时，也对地方政府债务和居民杠杆产生了负面影响。

首先，PSL 增加了地方政府的显性债务。PSL 从发放到偿还，棚改需经历摸查棚改居民基本情况、丈量棚户区拆迁面积、协商货币补偿价格、货币补偿发放、棚改居民搬迁、棚户区拆除、棚改土地拍卖等流程，全程历时 5~10 年。棚改项目的土地拍卖收入是地方政府偿还 PSL 的重要资金来源，若在此期间地价下跌，将增加地方政府的还款压力。相较实物化安置，货币化安置的时间更长、成本更高，因此债务偿还压力更大。当前 3.5 万亿元的 PSL 余额在地方政府显性债务中占比约为 18%。

其次，棚改货币化增加了地方政府的隐性债务。在货币化安置过程中政府多采用购买服务，以社会平台承接动员、征地、拆迁等工作。但承接平台在开展安置工作时常有不规范的举债行为，若政府为承接平台举债背书，则构成了地方政府的隐性债务。财政部官网曾发文指出，棚户区改造是地方政府隐性债务的一大来源。①

最后，货币化安置也推升了居民部门的杠杆率。棚改货币补偿通常存在溢价，大部分棚改居民用部分补偿款作为首付，在此基础上加杠杆购房，使房价上涨、其他购房者负担加重，从而推升了居民部门的总体杠杆率。我国居民部门杠杆率由 2014 年底的 35.6% 快速攀升至 2018 年的 53.2%，上升斜率远高于政府部门和企业，这在很大程度上是受到棚改影响的。一个证据是，居民部门债务余额的增长与商品房销售面积和个人住房贷款余额均高度相关，且个人住房贷款（含公积金贷款）余额在居民部门债务余额中的占比超过 65%。

---

① 《宁波专员办：当前棚户区改造工作面临的问题及对策建议》，财政部官网。据审计署披露，2015 年 12 月至 2016 年 9 月，包头融资平台公司借款 81 亿元用于市政道路建设、棚户区改造项目等，包头市政府出具承诺函承诺上述借款本息或基金由财政资金偿还、回购。截至 2017 年底，隐性债务余额 52.36 亿元，约占包头市 2016—2017 年棚改投资额的 24%。

五、棚改退潮，影响几何?

（一）2019 年全国棚改规划套数“腰斩”

因其对地方政府债务和居民部门杠杆率产生的负面影响，棚改政策在 2018 年下半年开始退潮。国务院与住房和城乡建设部多次表示，各地将因地制宜调整完善棚改货币化安置政策，房价上涨压力较大、库存不足的地区将会缩减货币化安置比例。国开行也相应于 2018 年下半年收紧了 PSL 的审批。除 4 月财政部公布全国棚改规划套数减半之外，2019 年 1—6 月新增 PSL 累计同比减少 68%，指向棚改货币化安置的资金来源亦被“腰斩”。考虑到 PSL 大部分均在上半年投放，下半年棚改的资金来源不容乐观。

（二）对商品房销售的影响估算

有鉴于此前棚改政策对房地产销售的巨大拉动作用，我们有必要对棚改退潮的影响进行估算。假设 2019 年货币化安置比例有两种场景：一是与 2018 年持平在 50%，二是进一步下滑至 30%；并假设棚改实际开工的三种情形：在悲观情形下，棚改实际开工率为 100%，全年开工 285 万套；在中性情形下，实际开工率为 108%（与 2018 年完成率相同），全年开工 308 万套；在乐观情形下，实际开工率为 153%（根据 2018—2020 年棚改规划及此前完成情况估算），全年开工 437 万套。

测算结果表明，棚改退潮将对商品房销售面积有显著拖累效果。当货币化安置比例为 50% 时，在悲观、中性、乐观情形下，棚改货币化退潮对商品房销售面积的拖累分别为 10.0 个、9.3 个、5.5 个百分点；当货币化安置比例为 30% 时，在悲观、中性、乐观情形下，棚改货币化退潮对商品房销售面积的拖累分别为 13.3 个、12.9 个、10.7 个百分点。

销售疲弱将产生两方面的负面影响。首先是房价。2019 年 6 月，百城住宅价格同比增速由 2018 年底的 4.9% 下滑至 3.9%。预期房价上涨的比例也从 2018 年底的 27.4% 下滑至 3 月的 25.8%。棚改退潮对棚改项目集中的低线城市的房价造成的压力更大。简单从房价变动上看，2016 年以来，一线城市房价（百城房价）同比增速平均低于全国平均水平，二线城市房价同比增速平均略高于全国平均水平，三线、四线城市房价同比增速平均高于全国平均水平，一线、二线、三线、四线城市房价的下行压力或将逐级加大。

房地产销量下滑将造成房企资金链的紧张，进而传导至地方财政。当前房企的资金周转高度依赖销售回款（占比达 90%），商品房销售疲弱将拖累房企拿地和施工，拿地意愿疲弱对地方政府土地出让造成了不利影响，毕竟 2018 年土地出让收入占地方政府一般公共预算收入的比重高达 66%。2019 年 1—5 月，商品房销售面积同比下降 1.6%，土地成交价款同比下降 35.6%，这将进一步增加减税降费下地方财政收支平衡的压力。

（三）对房地产投资增速影响的估算

棚改退潮对房地产投资的拖累体现在两方面。

一方面，实物化安置缩减将对房地产投资形成直接拖累。根据住房和城乡建设部公布的数据推算，2017 年棚改实物化安置套均成本约为 24 万元①，假设 2019 年实物化安置套均成本仍然维持在这

① 根据住房和城乡建设部公布的棚改投资金额，由棚改投资金额 = 实物化安置套均成本（市场估算实物化安置套均成本为货币化安置套均成本的 70%）× 实物化安置套数 + 货币化安置套均成本 × 货币化安置套数，计算得到货币化安置套均成本和实物化安置套均成本。

一水平，当货币化安置比例为50%时，在悲观、中性、乐观三种情形下房地产投资增速分别受到3.1个、2.9个、1.6个百分点的直接拖累；当货币化安置比例为30%时，在悲观、中性、乐观三种情形下，房地产投资增速分别受到2.0个、1.7个百分点的拖累和0.1个百分点的拉动。

另一方面，货币化安置缩减将通过商品房销售对房地产投资形成间接拖累。2001—2018年房地产投资增速变化对销售增速变化的弹性约为0.18。据此简单推算，在悲观、中性、乐观三种情形下，当货币化安置比例为50%时，房地产投资将分别受到1.8个、1.7个、1.0个百分点的间接拖累；当货币化安置比例为30%时，房地产投资将分别受到2.4个、2.3个、1.9个百分点的间接拖累。值得一提的是，这一静态测算并未考虑到在价格与预期改变的情况下房企与消费者行为的动态变化，极有可能低估了棚改货币化退潮对房地产投资的拖累幅度。

综合直接和间接影响，在悲观、中性、乐观三种情形下，货币化安置比例为50%时，2019年棚改退潮对房地产投资增速的拖累幅度分别为4.9个、4.6个、2.6个百分点；当货币化安置比例为30%时，拖累幅度分别为4.4个、4.0个、1.8个百分点。

六、区域风险评估：潮水退去，谁在裸泳？

由于棚改政策本身有着显著的区域化特征，因此，有必要对棚改退潮对不同地区造成的风险加以评估。本文简单评估了三方面风险：一是商品房销量下滑的风险；二是房价下跌的风险；三是地方政府财政压力。

（一）商品房销量下滑的风险

棚改退潮对商品房销售的影响可以拆分为两个维度。一是棚改规划套数的缩减幅度，二是房地产销售对棚改货币化的依赖程度（以下简称“棚改货币化依赖度”）。其逻辑在于，若某地棚改规划套数的缩减幅度与棚改货币化依赖度均较高，则该地区受棚改退潮的负面影响也较大。

从棚改规划套数的缩减幅度看，数据显示，除广西、福建、天津外，其余地区 2019 年棚改计划较 2018 年开工量均有不同程度的下滑。其中，山东、河南、新疆、贵州棚改规划缩减的幅度和规模均较大。从棚改货币化依赖度看，西部地区和东北地区房地产销售对棚改货币化安置的依赖度较高。2016—2018 年，青海、甘肃、内蒙古、贵州、黑龙江、山西、陕西、吉林货币化带动的销售面积占商品房销售面积的比重超过 30%。

综合各地棚改缩减幅度和棚改货币化依赖度，可以计算各地商品房销售面积增速受棚改退潮的拖累程度[①]。结果显示，销售下行压力较大的高风险地区包括新疆、西藏、贵州、黑龙江、青海、山东、内蒙古，中性情形下这些地区商品房销售面积增速受到的拖累均超过 20 个百分点；中风险地区包括山西、河南、吉林，中性情形下这些地区商品房销售面积增速受到的拖累在 15 个百分点左右。

我们进一步将区域风险与经济发展水平结合起来观察，发现无论是棚改货币化依赖度还是未来受棚改退潮拖累程度，都与该地区人均 GDP 水平负相关。由此就可得出一个基本的结论：经济欠发达地区的商品房销售受棚改退潮影响相对较大。

---

① 2019 年房地产销售增速受到拖累程度 =（2019 年棚改开工套数 × 货币化安置比例 × 套均安置面积 – 2018 年棚改开工套数 × 货币化安置比例 × 套均安置面积）/ 2018 年房地产销售面积。

（二）房价下跌的风险

我们分析的逻辑如下，假设某地区房价下行的风险与该地区房价的历史涨幅正相关，并以 2015 年棚改货币化加速推行以来的房价涨幅作为房价泡沫的代理变量。进一步假设棚改是各地区房价历史涨幅的重要驱动因素，那么房价历史涨幅大，且棚改退潮对销售拖累大的区域面临的房价下行风险相对较高。

以历史房价涨幅超过 20% 和受棚改退潮拖累销售增长超过 20 个百分点作为高风险区间，数据显示，贵州、山东、黑龙江三地的低线城市面临的房价下行压力最大；若以历史房价涨幅超过 20% 和受棚改退潮拖累销售增长超过 10 个百分点作为中风险区间，那么山西、河南、陕西、浙江、吉林、湖南、甘肃等地的低线城市房价面临的风险亦不容忽视（见图 4.12）。

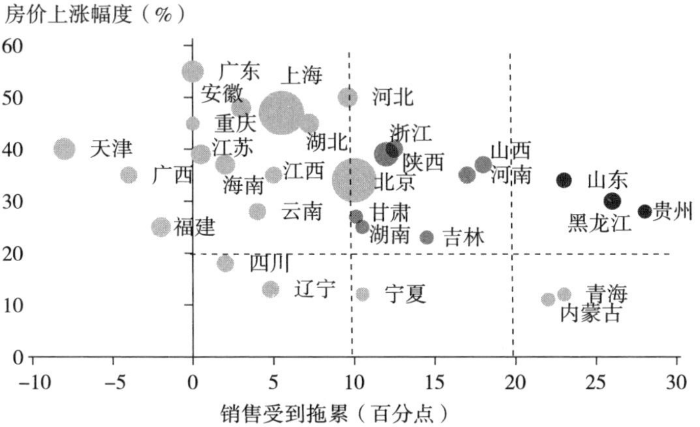

注：不同深浅的颜色区分了高风险、中等风险和低风险地区。气泡面积越大表明该地区房价绝对水平越高。新疆、西藏的商品房销售受棚改拖累超过 70 个百分点但房价涨幅小于 10%，未在图中列示。

图 4.12　各地区房价受棚改货币化退潮影响程度

资料来源：Wind 数据库，住房和城乡建设部，招商银行研究院。

（三）地方政府财政压力

如前所述，房地产销量下滑和房价下行将通过制约开发商的拿地意愿，进而对地方政府土地出让收入形成压力。逻辑上，各地财政受棚改退潮影响的程度，与其对土地财政依赖度和商品房销售受棚改退潮拖累的幅度正相关，因此可以结合这两个维度来观察政府财政收支受到冲击的程度。数据显示，山东、青海和黑龙江等地处于高风险位置，而河南、山西、吉林、甘肃、湖南、浙江和陕西的财政压力也比较大。

七、结语：房地产市场压力加大，政策可能边际对冲

综上所述，棚改退潮将会对房地产的价格、销售和投资造成显著拖累，进而对地方财政收入和宏观经济增长形成压力。受棚改退潮影响，商品房销售增速将继续长尾回落，且仍将呈现一线、二线城市走强，三线、四线城市走弱的分化格局。

在贸易摩擦的大背景下，房地产调控或将边际放松。一方面，房地产销售下滑已经拖累土地成交情况，对政府性基金收入形成了较大压力。尤其是2019年实施了更大规模的减税降费后，财政压力本就较大。另一方面，房地产市场平稳健康发展也有助于达成稳就业、稳增长的政府工作目标。因此，部分三线、四线城市房地产调控政策有望进行边际调整，但在“房住不炒”的大背景下，政策难以出现全面放松，“因城施策”仍会是当前房地产调控政策的主基调。

据历史经验外推，房地产政策“因城施策”的边际松动也可能在下半年出现。在最近三轮房地产小周期中，商品房销售面积负增

长 2~3 个季度后政策开始有所调整，而在此轮房地产周期中商品房销售面积已于 2019 年 2 月开始出现负增长。考虑到本轮商品房销售面积负增长幅度不大，以及 2020 年“稳增长”的必要性，下半年房地产政策大面积放松的可能性并不高。

从棚改退潮的区域风险上看，部分地区的房地产销售和地方财政可能受到较大冲击，西部地区和东北地区的三线、四线城市房地产压力比较大，政策可能首先面临调整。综合房地产销售、房价和土地财政三个维度，山东、黑龙江、贵州的压力最大。

国际信用评级机构的“信用危机”*

2017年，国际信用评级机构穆迪和标准普尔先后下调了中国主权信用评级展望，引发市场关注。在有效的新冠肺炎疫情防控下，即使预估未来几年中国可能会保持高于平均水平的经济增长，穆迪和标准普尔也没有调高对中国的主权信用评级。国际信用评级机构的认知误差，使其评估的公信力进一步下降。

金融危机后，国际信用评级机构陷入了空前的公信力危机，大型跨国金融机构都开始建立自己的信用分析和管理团队，评级机构面临人才流失和评级技术落后的双重窘境，其评级报告多次被“打脸”。2017年9月，标准普尔（以下简称“标普”）下调中国主权信用评级，同样没有得到市场的认同。其认知误差，除了源于对中国的偏见，更是技术和方法出了问题。

2017年中，随着我国供给侧结构性改革取得了明显成效，多家国际机构包括IMF均调高了对中国经济增长的预测。但在9月21日，评级机构标准普尔宣布将中国的长期主权信用评级从AA-降至A+，展望调整为“稳定”，理由是：中国信贷增长可能带来金融风险。这是自

---

* 本文首次发表于《新财富》杂志，2017年10月22日。

2017 年 5 月另一家评级机构穆迪下调中国主权信用评级之后，第二家国际评级机构下调中国的主权信用评级。

穆迪当时的判断是，未来几年中国的经济增长将下行，但债务水平将上升，会削弱总体的金融状况。穆迪对中国经济增长和金融改革的信心不足，认为难以阻止总体债务水平的上升。然而事实是，经过长达 6 年的缓慢下行，中国经济终于从 2016 年开始向上拉升，迎来稳中趋进的积极势头。2017 年前三个季度的增速均超出市场预期，供给侧结构性改革取得成效，实体企业盈利大幅提升，经济增长的质量提高，宏观杠杆率上升趋势得到逆转，基本面明显改善而信用风险下行。穆迪对中国经济持续下行的预判已被证伪。事实上，IMF 年中又再一次上调了对中国经济增长的预测，这已经是 3 个月内的第二次上调。在这种背景下，标普下调中国主权信用评级，显得有些突兀。

2017 年以来，中国经济表现出积极的韧性，上半年 6.9% 的 GDP 增速超出了市场预期，而第三季度 6.8% 的增长也表现不俗；全球经济整体上表现出良好的同步复苏态势。在金融改革方面，中国的宏观审慎监管架构基本形成，金融监管的力度明显加强，M2 增速趋势性下行至名义 GDP 增速以下，8 月更是滑落至 8.9% 的历史低位。上半年我国名义 GDP 增速为 11.4%，银行业资产规模增速为 11.5%，大体相当；金融杠杆增长过快的势头已基本得到抑制；资金外流趋势逆转，人民币汇率在“清洁浮动”下逐步企稳。

随着全球经济的复苏和中国经济的回升，中国实体经济部门的盈利水平大幅改善。2017 年 1—8 月全国规模以上工业企业实现利润同比增长 21.6%，增速比 1—7 月的 21.2% 提高了 0.4 个百分点；8 月单月同比增长 24%，比 7 月的 16.5% 提高了 7.5 个百分点。实体经济的盈利改善，导致中国的商业银行资产质量明显提高，金融体系更加稳健。

个别国际评级机构的认知与经济基本面相悖，还可以从主权CDS（信用违约互换）的价格走势来观察。2017年5月穆迪下调中国主权信用评级时，CDS市场只有短暂而小幅的波动，随后风险溢价下行的通道不变。这次标普下调中国主权信用评级也没有得到市场的认同，不仅中国主权CDS价格没有出现大幅波动，而且微观层面的中资美元债信用价差反而应声回落。

金融危机之后，国际信用评级机构陷入了空前的公信力危机。近年来，各国央行、财政当局、私人机构和投资者都曾对信用评级机构进行严厉批评，并呼吁改变信用评级的商业模式，引入竞争并加强监管。压力之下，标普这样的评级机构辩称它只是提供关于违约可能性的独立看法，并不保证市场的表现。然而，无论上述指责是否有道理，大型跨国金融机构都已经改变对评级机构的依赖，开始建立自己的信用分析和管理团队。在这种背景下，国际信用评级机构面临人才不断流失和评级技术落后的双重窘境。自然，这些机构的评级报告水平也难以得到保证，被多次“打脸”。几年前，标普下调美国主权信用评级，美国财政部就直指标普有2万亿美元的计算错误。

投资者对中国主权信用风险的真实态度与穆迪和标普的认知大相径庭，评级机构的观点早已不是“金玉良言”。这就需要我们回答一个非常重要的问题：个别评级机构的认知误差，究竟是源于对中国的偏见，还是评级技术和方法存在错误？10年前，有一位在某国际评级机构工作的华裔分析师就对中国银行业的信用风险充满偏见，按照她的说法，中国的金融体系早就该崩盘了。当然这种情况在言论自由的社会，并不奇怪。还记得，有一位外资投行的经济学家每年都讲中国的房地产价格将会大跌，讲了十几年。这主要是源于偏见，不要跟他们谈技术与方法，他们的水平远远没到理解技术与方法的层面。

这一次，国际评级机构下调中国的主权信用评级，我倒更倾向于认为是它们的技术和方法出了问题。首先，即使是现有的传统评级方法也不支持标普下调中国信用评级的结论，因为中国的信贷增长正是由于实体经济的回暖，而企业盈利情况的改善提升了银行信贷资产的质量，体现了金融系统性风险的降低，中国在防范和化解金融风险方面已取得有目共睹的进展。

诚然，中国信贷快速增长以及由此引发的债务风险问题，时常被全球热议。一些国际组织和评级机构（如穆迪和标普）对中国的债务问题发出善意的警告。不过，在分析中国的债务问题时，它们所倚重的分析框架存在严重缺陷。标普下调中国信用评级的依据是"长时间的强劲信贷增长提高了中国的经济金融风险"，这一判断过于简单、表面和狭隘。一是它们忽视了中国高储蓄率与间接融资互相强化的金融特征，这一特征被某些评级机构认为是落后的。信贷增长速度较快，与中国以间接融资为主的融资结构相关。表面上，高储蓄通过金融中介转化为债务提高了中国的杠杆率；而实际上，这正是中国信用体系维持稳定的基石所在。二是简单地评价债务与 GDP 之比的高低，而忽视债务所对应的资产端的现金流创造能力。理解这一点尤为重要，标普这类评级机构的分析模型主要基于西方发达国家的经验，基本上只考虑政府税收现金流覆盖主权债务的能力，而完全忽视资产端创造现金流的能力，可能形成严重误读。我曾经就中国债务问题，提出过一个资产负债平衡的分析视角（详见本书《中国债务问题的资产负债分析》一文），对这一框架在中国是否适用存疑。

从标普下调中国主权信用评级的内容看，几乎毫无新意，无助于我们加深对中国债务问题的认识。自供给侧结构性改革推出以来，无论是中国的经济形势还是信用风险问题，都得到了明显改善，而不是进一步恶化。这是我们与标普的根本分歧。近年来，金融市场对评级机构调整主权评级或展望的态度冷淡，部分原因是其使用了错误的分析方法，此次尤为明显。

弱美元与零利率趋势下的交易策略 *

自新冠肺炎疫情暴发以来，美元指数先扬后抑，2020 年 3 月新冠肺炎疫情引发流动性危机时曾触及三年新高，峰值为 103，之后美元连下两级：5 月经济重启回落至 97 附近，7 月在欧盟推出 7 500 亿美元复苏基金后，美元再跌至 93 左右。尽管在 9 月有所反弹，但目前来看支撑美元继续反弹的动能正在减弱。相对应地，在岸人民币汇率从 5 月底 7.17 的年内低点连续升值，一度击穿 6.7 的关口。

展望未来，美元是否进入长周期的熊市？人民币升值是否可以持续？我们试图从历史视角，厘清美元大熊市的驱动因素，并在此基础上讨论美元和人民币汇率可能的前景。

一、美元进入熊市周期了吗？

（一）什么力量决定汇率走势？

主流经济学提出了多种解释汇率长期变动的理论框架。购买力平

* 本文首次发表为招商银行“首席观点”研究报告，2020 年 10 月 10 日。

价理论认为，两国货币的汇率取决于这两种货币在各自国家的购买力之比，也就是说通货膨胀的变化影响了汇率的变化。利率平价理论认为，均衡汇率是通过国际抛补套利所引起的外汇交易形成的，也就是说汇率是由国与国之间的利差决定的。国际收支理论认为汇率是由外汇市场上的供求关系决定的，当国际收支出现顺差时，本币相对外币汇率升值；当国际收支出现逆差时，本币相对外币汇率贬值，因此汇率的变化与国际收支和资本流动相关。除了上述传统理论，巴拉萨—萨缪尔森效应将汇率升贬与经济增长联系起来，该假说认为经济增长率越高的国家，工资增长速度越快，并推动实际汇率升值。

在实际运用中，无论哪一种汇率理论均存在局限性。随着时代的变迁，全球核心国家的物价水平变动越来越小，购买力平价理论的解释力度已经逐渐降低；此外，利率平价理论更多解释的是远期汇率升贴水与利差之间的关系，对汇率升贬方向的理论解释力不足。此外，这些理论也没有考虑外汇管制和货币信用可能产生的影响。

在实际分析中，我们关注的影响因素主要包括：经济增长、货币政策、利差变动、贸易活动以及全球资本流动等。此外，随着全球债务的快速累积，极高的政府杠杆率对汇率影响的权重也在逐渐增大。

（二）美元下行周期的历史视角

美元是否进入了下行的长周期？要理解这一问题，可以回顾一下历史上美元经历的两轮大熊市，探寻其背后的逻辑，寻求问题的答案。

从 20 世纪 80 年代开始，美元经历了两轮熊市周期（见图 4.13）。

第一轮：1985—1990 年，美元的熊市周期持续 5 年时间，下跌幅度近 50%。美元指数下跌的根源在于：美联储货币政策转向宽松，美国经济增长下滑、双赤字扩大的宏观变化以及《广场协议》的政策干预。

从宏观环境来看，美国经济增速于 1984 年触顶回落，彼时德国经济仍震荡向上，导致美德经济增速的差异扩大。同时，美联储于 1984 年进入新一轮降息周期，降息幅度高达 850 个基点，引导美德利差出现快速下行，对美元构成利空。

图 4.13　美元经历的两轮熊市周期

资料来源：Wind 数据库，招商银行研究院。

20 世纪 80 年代初，里根政府实施减税等供给主义政策，美国出现了高预算赤字和高贸易赤字的问题。对于汇率来说，巨额的债务水平削弱了美元信用，同时贸易逆差的扩大也构成了美元贬值的压力。

与此同时，日本、德国经济崛起，贸易顺差不断增长，美国贸易保护主义抬头，政策层也开始瞄准汇率问题。在 1985 年，美国、日本、联邦德国、法国以及英国的财政部长和中央银行行长达成《广场协议》，诱导美元对主要货币汇率有秩序地贬值，以改善美国国际收支不平衡的状况。

可以说，在第一轮美元熊市周期中，宏观环境和政策干预形成了完美、通顺的共振效应和利空逻辑，也致使其成为迄今为止跌幅最大的一轮美元熊市周期。

第二轮：2002—2008年，美元熊市周期持续了6年下跌幅度近40%。在本轮美元熊市周期中，引导其趋势性下行的力量，更多集中于美联储货币政策的转松以及美国双赤字局面的日趋严峻化。

从宏观环境来看，美国在21世纪初期经历了互联网泡沫的破灭以及“9·11”事件，美联储货币政策因此转松，尽管在2004—2006年经历了一段时间的加息，但随着次贷危机的爆发，美国货币政策再度转松并实施了史无前例的零利率政策。与此同时，我们观察到欧央行无论是在21世纪初期还是在金融危机时期，其降息力度均不及美国，导致美德利差整体向下，并引导美元走弱。

此外，由于布什政府实施规模减税政策，导致政府财政状况急剧恶化，再加上次贷危机后“凯恩斯主义”回归，美国财政支出规模进一步扩大。叠加高额的贸易赤字，美国的双赤字规模占GDP比重达到了历史最高水平13%，对美元造成明显拖累。

回溯历史，我们发现典型的美元熊市周期持续时间往往长达5~6年，驱动汇率出现长周期走势的核心因素包括：美国经济的相对强弱、美欧货币政策的边际分化以及美国贸易、财政收支失衡问题。至于政策干预，我们认为其可作为辅助判断的驱动因素。

（三）新一轮美元熊市周期开启了吗？

首先需要明确的是，我们定义美元出现数年的下跌才为一轮典型的熊市周期，若仅出现一年左右的下跌，我们则认为从时间级别上无法将其定义为熊市周期。对比当前与历史上两轮美元熊市周期所处宏观环境和货币政策的异同，我们尝试寻找美元周期所处的位置。

第一，利差方面。美联储与欧央行均有动机在1~2年内维持低利率政策不变，美联储推出“平均通货膨胀目标制”降低了未来的加息预期，导致利率波动幅度变小。货币政策的分化对美元指数的影响可能弱化，难以判断利差在未来 5 年的变化方向。

第二，赤字方面。在新冠肺炎疫情冲击之下的赤字规模快速积累，对美元的拖累更多集中在这两年。从更长的周期观察，赤字对美元的拖累则有可能边际弱化。

第三，美国经济的相对强弱方面。从长周期来看，我们很难得出“欧洲经济将长期超越美国”的结论，也很难从经济相对强弱的角度支持美元熊市周期已经开启的论调。

第四，政策干预方面。目前尚未看到类似于《广场协议》的干预政策，该因素对美元影响中性。相反，非美货币的升值可能受到其他国家的政策干预，以维持对美出口产品的竞争力。

第五，美元地位问题。这涉及美元的信用，我们暂时没有足够的理由相信美元的信用会出现崩溃。事实上，美元在危机时的避险特征依然相当明显。

综合来看，美元目前的下跌趋势虽有望延续，但持续时间有限。想要定义美元已经开启新一轮持续数年的大熊市，理由仍不充分。

二、人民币会连续升值吗?

（一）美元熊市周期下的人民币

美元熊市，就是非美货币牛市。不过，在上两轮美元熊市周期中，人民币的走势并非如此直接。其原因在于人民币汇率制度设计，以及从固定汇率到有管理的浮动汇率制的变革。

在第一轮美元熊市周期中，人民币汇率正处于法定汇率（汇率牌价）与外汇调剂市场汇率并存的双轨制时期，美元的走弱并没有带来强势人民币的出现。同时，为了鼓励出口创汇、叠加对于外汇短缺的考虑，政策层面不断下调人民币法定汇率，贬值幅度达到43%，和美元同处“弱周期”。

在第二轮美元熊市周期中，美元的贬值周期与人民币汇率制度改革的两个关键时期重叠。1994—2005 年，我国外汇管理体制实施了重大改革，建立了以市场供求为基础的、单一的、有管理的浮动汇率制度，并实现了人民币法定汇率与外汇调剂市场汇率的并轨，统一确定美元兑人民币汇率为 8.7（后续又调整至 8.3）。在此期间，虽然美元不断走弱，但由于人民币汇率基本盯住美元，双边汇率仍以固定值运行。

然而，我国国际收支在 21 世纪出现明显的双顺差格局，外汇短缺情况出现了根本性逆转，我国于 2005 年 7 月 21 日启动汇率改革，实行以市场供求为基础、参考一篮子货币进行调节、有管理的浮动汇率制度。在本轮汇率改革之后，市场力量得到重视，同时央行也相对降低了干预力度，人民币在第二轮美元熊市的后期，呈现稳步升值的趋势（见图 4.14）。

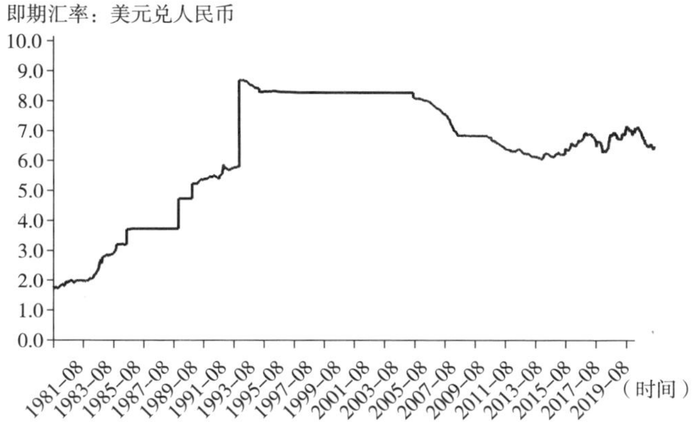

图 4.14　人民币汇率在两轮美元弱周期中的形态

资料来源：Wind 数据库，招商银行研究院。

（二）人民币中期偏强态势不变

首先，我们判断美元将在未来一年左右的时间延续表现弱势，人民币双边汇率则有望维持稳中有升的态势。

其次，从经济复苏的差异来看，由于中国新冠肺炎疫情高峰前置于全球其他重点国家，2020 年第一季度 –6.8% 的 GDP 增速已经成为全年经济的底部。而欧美新冠肺炎疫情暴发时间相对滞后，从 2020 年 5 月才开始陆续重启经济，经济底部大概率出现在第二季度。此外，由于中国新冠肺炎疫情防控有效，并未同欧美国家一样出现二次大规模暴发的现象，因此中国在复苏的脚步上全球领先，对本国汇率构成支撑。

再次，在经常项目端，随着全球经济逐渐重启，外需边际修复，出口有望继续得到支撑，货物贸易的顺差格局也将延续。同时，受新冠肺炎疫情中各国人口流动限制的影响，我国服务贸易逆差收敛的形态也有望延续，利好人民币汇率。

最后，在资本项目端，相比于美联储的“无下限”放水，我国的宏观刺激力度远小于西方发达国家，常规货币政策空间仍然充足，中美利差也因此不断上升并创下历史新高。在高收益资产的驱动下，资金流入国内资本市场的趋势将延续甚至加强，外资占国内股票、债券市场的份额将进一步提高，如果这种趋势继续下去，可能对人民币汇率形成支撑。

需要留意的是，虽然人民币汇率基本面偏强，但由于美国政客可能为了转化国内矛盾而不断打压中国，导致中美关系不稳定，对人民币汇率产生扰动。

综合来说，人民币汇率基本面偏强，中期升值趋势有望延续。从我们的汇率预测模型来看（见图 4.15），由于第一阶段贸易协议取得了进展，贸易领域的悲观预期得到了修正，2020 年第三季度在岸人民币汇率的实际中枢值正沿着预测基准运行。基准情况下，人民币汇率中枢有望从第三季度的6.9继续上升至6.7的位置，波动区间为6.5~6.9。展望2021年，人民币汇率有望进一步提升，但不会形成单边上行形态，中枢位置在6.5附近。

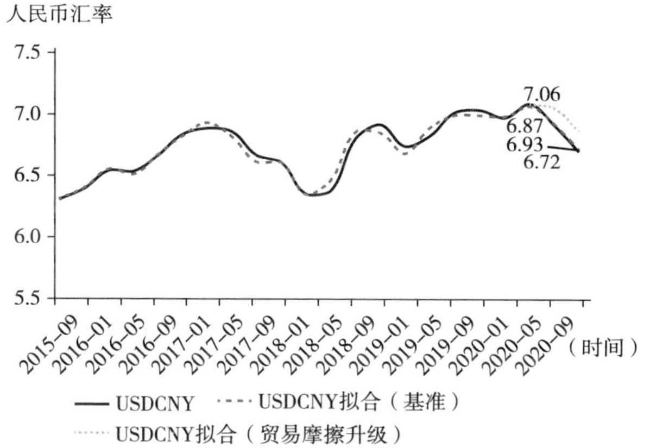

图4.15 人民币汇率中枢预测模型

资料来源：Wind数据库，招商银行研究院。

（三）人民币不存在长周期升值逻辑

尽管我们认为人民币汇率的升值将从2020年延续到2021年，但是以长周期视角来看，人民币汇率不存在一个长周期的升值逻辑。

一方面，我们在上文中判断，无论是美欧利差、美国经济相对状况还是双赤字问题，均无法支撑新一轮美元熊市周期已经开启的结论。自2015年“8·11”汇改之后，人民币汇率的市场化程度进一步提高，大多数情况下人民币汇率由市场供求决定，双边汇率和美元的负相关趋势亦更加明确。站在当前的时点，既然我们认为美元的熊市周期难言开启，则人民币双边汇率也不存在长周期的升值趋势。

另一方面，我们相信中国的货币当局也无意看到人民币汇率出现长期升值。首先，尽管央行淡化了常态式干预，但目前我国仍然实行的是有管理的浮动汇率制度，在连续3年的《政府工作报告》中均强调要“保持人民币汇率在合理均衡水平上基本稳定”；其次，在新冠肺炎疫情尚未结束，全球经济缓慢复苏的背景下，人民币持续大幅升值也不符合中国稳增长的目标；最后，经过多年的实践检验，中国货币当局本身也有足够的工具储备来保持人民币汇率的稳定。因此，人民币或难以出现一个长周期性、强势性的升值趋势。

此外，新冠肺炎疫情影响平复后，中美经济增速差在未来几年将逐步收敛，即中国潜在经济增速会进一步回落，并拉低实际经济增速，美国经济增速可能稳定在2%左右，这种变化也不支持人民币的长周期升值逻辑。

（四）人民币远期贴水增厚趋势难以逆转

2020年初至今，美元兑人民币远期贴水随着中美息差的不断走阔而整体增厚，尽管2020年3月境外美元流动性危机隐现，境内美元流动性亦受到了一定程度的影响，人民币掉期出现阶段性走低，但随着美联储非常规货币政策的推出，美元流动性枯竭的问题逐步得到解决，人民币掉期贴水亦不断上行。

展望未来，美联储的“前瞻性指引”显示零利率政策将维持至2023年底，且无论是QE还是平均通货膨胀目标制均暗示着美联储将在未来一段时间内维持低利率政策不变。但对于中国来说，在经济逐步改善的基准情形下，货币政策难以回到单边宽松状态，未来总量性的“宽货币”政策将趋于收敛。因此，中美货币政策呈现的边际性差异化特征在未来仍将继续演绎，这也会导致国内政策利率和美元利率之间的利差维持高位，人民币远期贴水增厚的趋势难以逆转。

三、交易策略：如何规避风险？

对于涉及结售汇、美元融资需求的企业客户来说，关注的重点主要是美元利率、汇率风险。

在利率风险方面，由于短端利率基本围绕着联邦基金目标利率上下波动，而美联储在未来一段时间内都难回加息通道，短端利率的波动风险有限。也就是说，在未来的一段时间内，美元融资具备成本优势。

在汇率风险方面，我们判断美元在未来一年左右的时间将延续弱势，未来有结汇需求的企业应留意规避美元贬值风险，把握结汇窗口，或利用衍生工具提前锁定汇率风险。

对于有外币融资需求的企业来说，在弱美元和零利率的趋势下，当前阶段借入美元负债具有利率和汇率的双重优势，在久期选择上建议以一年左右的短期美元贷款为主，而发行美元债券的成本则难以一言以蔽之，仍要视发行主体的具体评级而定。

加密货币：虚拟与现实的冲突*

2021 年以来，华尔街大行竞相推出加密货币投资和交易服务，一些机构高调宣布持有以比特币为主的加密货币，如特斯拉和桥水基金。而 Coinbase 交易所（美国比特币和其他数字货币交易平台）在纳斯达克成功上市，将这股投资热潮推向高峰，各种加密货币价格节节攀升。

进入 2021 年 5 月，一路高歌猛进的加密货币突然出现崩盘式行情。5 月 11 日，特斯拉老板埃隆·马斯克宣布暂停接受比特币购车付款的计划，比特币和其他加密货币价格应声大跌，一周内下挫三成；由于币圈（挖币、炒币）在中国异常活跃，从保护投资者利益出发，5 月 18 日中国互联网金融协会等三家行业协会发文，要求成员机构不得开展与虚拟货币相关的业务；5 月 21 日，国务院金融稳定发展委员会（以下简称“金稳委”）第五十一次会议进一步明确“打击比特币挖矿和交易行为”。至此，币圈风云突变，比特币价格从 4 月的历史高点下跌幅度最大接近五成。

5 月的币圈极不平静，那些急于开展加密货币业务的财富管理机构，陷入两难境地。这让我们再次回到几个关于加密货币的经典问题：它们究竟是不是真正的货币？加密货币的基本属性是什么？加密货币作为虚拟资产，是风

---

* 本文首次发表为招商银行“首席观点”研究报告，2021 年 6 月 1 日。

险资产还是避险资产？以比特币为代表的加密货币将何去何从？这些问题都值得我们深思。

一、加密货币作为货币：乌托邦想象

按币圈的说法，比特币创立的原意是提供一种不需要央行背书和银行中介的加密数字货币，并通过区块链技术彻底解决货币的信任问题。这一宏大设计，引起了人们广泛而强烈的好奇心。那么什么是货币？为什么需要加密货币？

货币存在的理由是它服务于一个基本的经济目的：促进商品和服务的交换。没有货币，人们将不得不从事易货交易，用货物和服务交换其他货物和服务。在易货经济体系中，每一次交换都需要双方的需求完全匹配，需要大米的屠夫与需要猪肉的农民，必须在时间、空间、数量和对价上达到完全一致才能进行交易，这极大地制约了经济的发展。为了解决这一难题，货币出现了。如果社会的所有成员都同意接受某种共同认可的价值代表（货币）作为交易媒介，交易就可以快速达成，人们的需求就能有效地得到满足，经济效率得以提升。所以，货币的首要功能是作为交易媒介。什么东西可以作为交易媒介呢？这就引出了货币的另外两个微妙之处：一是货币作为记账单位用来表达价格，要求货币具有相对稳定的价格特征；二是为了表达价格，货币需要体现价值储藏功能，也就是说货币需要承载人们对价值的信任，黄金就是“In Gold We Trust”（我们相信黄金），美钞上面写的“IN GOD WE TRUST”也是这个意思。

比特币被命名为“币”，是否真的具备货币的特征呢？近十几年来的实践已经给出了清晰的答案：非也。表面上，比特币似乎符合交易媒介的要求，否则埃隆·马斯克不会在 2021 年 3 月宣布考虑接受比特币付款。不过，比特币作为交易媒介，在现实中会产生很多难以克服的难题，最主要的是流动性不足。我们知道，现金具有完全的流动性，可以随时用于支付；国债的流动性次之；股票再次。比特币作为虚拟的数字货币，受制于系统存储空间和安全确认的要求，限制了用来储存交易记录的区块大小和生成速度，因而根本上制约了比特币处理交易的速度。当前，比特币网络每天处理的交易笔数在 30 万左右，相较其他电子支付系统（如信用卡、微信支付和支付宝）的处理能力，无异于沧海一粟、九牛一毛。比特币作为交易媒介的客户体验极差，等候交易确认的时间太长，整个加密货币市场的容量和深度仍然十分有限。

同样，比特币无法满足作为记账单位和价值储藏的要求。它的价格波动幅度太大，无法成为有用的记账单位，也不是可信的储值品，既没有任何实际价值，也没有政府和央行的信用背书。不过，币圈的观点是，政府和央行本身并不可信，政府开动印钞机大肆放水，通货膨胀不断侵蚀法定货币的购买力。这场争论还在继续，从官方的角度，加密货币挑战主权国家货币发行的专政权力，胜算应该不高。所以，迄今为止，没有哪个国家认可比特币或其他加密货币是真正的货币。

尽管如此，作为交易媒介，比特币和其他加密货币在跨境支付领域展示了独特的可能性。由于其去中心化、匿名、无国界便携的特征，加之跨境支付所面临的资本管制和反洗钱合规审查要求，比特币被广泛用于勒索、贩毒、赌博、色情、洗钱、逃税等跨境非法交易。虽然加密货币用于非法交易的程度和规模，由于匿名加密的原因不好统计，但可以预见的是，加密货币跨国支付将面临越来越严厉的监管和执法环境。

二、加密货币作为资产类别：高风险

与作为货币的普通货币不同，加密货币作为可交易的资产类别，得到了金融市场日益广泛的认同。美国商品期货委员会将比特币视作商品，我国将比特币界定为虚拟商品，与实物商品相区分。正如所有金融资产一样，加密货币的交易价格最终由供给和需求决定。

币圈的朋友认为，比特币的供给有着明确的上限。这一点与所有的法定货币不同，因此可以抵御通货膨胀。比特币的供给由人们常说的“挖矿”流程产生，挖矿提供了整个比特币系统赖以维持的激励机制，“矿工”在整个比特币系统中处于发行、维护、验证和记录整个网络交易的核心地位。挖矿是指通过计算机的运算解答数学难题的过程，成功解题的结果体现为挖到一定数量的比特币。挖矿的奖励最初为每区块 50 枚比特币，之后每隔约 4 年数量减半，目前为每区块 6.25 枚比特币。挖矿奖励减半的机制，使得比特币的供给节奏固定，增量逐渐衰减。最终比特币的数量被限定在 2 100 万枚，预计 2040 年才能被挖完，目前已经挖出的比特币大约为 1 870 万枚。事实上，考虑到比特币存在不少“遗失”的情况，流通中的比特币数量明显小于理论值，这意味着比特币在供给上甚至是一个收缩的体系。

这让我们想起了黄金。前几年，考古工作人员在海昏侯刘贺的墓葬中发现了大量黄金，总重量超过 120 千克。2 000 多年以前，海昏侯将这些黄金带到地下，在当时可能造成西汉经济的严重紧缩。今天，不少币圈的投资者认为，比特币是有可能替代黄金的“数字黄金”。2020 年 3 月至 2021 年 4 月，比特币价格暴涨了 12 倍。2021 年以来，在疫苗复苏和通货膨胀预期上行的背景下，比特币被很多投资者认为可以有效对冲通货膨胀。特别是“千禧一代”币圈投资者，似乎更偏好比特币而非黄金。

比特币在过去一年吸引了越来越多机构投资者的注意和青睐，这显著有别于 2017 年散户主导的比特币牛市。部分华尔街大行（高盛、摩根大通）认为，比特币可以在投资组合中发挥价值、财富储存以及通货膨胀对冲的作用，并期望“数字黄金”可以最终替代传统黄金。当前黄金所储存的私人财富价值约为 2.7 万亿美元，超过比特币总市值的三倍。部分外资机构的研究报告认为，比特币的市值规模若达到黄金的水平，其价格将突破每枚 14 万美元。

在我看来“数字黄金”的说法更像是营销用语，值得斟酌。黄金作为贵金属有着实际的用途，如制作珠宝、芯片等，而比特币则毫无内在价值。即便作为投资资产，黄金由于其市值高、流动性佳、波动性小，而且与股票走势没有太大的关联，在高度不确定的时期被证实为避险资产。而加密货币的表现则更像是一种风险资产，2021 年 5 月的市场波动充分证明，比特币实在是无险可避。从更长的时序上看，比特币价格走势与同为风险资产的股票（特别是小市值股票）高度相似（见图 4.16）。

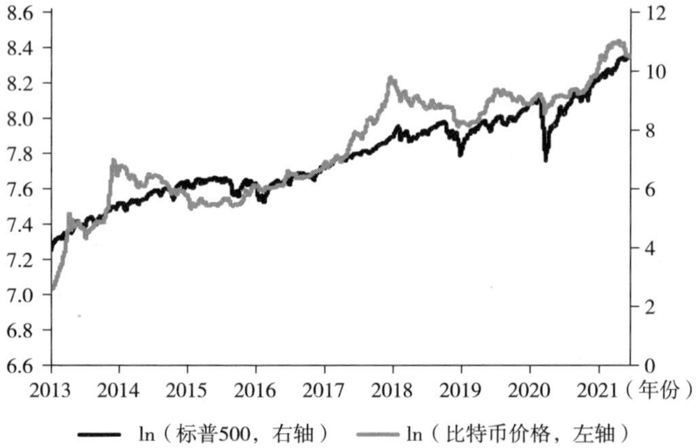

图 4.16 比特币更多表现出高风险的资产特征

资料来源：Macrobond 数据库，招商银行研究院。

即使在对冲通货膨胀方面，比特币的作用也可能被夸大了，起码未经实证检验。币圈的热衷者经常强调，比特币的供给量不会超过 2 100 万枚，借此证明比特币不会像法定货币一样随着通货膨胀上行而不断贬值。这个论点仍然存在漏洞。因为，类似比特币的加密货币正如雨后春笋般涌现。一个小 10 人的程序员团队就可以开发出某种加密货币，专业要求不会高于硕士水平。事实上，我们看到各种类型的“币”出不穷，而且在技术设计上更为新奇。所以，加密货币并没有数量上限可言，正如法定货币没有上限一样。准确统计究竟有多少种加密货币是困难的，一种不太离谱的估计是 6 000 种，其中至少 1 600 种已经消失。随着各种加密货币的出现，比特币的市场份额从 2017 年前的 90%，下降到目前的 50%左右。

我的结论是，比特币作为可交易的虚拟资产，具有高风险的特征。它与黄金的相似之处在于对冲通货膨胀，虽然这个结论仍有可疑；不同之处在于其并非避险资产，而是高风险资产。所以，取代黄金的说法不一定成立，至少在高度不确定的时期是如此。2021 年 5 月下旬以来，比特币与黄金的走势分化，正好说明了这一点。

三、比特币与中国：大过半边天

我在 2015 年访问美国时，曾听到一位名校教授说：比特币之所以火爆，得益于中国人民的热情。他并非说笑。事实上，在比特币 10 多年的发展过程中，特别是早期阶段，中国的“矿工”和投资者支撑了比特币世界的大半个天空。据剑桥大学另类金融研究中心估计，中国控制全球比特币挖矿能力（以算力计）的 65%（每三枚比特币中有两枚在中国挖出），5 年前这一比例曾达 75%（每四枚比特币中有三枚在中国挖出）。2013—2017 年，人民币计价的比特币交易量占比高达 80% 以上，一度曾占有 95% 的交易额，说都是中国人在炒比特币并不过分。当时，比特币网络位于中国内地的节点占全球超过一半的份额。在 2017 年政府出手打压比特币交易之后，目前的节点数下降至 3%，但中国的比特币挖矿活动依然活跃。大部分投资者或者在境外开户交易，或者在境内进行点对点式的场外交易。目前，全球最大的 5 家加密货币交易所中有 4 家以中国投资者为主要用户。

这一发展的结果是比特币对中国的社会福利产生了一定程度的"负外部性"影响。首先，比特币作为一种金融创新并未提升金融效率，去中心化的支付系统在中国的移动支付领域不见踪影；其次，比特币挖矿的能源消耗持续上升。据估计，我国比特币挖矿导致的碳排放量在国内所有城市中可排名第九。若无监管，比特币挖矿带来的碳排放量将在 2024 年达到顶峰的 1.3 亿吨，超过捷克的碳排放量（全球排名第 39 位）。这与我国"碳达峰、碳中和"的政策目标相悖。比特币的负外部性，也可能正是埃隆·马斯克出尔反尔的原因，毕竟特斯拉是标榜环保的创新企业。

与此同时，比特币交易的扩张对我国的金融稳定和投资者保护造成了一定的威胁。伴随着比特币价格不断创出新高，比特币市场的杠杆水平也不断攀升。与此同时，越来越多的个人和投资者参与不规范的比特币交易之中，强化了比特币价格与其他金融市场的关联程度，对金融稳定的冲击力度和范围进一步升级。据说 2021 年 5 月在币圈"爆仓"的投资者不在少数，虽然这些人很少上访闹事，但比特币交易不透明、不可撤销的特性，加大了投资者主张正当权益的难度。

四、加密货币的未来：面对一个现实的世界

自比特币问世以来，人们对加密货币的认识在不断深化。尽管我们依然充满疑惑，未来却在展现一幅日渐清晰的图景。在我看来，至少有以下三点是可以确定的。

第一，比特币和其他加密货币取代主权法定货币的可能性为零，同时各国央行加快了推出数字货币的进程。比特币搭建的去中心化支付机制，在技术上不见得比现有的移动支付更具效率。比特币支付的匿名和可信机制很有可能成为跨国支付的另类工具，正在向暗网交易和地下经济活动演变。在此背景下，各国政府必将着手打击比特币可能涉及的非法交易。

第二，加密货币作为一种新型风险资产，将会获得更多机构投资者的青睐，并在市场投资组合中占一席之地。明确加密货币风险资产的特性，进而对相关投资和交易行为进行适当的监管，是大势所趋。实际上，加强监管有利于比特币和其他加密货币资产交易市场的健康发展。比特币面临的最大风险不是监管，而是其长期生存下来的机会。比特币本身并不是妖魔，历史上两次大的泡沫破灭，比特币价格曾下跌九成，但是它还是活了下来，而且活得精彩、扣人心弦。

第三，加密货币所依赖的区块链技术，具有广阔的发展前景。然而，认识这一点的关键在于“祛魅”，去除区块链身上的神秘性、神圣性、魅惑力，放弃无政府、无中心的幻想。去中心化的对象如果是政府和金融中介，只能是乌托邦式的想象。而且，在经济学逻辑上，金融中介的出现正是为了解决信任问题和降低交易成本，虽然区块链技术已经证明去中心化可以解决信任问题，但无法降低交易成本。

展望加密货币的未来，如同青春失乐园。来吧，欢迎进入现实的世界。

行至何处：全球经济与货币政策展望*

2021 年棋至中局，驱动全球经济复苏和金融市场走势的关键因素出现了新的变化。我们小幅下调全年中国经济预测，大幅上调美国经济展望。个中因由，值得细品。其中，疫苗效应、再通胀和政策回归三大主题，正在兑现其对金融市场的影响。虽然新冠肺炎疫情仍未过去，全球经济已经踏上“疫苗复苏”之路，宏观政策处于回归的路口，货币潮水即将退去。这一过程注定充满崎岖。

一、疫苗预期基本兑现

自 2020 年底疫苗投入紧急使用以来，半年时间全球疫苗接种累计已超过 28 亿剂。这项人类历史前所未见的公共卫生行动，正在与病毒传播和毒株变异赛跑。从全球新冠肺炎确诊数据来看，上半年呈现先升后降的陡峭曲线形态，说明技术干预对新冠肺炎疫情演变产生了实质性的影响。新冠疫苗已经证明了自身的有效性。美国疾控中心研究数据显示，辉瑞和莫德纳两款 mRNA 疫苗在完成

---

* 本文首次发表为招商银行“首席观点”研究报告，2021 年 6 月 28 日。

第二剂接种的 14 天后，保护率到达 90%。完全接种后发生突破性感染，即获得免疫保护后仍被感染的概率小于万分之一。在以色列接种了两剂辉瑞疫苗的人群中，有症状感染的病例数量减少了 94%，住院率降低了 87%，重症率下降了 92%。

不过，残酷的事实是，疫苗有效性存在缺口，在数学意义上不可能推导出“清零”的结果。受疫苗生产和分配的制约，加之政治对“疫苗”的操纵，短期内人类不可能通过接种疫苗实现流行病学意义上的“群体免疫”。

首先，即使疫苗供应充裕，接种意愿也极大地制约了接种率的提升。随着高意愿人群完成接种，接种率上行速度将显著放缓。这种情况已经在美国和以色列等接种率领先的国家出现，离达到群体免疫仍有相当远的距离。

其次，大多数发展中国家的疫苗接种情况明显落后，新冠病毒在这些地区出现变异，传播能力持续增强，突破性感染可能摧毁发达国家构筑的疫苗防线。人类要达成真正的群体免疫仍然路途遥远。新冠病毒变异具有巨大的不确定性，近期 Delta（德尔塔）变异毒株快速传播，全球确诊感染曲线下行趋势减缓。好消息是，目前几款主要疫苗的有效性仍能得到基本保障，同时各国科学家还在疫苗开发上夜以继日地工作，以期推出更有效的医疗解决方案。

从西方国家来看，自疫苗接种推出以来，感染率、住院率和死亡率显著降低，人们对新冠病毒的恐惧开始消退，医疗体系的压力得到缓解，人民生活逐渐回归正常，经济活动快速恢复。

二、全球复苏：梯次井然

中国独树一帜，新冠肺炎疫情“先进先出”，经济率先复苏。

疫苗推出之后，受可得性限制，各经济体将梯次进入“疫苗复苏”阶段。其中，美国为第一梯队，经济在第二季度进入加速修复阶段，第三季度随着疫苗接种率触及上限，经济活动将基本恢复正常。

欧洲为第二梯队。2021 年初由于供给约束，欧洲疫苗接种进展受到拖累，但目前接种速度已经超越美国，预计接种率将在第三季度追平美国，经济修复的时点约比美国晚一个季度。

大部分发展中国家和欠发达国家为第三梯队，由于缺乏资金、疫苗、技术和专业人员，这些国家的“疫苗复苏”将显著滞后于欧美国家，经济恢复所需时间也相对更长。

在梯次复苏格局下，各国经济面临着结构性变化。这一变化的路径是，首先生产和就业恢复，其次服务消费逐步回暖，最后宏观政策回归正常。中国“先进先出”，基本已经完成了这一过程。美国、欧洲和其他经济体也将梯次进入修复的不同阶段。这将对全球经济的格局产生持续而动态的影响。

首先，看中国。我国的生产恢复领先全球，在其他国家生产仍受冲击的情况下，中国生产体现出一种替代的作用，这一点明显反映在出口增长上。特别是，欧美国家的现金补助提升了商品消费需求，这部分需求外溢成为中国出口的助推器。不过，随着全球梯次进入生产恢复阶段，这种替代作用终将缓慢消退。

其次，看美国和欧洲。随着疫苗接种率的提升，它们的生产活动将会恢复，供给缺口开始收窄，需求外溢进入尾声。此外，美欧接触性服务消费将快速回暖，商品消费增速相对放缓。随着通货膨胀预期的提升，政策回归的节奏和力度将持续困扰全球金融市场。

最后，看发展中国家。目前，新冠肺炎疫情在印度、东南亚和拉美国家依然严峻，病毒持续变异。这些国家的生产和供应链恢复仍需时日。就中国而言，部分生产替代作用依然存在。但随着疫苗接种率的提升，东南亚国家的出口产能将逐步恢复，全球供应链还是会朝向疫前格局均值回归。这一转折最早可能出现在 2021 年第四季度。

三、再通胀交易趋于收敛

2021 年初以来，全球通货膨胀快速进入上升通道。支撑通货膨胀快速上升的因素主要有三：一是全球经济持续修复，周期性大宗商品价格明显上涨；二是主要发达国家通过现金补助拉升居民可支配收入；三是疫苗接种带来的乐观情绪推动通货膨胀预期上行。

在全球经济体中，美国通货膨胀走势最为引人关注。由于主要大类资产均由美元定价，美国通货膨胀上升无疑将影响全球资产价格，并外溢到其他国家，形成全球通货膨胀风险。从 2021 年初至今，美国 CPI 同比快速上升，从 1 月份的 1.4% 升至 5 月份的 5.0%。作为实际通货膨胀的领先指标，美国盈亏平衡通货膨胀率（5 年期）从年初的 2.0% 附近上行至目前的 2.57% 左右。

大宗商品价格的上涨有其特殊性。其一，经济复苏带动需求上升，同时新冠肺炎疫情制约了部分生产国的供给能力；其二，流动性充裕导致市场风险偏好升高，对大宗商品的投机需求上升；其三，美元持续贬值通过汇率平价机制抬升大宗商品价格。展望下半年，虽然大宗商品价格仍可能继续保持在高位，但同比增速将由于低基数效应消退而趋于回落。如果美联储释放缩减 QE 的信号，美元流动性收紧，也可能抑制大宗商品的投机需求。所以，大宗商品的价格升势大概率将会走缓。

此外，发达国家的现金补助已经告一段落，对消费的拉动作用逐渐衰退。加之新冠肺炎疫情在东南亚和拉美国家依然严峻，新冠病毒变异可能导致确诊病例阶段性反弹，新冠疫苗带来的乐观预期并不牢靠。所以，2021 年下半年，金融市场对再通胀的忧虑很可能趋于收敛。

美国 CPI 同比增速将呈“前高后低”的走势，但全年中枢仍将大幅攀升至 3% 左右。正如鲍威尔所言，美国通货膨胀可能是“暂时性”而非“持久性”的。全年高点出现在 5 月，第三、第四季度逐步回落至 2% 上方。金融市场对通货膨胀的预期趋于稳定，日频数据呈现出下行趋势。

对于我国而言，美国再通胀的“溢出”更多体现在 PPI 上，对 CPI 的影响较小。究其原因，大宗商品价格与生产资料价格之间有较好的“领先—滞后”关系。特别是原油、铁矿石、铜等进口依赖度较高的原材料价格上涨，叠加低基数的影响，拉动 PPI 迅速由负转正，并于 5 月飙升至 9%。下半年在低基数效应消退后，我国 PPI 同比将明显低于第二季度，2021 年全年整体“前高后低”，中枢将处于 4.9% 附近。

大宗商品对我国 CPI 的影响有限。2021 年 3 月以来，我国 CPI 的主要驱动力由往年的食品转化为非食品。服务性消费的修复驱动核心 CPI 同比以相对更快的速度上行。虽然原油等大宗商品价格的上行导致交通工具用燃料和水电燃料分项价格上涨，但生猪供给量增加导致猪肉价格大幅下跌，使得 CPI 同比仍处于较低水平。在猪肉价格持续下行以及消费修复缓慢的影响下，我国 CPI 同比将呈类“M”形的走势，全年中枢将处在 1.2% 附近，远低于 3% 的政策目标。

四、政策回归的路线图

随着新冠疫苗复苏加速，再通胀趋势确立，全球超宽松宏观政策的潮水将逐渐退去，政策拐点隐现。美联储已经开始着手布局政策调整的路线图；欧洲复苏进程晚于美国一个季度，政策转向相对滞后。

在 2021 年 6 月召开的议息会议上，美联储发出了明确的货币政策转向信号。美联储的考虑在于就业与通货膨胀“双重目标”的平衡。5 月 PCE 的 12 个月移动平均值已逼近 2%，但新增非农就业连续不及预期。非农就业低于疫前水平的 760 万人，部分原因是就业参与率偏低，财政补贴和照顾孩子对就业市场产生了极大的影响。随着现金补贴的终结和面授课堂的恢复，非农就业将在第三季度出现实质性改善，就业供需缺口收敛。

观察美联储近期的动作，结合次贷危机后的退出经验，美国货币政策转向的路线图逐步清晰，可视为三步走。

第一步，调整管制利率以回收过剩的流动性。6 月召开议息会议后，美联储宣布上调超额准备金利率和隔夜逆回购利率，幅度为 5 个基点。目前，美联储隔夜逆回购工具用量大幅增加，余额已经达到创纪录的 7 440 亿美元，目的是回收流动性。

第二步，缩减购债并最终停止量化宽松。预计美联储最早将在 2021 年 9 月发出缩减购债指引，从 2022 年开始进行实质缩减并在年底前结束量化宽松。

第三步，进入加息周期。目前，点阵图隐含 2023 年将加息 2~3 次的信息，这一时点仍然存在较大不确定性。预计美联储可能采取慢启动、快提速的策略。推迟启动加息，以便完成“广泛而包容”的就业修复；之后再快速提升利率以抑制通货膨胀预期。

五、上调外围经济预测，下调中国经济预测

相对于 2020 年底对 2021 年度的全球经济预测，我们上调了

外围经济增长预测，其中美国经济预测由 4.5% 大幅上调至 6.8%；中国经济预测由 8.8% 小幅下调至 8.6%。

上调美国经济预测，主要原因在于拜登政府的财政刺激计划，包括已出台的1.9万亿美元的“美国救助计划”，以及正在国会“拉锯”的 1 万亿美元“美国就业计划”（5 年期）和 1.8 万亿美元的“美国家庭计划”（10 年期）。第一个计划应对新冠肺炎疫情冲击；后两个计划聚焦中长期基建和社会保障。不管最后两党达成怎样的方案，都将是天量的财政刺激，为美国经济注入活力。此外，由于新冠疫苗加快接种，公共卫生状况明显改善，美国的服务业将在 2021 年下半年加快恢复，有望实现更为强劲的反弹。

下调中国经济预测，主要原因在于 2021 年上半年财政支出进度明显偏缓，基建项目新开工进展不理想，消费的修复也不及预期。加之近期南方局部地区新冠肺炎疫情反复，高强度的防疫措施压制了出行和消费，特别是广东地区等出口经济大省。2021 年下半年，我国财政存在着显著的后置特征，特别是专项债发行可能提速。但后置的专项债融资可能要拖到 2022 年才能进入项目实施环节。在出口方面，维持原有的判断，即 2021 年第四季度将出现替代效应减退的拐点。

六、投资策略：积极因素仍主导市场

2021 年上半年，美国股市明显跑赢全球，理据显而易见。新冠疫苗接种进展理想，经济复苏速度加快；拜登财政新政规模庞大；消费者储蓄水平提高，企业库存很低，盈利预测积极。虽然市场估值不算低，但在目前 10 年期国债收益率的低位，杀估值的可能性极低。标普 500 指数每股收益率预测在 40% 以上，业绩驱动下的牛市有望继续。

自2021年初至今，中国股市跑输全球市场，但结构性行情明显，周期股表现亮眼。“先进先出”导致货币政策率先回归，风格调整的脉络清晰可见。

展望2021年下半年，虽然不确定性仍存，但积极因素将主导市场。一方面，流动性条件已经趋于稳定，央行无意“敲打”市场，“稳增长”“稳通胀”目标均处于合意区间。资金面相对平稳、总体宽松适度，广义流动性缺口呈现收敛态势，制约利率上行空间。若经济出现走弱迹象或企业信贷需求显著回落，央行可能会加大流动性投放力度，保障流动性处于偏宽松的格局。另一方面，上市公司盈利改善趋势明显。年初至今，PPI快速上升导致PPI与CPI的“剪刀差”迅速扩大，上游企业利润同比保持增长，中下游企业利润增速受到挤压。下半年PPI与CPI的“剪刀差”将逐步收窄，中下游企业利润受到“挤压”的情况将边际缓解。投资风格逐渐趋于均衡，周期品行情仍有余温，成长型企业机会分化，可以看好中小成长。

总之，我们正处于重要的十字路口。虽然货币退潮存在不确定性，但全球经济已经踏上复苏的道路。对股票市场而言，利好因素仍占据上风。

第五章

中美经贸关系

特朗普政府时期，民粹主义和重商主义盛行，加速了贸易逆全球化的浪潮。2018 年 1 月，特朗普提出“不公平的贸易协议”牺牲了美国的繁荣，抢走了美国的公司、职位和财富。美国贸易基调从此由“自由贸易”转向“公平贸易”。

2018 年 3 月，特朗普签署对华贸易备忘录，限制中国投资，并对价值 600 亿美元的中国进口商品加征关税。同年 4 月美国贸易代表办公室公布对华征税建议清单。随后中国商务部宣布对自美进口的部分商品加征关税，中美贸易摩擦升级。2020 年 1 月，中美签订《中华人民共和国政府和美利坚合众国政府经济贸易协议》，中美贸易摩擦暂时告一段落。2021 年，拜登正式成为美国第四十六任总统，任命戴琦作为美国贸易代表。同年 4 月，戴琦表示维持目前的对华关税不变，将在评估中美第一阶段贸易协议执行进度后再行规划未来的对华贸易政策。2021 年 5 月，中美全面经济对话中方牵头人刘鹤与戴琦通话。双方认为发展双边贸易非常重要，同意继续保持沟通。作为全球贸易量最大的两个经济体，中美贸易争端将对全球贸易体系产生深远影响，两国未来贸易关系走向引发全球关注。

本章以“公平贸易”为线，以中美贸易摩擦时间线为轴，向读者展示了两届美国政府对华贸易政策的转换与延续。从“自由贸易”到“公平贸易”，本章从特朗普政府发动中美贸易摩擦的缘由以及对贸易全球化的影响讲起，拆解美国对华征税清单的商品、金额与税率，分析中美贸易协议的内容、目标、执行情况以及对中美贸易产生的影响，剖析拜登新政的逻辑、特征以及中美关系的走向。虽与特朗普外交政策截然不同，但拜登所在的民主党支持的依旧是“公平贸易”。考虑到民主党对中国“竞争者”的定义以及政策的连续性，拜登并不会轻易废除特朗普关税政策，而会将之视为中美关系之中美方的筹码，进而对我国外贸环境形成压力。总的来说，美国总统的变更，并不会改变美国遏制中国崛起的野心。无论是经济政策还是政治政策，美国政府的最终目标都是保持其在全球的绝对领导力，稳固其“霸主”地位。我国的外部环境仍将面临诸多不确定性和不稳定性。

“特朗普敌意”撼动自由贸易基石 *

虽然特朗普总统任期已经结束，但其在任期间推崇的保护主义加剧了逆全球化趋势，传统国际循环明显减弱。即使拜登上任之后力求重回国际组织并强调多边合作，也并没有完全推翻特朗普的贸易政策。“公平贸易”依旧是拜登对华贸易政策中屡屡强调的关键词，而“自由贸易”却鲜少被提及。三年前的这三篇文章阐述了美方提倡“公平贸易”的缘由，详解了特朗普保护主义对自由贸易产生的负面影响，其背后的逻辑也适用于现在的拜登政府。面对错综复杂且深刻变化的国际环境，“十四五”规划提出要构建以国内大循环为主体、国内国际双循环相互促进的新发展格局来提升内需，降低对美国市场的依赖，并继续深化对外开放。

一、特朗普强调“公平贸易”的背后

2018 年 1 月 30 日美国总统特朗普发表任内首份国情咨文，将美国描述为全球自由贸易体系的受害者。他表情夸张地宣称“不公

* 本文首次发表为招银国际“首席观点”研究报告，2018 年 2 月 5 日。

平的贸易协议”牺牲了美国的繁荣，抢走了美国的公司、职位和财富，表示美国的“经济投降时代”已经终结。特朗普此前多次威胁推翻现有的贸易协议，重塑所谓互惠和公平的贸易体系。

美国总统使用“公平贸易”这个词，本身就值得玩味。这让我想起自己于2003—2004年作为中国代表的助手参加亚太经合组织工商咨询理事会议（ABAC）期间，亲身经历的场景。来自发展中国家的代表曾锲而不舍地提出，在年度文件关于自由贸易的表述中加上“公平贸易”的字眼，即“自由而公平的贸易”。而当时强烈反对加入“公平”一词的就是美国代表，作为全球经济治理架构中的龙头成员，美国表现出的对自由贸易信念的坚持，令我至今印象深刻。长期以来，美国就是自由贸易的主要倡导者，正是由于其在全球贸易机制中作为主要规则制定者的独特角色，现有贸易协议的主流表述一贯讲自由贸易，而不提“公平”二字。因此，当特朗普将美国过往的贸易政策标签为“经济投降”时，我的感触颇深。今天，美国式道路的自信彻底丧失了，特朗普对现存贸易协议充满敌意，这无疑将对全球贸易体系产生深远的影响。特朗普的“新美国时刻”对全球自由贸易体系而言，可能将是一个艰难时刻。

二、全球化的历史视角

从历史角度看，以自由贸易为核心的全球化进程，从来就不是一帆风顺的。现代语境下的全球化，源于1850—1914年以欧洲为中心的跨大西洋经济贸易形态，其特点是依托殖民地体系的自由贸易和市场开放。英国因此成为世界中心，在全球推广其经济、政治和文化体系。1780年之后，全球贸易分工进入专业化时代。1914年以后出现了“去全球化”潮流，两次世界大战重创了全球贸易，使政治孤立主义、经济保护主义等成为主流。战后两大阵营内的经济交往出现恢复势头，在两个世界出现割裂的全球化进程中，西方阵营的关税及贸易总协定（GATT）成为自由贸易的基石。1991年冷战结束后，特别是以WTO为核心的多边贸易体系形成之后，全球贸易得到空前发展。在中国加入WTO之后的十几年间，全球化进程达到顶峰。

不过，源于战后西方阵营的全球化走到今天，也出现了很多问题。WTO多哈回合谈判陷入僵局，各种双边和多边贸易协议使得WTO机制逐渐被边缘化；贸易不平衡问题困扰各国政府，保护主义抬头；中国的崛起对美国主导的全球治理体系提出了挑战；美式的政治、经济、文化和制度的示范效应逐渐减弱，金融危机引发的挫败感增强。在这种背景下，民粹主义兴起，转而诿过于人，对象就是其他国家和全球贸易体系。

三、特朗普对华态度转趋强硬

特朗普上台之后，中美之间的对话机制几乎陷入停滞状态。由美国前财务部长亨利·保尔森推动的中美战略与经济对话是奥巴马总统任期内中美之间的主要对话机制。特朗普上台后将其修改为中美全面经济对话机制，但只在2017年7月召开了一轮会议就中止了。虽然2018年中方提议重启该项对话机制，但特朗普政府似乎没有这种意愿。另一个有趣的现象是，本届美国政府一反常态，几乎对于人权、意识形态等价值观议题置之不理，基本都在经济贸易关系上做文章，刻意将自己描绘成自由贸易的受害者。这些都是中美经贸关系中值得关注的重要变化，说明特朗普基本上已将执政团队中的技术官僚晾在一边，一意孤行，固执己见。在没有专业团队约束的情况下，中美之间出现贸易争端的可能性大大提高了。

特朗普当选后一直采取实用主义立场，中美经贸关系时好时坏、亦敌亦友。2017 年 8 月，特朗普就授权贸易代表对中国是否侵犯了美国的知识产权展开调查，称如有必要就对中国产品启用“301 条款”。同年底，美国商务部宣布，将针对来自中国的普通合金铝片自发开展反倾销与反补贴税的双重调查。一般而言，反倾销往往是由企业发起，再由政府部门进行调查和裁定，可见这次由美国商务部自主发起的调查本身就体现了美方希望在贸易层面限制中国的意图。2018 年初，美国宣布将对进口太阳能板和大型洗衣机实行保护性关税政策，而中国是美国光伏产品进口的主要来源国之一。

2017 年底税改法案落地之后，特朗普的政策迅速掉转枪口对外，贸易领域首当其冲。2018 年以来，美国的对华政策特别是贸易与安全政策明显趋向强硬，中美关系趋于紧张，贸易摩擦加剧的风险提高。特朗普对中国的态度趋硬，可能与国内政治争议相关。据美国全国广播公司和《华尔街日报》的民意调查显示，于 2018 年 1 月 20 日就任总统满一年的美国总统特朗普，所得的支持率只有 39%，创历届总统同期支持率新低。2018 年秋季将迎来国会中期选举，这是对特朗普执政的中期考试，甚至对 2020 年总统大选具有预示作用。在选票的压力下，特朗普只有剑走偏锋，转移视线以保证“基本盘”。当然，他的如意算盘是否打得响，仍需观察。在这种背景下，中国需要做好应对准备，毕竟中美两国占全球产出的 1/3 以上，严重的贸易摩擦所带来的损害可能是巨大的，更不用说会对全球贸易体系产生的深远影响了。

四、特朗普的错误在哪里?

2018 年 1 月，美国贸易代表罗伯特 · 莱希泽尔发表《中国执行世界贸易组织承诺2017年度报告》，坚持不承认中国的市场经济地位，甚至出人意料地表示对当年同意中国加入WTO的懊悔。美国贸易代表的国会报告将中美贸易关系描述得非常糟糕，甚至比以前更糟。

中美贸易的现实并非如此，即使是采用美国官方的货物贸易统计数字，2006—2016年美国对中国的出口增长为116%，几乎是中国对美出口增长（61%）的两倍。而2017年前11个月美国对中国的出口增长为12.3%，而从中国的进口增长为8.9%。虽然近10多年来美国对中国的贸易逆差绝对额在上升，但与美国的经济体量几乎保持同步。根据美国统计数据，2007年美国对华贸易逆差是当年美国名义GDP的1.8%，到了2017年依然维持在1.9%的水平。以特朗普喜好邀功的性格，他应该对中美贸易的近期表现感到高兴才是。

2007年中国经常项目顺差占名义GDP的比重超过10%（净出口对GDP增长贡献1.5个百分点），2017年降到2%以下（净出口对GDP增长贡献0.6个百分点）。而美国经常项目赤字在2006年达到GDP的5.8%，2017年预计下降到GDP的2.6%。可见，中美两个经济体的贸易差额相对GDP而言都有相当程度的缩水，说明外部的不平衡情况有明显改善。

逻辑上，要减少贸易逆差，需要扩大美国对中国的出口，而不是减少美国从中国的进口。扩大对中国的出口，需要中国的支持，注定不可能通过“贸易战”的方式来实现，因为中国会采取应对措施；以报复性关税打击从中国的进口，只会提高美国企业的成本并降低美国家庭的收入，这些道理再简单不过。更重要的是，没有可信的证据表明，中国企业可以持续10年以低于成本的价格向美国倾销出口产品，这违反了基本的经济逻辑。

五、特朗普已成为全球自由贸易体系的最大威胁

我认为中美之间爆发全面“贸易战”的机会不大，这不符合美国的利益，也不符合特朗普实用主义的性格，因为中国的反制措施可能会很严厉。但是实施局部的、逐渐的贸易保护措施还是很有可能的，他要试探中国可以容忍的底线。从目前的形势看，我国受到美国贸易保护负面影响的行业按受影响程度排序为：钢铁 > 化工 > 其他金属制品 > 纸制品、橡胶制品、木制品 > 农产品 > 机电类 > 纺织服装。此外，美国动用“301 条款”制裁措施的可能性仍然存在，可能会对我国相关产业产生负面影响。20 世纪 70—90 年代，美国曾多次对日本启用“301 条款”并对日本进行制裁，对日本钢铁行业和半导体行业产生了显著的负面影响。此次美国知识产权调查最可能涉及的领域包含微型芯片，以及电动汽车在内的电子、机械、运输设备等高科技产业。

不过，我认为特朗普可能也不想打一场全面对抗式的“贸易战”，因为中国有足够强硬的反制措施，例如，限制美国的汽车和农产品进口。此外，中国可能什么也不做就能动摇美国的经济金融体系。一个近期的证据是：媒体传言中国将减缓或暂停其外汇储备在美国国债方面的配置，虽然中国官方否定了这一传言，但这足以让美国金融市场感到惊恐。

中美贸易摩擦不应该是我们关注的唯一重点。真正值得担忧的是特朗普的保护主义政策对全球贸易体系的伤害。二战结束后 70 多年来，美国曾经是推动建立自由贸易体系的重大动力，现在的特朗普却成了最主要的怀疑论者。他从竞选开始，就猛烈攻击各类双边和多边贸易协议；执政之后随即退出跨太平洋伙伴协议（最近又暗示要重新加入），威胁重新谈判北美自由贸易协议；公开表达对 WTO 机制的不满；等等。未来几年，全球贸易体制将面临的最大

威胁，也许就是特朗普对这一体系带来的冲击和破坏。

或许特朗普应该回到学校，跟着美国的经济学家学习究竟是什么导致了贸易的不平衡。经济学上的解释是，一国贸易的逆差或盈余是由该国储蓄和投资的关系所决定的，投资超过储蓄的国家会出现贸易赤字；反之则出现贸易盈余。但是，特朗普认为经常项目赤字是贸易不公平的证据，并将美国描述为自由贸易的受害者。特朗普这些难以自圆其说的言论真正的威胁是，美国作为全球最大的经济体，它的保护主义倾向可能会对全球自由贸易体系产生负面影响。不管怎样，几乎可以肯定的是，一场两败俱伤的“贸易战”不符合“美国优先”的政策目标。我们现在能做的，一方面是提升内需，降低对美国市场的依赖程度；另一方面是相信美国选民的智慧，留给特朗普的时间也许并不多了。

谨防贸易摩擦阴影下的战略误判*

一、美国贸易保护主义传统老调重弹

回顾美国建国后的贸易政策演变，在“贸易战”言论正盛的当下显得尤为重要。我们在关注中美之间密集的贸易政策对弈的同时，或许低估了美国贸易保护主义的历史渊源。

自由贸易替代重商主义作为主流的经济思潮，起源于18世纪的英国。李嘉图的比较优势理论，诞生在英国崛起成为世界主要工业出口国时期，这一历史背景不是巧合。在整个19世纪，美国是一个顽固信奉保护主义的国家，特别是在制造业集中的北方各州，例如，纺织业集中的马萨诸塞州和制铁业集中的宾夕法尼亚州，因为它们要面对来自欧洲大陆的产品竞争。北方的制造商因为高关税保护而获益，而南方的农业部门则要为贸易保护政策买单。南北战争之后，北方的意识形态占据上风，进一步强化了保护主义思潮。事实上，在1913年开始征收所得税之前，关税都是联邦政府的主要收入来源。

---

* 本文首次发表为招银国际“首席观点”研究报告，2018年3月28日。

美国长期的贸易保护和孤立主义政策，直到两次世界大战之后的 20 世纪中叶才逐渐式微，其原因并不是美国人突然开始醒悟，而是由于美国已经开始取代英国成为最大的工业出口国，商业利益驱使它接过起源于英国的自由贸易旗帜，在全世界推销美国产品。二战结束后，美国积极推动多边贸易体系，敦促其他国家开放市场。美国主导的关贸总协定以及后来的 WTO，构成了本轮全球化的制度基石。战后美国贸易政策的转变，也使得美国自身的实际关税水平显著下降（见图 5.1）。

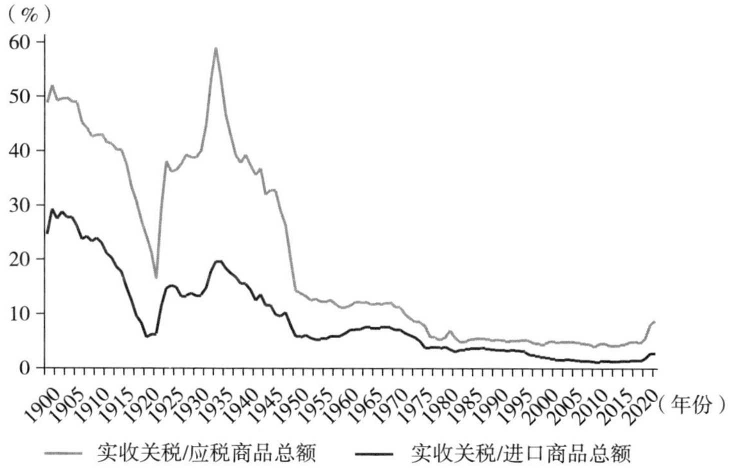

图 5.1　二战结束后美国关税水平显著下降

资料来源：美国政府，招银国际研究。

不过，自 20 世纪 70 年代日本和欧洲（特别是德国）崛起，并逐步在全球市场上与美国产品展开竞争。1971 年美国出现历史上首次贸易赤字，自此贸易保护主义的声音在美国死灰复燃，几十年来从未间断。从卡特总统开始，每一任总统都曾采取形式不一的保护主义措施，而针对钢铁业征收保护性关税更是经常被使用的手段。

近年来美国提出所谓的“公平贸易”并非新鲜事，它只是悠久历史的回音。19 世纪 30 年代美国保护主义制度的鼻祖亨利·克莱就曾倡导“贸易应当是公平、平等而且互惠的”，今天的特朗普对他称赞有加。可见，不论是积极推行自由贸易还是强调公平与互惠，美国主流的对外贸易态度取决于不同时期的贸易条件和产业优势。几百年来美国贸易保护主义从来没有离开过政治舞台，只是随着时代发展换了表达方式而已。贸易保护主义常搭着民粹主义的顺风车出现，而特朗普主政恰恰就是贸易保护主义等待的复苏时机。从历史看，美国具有悠久而顽固的保护主义传统，这一点可能是我们这一代人所忽视的。

二、在中美贸易关系上，美国对华贸易的主流民意可能出现逆转

反思特朗普之前对钢铁和铝制品加收关税的计划，从最初声称全球性关税，到逐步扩大豁免国范围，特朗普正在通过强硬的态度和灵活的策略在国际贸易谈判中争夺更大利益。在此过程中，民意支持是关键考虑因素。如果真如特朗普最初声称的那样提高进口关税，则对那些钢铁和铝制品进口依赖度较高的州而言是很不利的，而这些州大部分都是共和党的票仓。以这一点来看，特朗普的“高高举起、轻轻放下”就不太难理解了。

从太阳能板和洗衣机，到钢铁和铝制品，再到直接针对中国 600 亿美元的进口商品，特朗普的贸易保护政策目标逐渐聚焦于中国，这里面有他对美国主流民意的盘算，目的当然是要赢得选举。过去 30 多年来，特别是自加入 WTO 之后，中国产品在世界市场全面而快速地崛起，一个完全不同于西方体制的东方大国正在挑战

美国的经济“霸主”地位，这可能会彻底改变全球商业和地缘政治格局。对此，美国人深感威胁和沮丧：一方面，美国认为中国已经成为它最大的战略竞争对手，中国对美国利益的威胁是全方位的，特别是在高科技领域；另一方面，美国认为中国正在偏离西方自由经济制度的改革方向，市场化改革取得的成就令他们沮丧。美国持续的、庞大的对华贸易赤字，更是刺痛了美国贸易保护主义者的神经。可以预见，未来 10 年是决定中美竞争格局的关键时期，而中国也毫不掩饰其伟大复兴的雄心。

美国主流民意认为，即使不是完全失败，美国现有的对华政策至少是不成功的。所以，中美贸易问题就成了特朗普操纵中期选举的一个话题。事实上，特朗普的“贸易”加“移民”政策是他赢得总统大选的民意基础，尽管这是一个极端分化的民意。他显然打算故技重施。

三、贸易报复不可能取胜，坚持开放才是明智的应对之策

如果我们同意美国具有顽固的保护主义传统，那么就应该坦然接受这样一个残酷的事实：美国对中国的贸易政策不可能回到过去，这是中美力量竞争变化的历史必然，这个结构性原因与特朗普是否当政并无直接关系。就这个角度而言，不要设想特朗普下台之后保护主义就会烟消云散。

既然美国的保护主义兴起具有其历史必然性，那么我们应该怎样应对美国挑起的“贸易战”？正因为这是一个长期趋势，就不可以感情用事。媒体广泛渲染“贸易报复”，民众集体亢奋，声称“贸易战”中国必赢。这种观点没有任何理论依据，因为“贸易战”谁都是输家。重要的是，“以牙还牙”式的贸易报复措施本身就与

市场开放相悖，还可能导致对外封闭的民族主义情绪上升，后患无穷。

事实上，中国的对外开放还有很大的改善空间。中国的贸易开放程度虽然已取得巨大的进步，但从加权平均实际关税的水平来看，仍与世界主要经济体存在一定的差距（见图 5.2）。

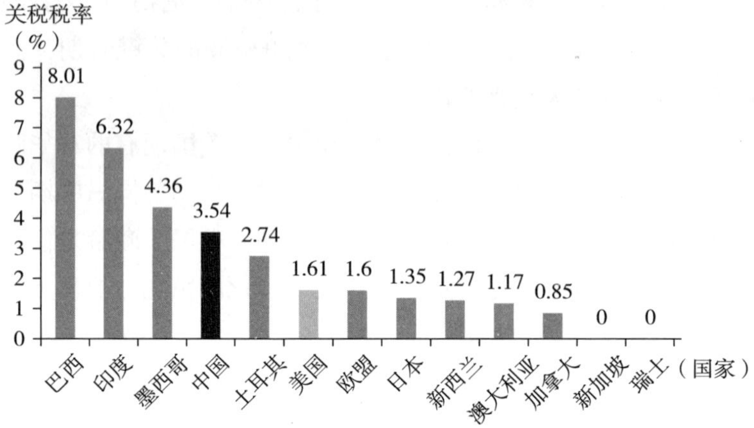

注：加权平均实际关税税率是每个贸易国对应的产品进口份额的有效税率加权平均值，按照联合国统计司的商品贸易数据计算进口权重。

图 5.2　主要贸易体实际关税税率比较

资料来源：世界银行，招银国际研究。

对外贸易的不平衡，在中美之间更加明显。我国的关税加权平均税率在过去 20 多年下降迅速，特别是在加入 WTO 之后。从 2001 年的 14.11% 削减到 2002 年的 7.56%。但是，自 2009 年以来中国的实际关税税率下降情况几乎处于停滞状态，近年甚至略有反弹。我们的整体关税水平与美国相比，还处于比较高的位置。美国从 2000 年起一直都保持在 2% 以下的水平（见图 5.3）。尽管两国的贸易结构和产业发展阶段不同，但不能否认中国仍有空间进行进一步对外开放并持续降低关税。

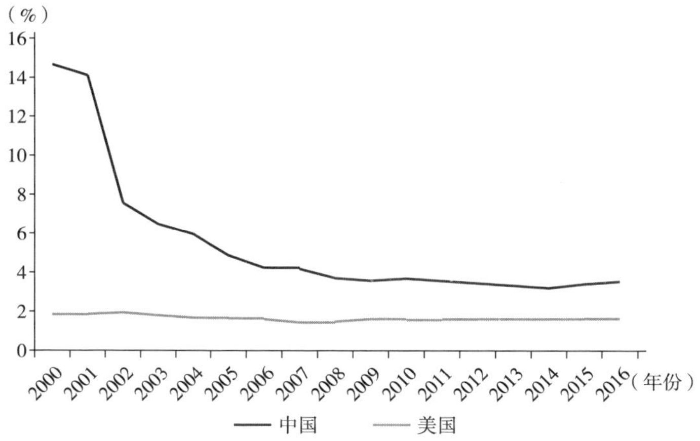

图 5.3　中美关税（加权平均）税率变化趋势

资料来源：世界银行，招银国际研究。

我坚定地认为，中国应该继续深化对外开放，不能陷入贸易保护冤冤相报的恶性循环。我们应当继续按照既定的改革步伐，推动贸易和投资自由化、便利化。习近平总书记在全国两会上指出，中国开放的大门不会关上。面对贸易摩擦，李克强总理强调中国将继续维护自由贸易，开放的门会越开越大，关上门等于挡住了我们自己的路。这一点非常重要，不能因任何形式的“贸易战”而改变。那些整天叫喊“贸易战”中方必赢的言论，可以休矣。

美国缘何远离多边机制转向双边谈判 *

2018 年 5 月 4 日，中美首轮贸易谈判美方提出了一个涉及广泛的诉求清单，市场关注的焦点集中在美方要求缩减中美之间的贸易赤字规模和要求中国停止对《中国制造 2025》相关产业的补贴之上，对几项涉及多边贸易机制特别是 WTO 的申诉案件的关注较少，实际上这是一个值得重视的领域。就在 5 月 8 日，中美双方贸易代表在日内瓦举行的 WTO 总理事会会议上再次针锋相对，议题集中且言辞激烈：美方抨击中国“颠倒黑白，是非不分”，中方批评美国“明目张胆地胁迫”。中美贸易争议从双边谈判到多边场合两条战线同时上演。我们有必要在中美双边贸易谈判进行的同时，梳理一下中美争论的缘由和可能出现的演变趋势，这关乎中美贸易关系和 WTO 多边机制的前景。

一、美方在中美贸易谈判中提到的 WTO 案件

首轮中美贸易谈判难以达成更多实质协议，唯有流传出的美方谈判诉求清单可供按图索骥。市场普遍关注的是美方要求缩减贸

* 本文首次发表为招银国际“首席观点”研究报告，2018 年 5 月 11 日。

易赤字规模和要求中国停止对《中国制造 2025》相关产业的补贴，而忽视了美方对于涉及 WTO 的四项案件的诉求。

在美方诉求框架的“保护美国科技和知识产权”部分，美国要求中国按照 DS542 案（《中国——关于保护知识产权的若干措施》）中美国提出的要求，于 2018 年内删除《中国技术进出口管理条例》及《中国中外合资经营企业法实施条例》当中的有关条款。DS542 案是 2018 年 3 月 23 日，由美国向 WTO 提出的诉中国知识产权保护相关措施的案件，美国主要援引《与贸易有关的知识产权协定》，控诉中国剥夺了外国知识产权持有者的权利，据此提出磋商要求。美方在首轮双边谈判中提出的条件，等于要求中国不经 WTO 磋商等阶段，直接接受其提出的申诉要求。

与知识产权相关的第二起案件是有关中国控诉美国的 DS543 案（《中国诉美国“301 条款”关税措施案》），美国要求中国在 2018 年 7 月 1 日之前撤回控诉，并承诺不就该内容再次上诉。该案件是中国在被诉 DS542 案之后很快做出的回应，于 2018 年 4 月 4 日关于美国“301 调查”违反 WTO 争端解决机制问题提出了申诉。中国认为美国的“301 调查”违反了 WTO 最惠国待遇原则，属于诉诸单边行动而非通过 WTO 争端解决程序。

此外，在该诉求清单的“执行”章节中，美国要求中国撤诉的案件还包括中国在 2016 年提出的 DS515 案和 DS516 案。这两个案件涉及前几年比较受到关注的中国“市场经济地位”的问题，美国（和欧盟）不认可中国加入 WTO 相关文件中关于中国入世 15 年后自动获得“市场经济地位”的“日落条款”。这两个案件目前分别处于磋商和专家小组调查阶段，即 WTO 争端解决机制的第一步和第二步。美方此次不仅要求中国撤诉此两起案件，还要求中国不再因为受到非市场经济地位的对待再上诉至 WTO 争端解决机制。

二、美国为何会在双边谈判中提出关于这几起案件的要求？

一个显而易见的回答是，美国对 WTO 的多边机制失去了耐心。1995 年至今，在诉至 WTO 的 543 个争端案件当中，中国作为申诉方的有 17 起（其中 12 起针对美国，5 起针对欧盟）；作为应诉方有 40 起（其中 22 起来自美国，8 起来自欧盟，另外 10 起来自其他国家和地区）。中国被诉案件涉及的法律点相对集中，主要是补贴与反补贴、进出口许可和征税、倾销和反倾销、贸易相关的投资等。在已经终结的 30 起被诉案件中，有 15 起败诉，另有 15 起在磋商阶段达成和解。

抛开双方的理据不论，美方针对贸易争端的解决途径，态度已经明显改变，那就是舍弃多边机制，付诸双边贸易谈判。也就是说，美国不想看到这些案件在 WTO 争端解决机制当中被拖延太久，也不想得到任何不满意的结果。无论是美方胜算大还是赢面小的案件，特朗普的贸易政策团队都希望通过双边谈判直接施压而迅速终结争议。可见，多边机制显然不是特朗普政府青睐的问题解决途径。从这一点看，在与中国的首轮贸易谈判中提到的几起涉及多边机制的案件，就不难理解了。

三、美国对 WTO 多边贸易机制有何不满？

美国与多边贸易机制的关系从来就不单单是由经济政策决定的，更重要的因素是国内政策和外交战略。美国传统的建制派政治精英在二战结束后推行多边自由贸易的主要目的很清晰：一是促进资本主义价值观和自由市场信条在全世界的传播；二是促进国与国之间的货物贸易相互关联，通过经济融合防止战争发生；三是助力美国企业在全球的扩展布局，维护美国的商业利益。

二战结束后美国贸易政策的制定权，有一个从国会到总统的演变过程。在 1974 年之前主要是由国会主导贸易政策。受制于选区选票的民粹压力，国会议员的贸易保护主义倾向严重，美国的平均关税一直是比较高的。而 1974 年的《贸易法》为总统开通了快速通道，总统可以不经过国会同意便同别国进行贸易谈判，有权根据互惠对等原则降低甚至取消关税。自此，总统拥有的“快轨权力”成了美国贸易政治当中分权制衡的重要方面。1994 年国会在强烈的保护主义气氛下曾拒绝延长“快轨权力”，在 2002 年又恢复了此项权力，并改称为“贸易促进权力”。

在摆脱民粹的制约之后，美国的建制派精英主导的行政部门致力于推进多边自由贸易，不论是民主党还是共和党执政，总统和行政部门都倾向于支持自由贸易和多边贸易体系。美国的平均关税由 1970 年的 6%，下降到 1975 年的 3.7%，再到 2018 年的 1.3%。

特朗普是一个另类，他颠覆了建制派精英长期以来所坚持的多边自由贸易理念。在特朗普的贸易政策目标中，所谓的“美国优先”可以理解为不讲政治、只讲利益。特朗普一直对 WTO 怨念极深，他认为正是 WTO，特别是中国加入 WTO 这件事，造成了美国制造业职位的流失。特朗普政府还指责 WTO 未能为全球贸易谈判达成新的规则，将美国禁锢在不合理的关税承诺当中。WTO 成立之前，美国与别国的贸易纠纷主要是通过双边谈判解决的，而美国往往能够如愿以偿。而 WTO 争端解决机制的建立使得大部分成员选择通过多边机制来解决纠纷，美国作为应诉方合计被诉 138 次，是所有成员当中最多的。由于 WTO 专家组的决定通常同情申诉方立场，美国的多项贸易政策被 WTO 裁决为违反国际贸易法，包括布什总统的钢铁关税。可以说，WTO 多边协调机制程序对美国贸易政策形成了一定的制约。

多边机制的流程和时间也是WTO受到诟病的原因。WTO的争端解决机制虽然比起国际法庭等其他多边机制效率更高，但平均结案时间也在一年以上，这个时间相对于美国国内的政治周期来说仍然过长。美国政府无意去改进这个问题：特朗普对WTO的一项重创在于其否决了填补由7名成员组成的WTO上诉机构空缺席位的人选，目前只剩4名成员处理不断出现的贸易争端案件，将架空甚至冻结全球贸易争端解决机制。WTO争端解决机制需要针对具体问题提出上诉；美国通过双边谈判就可以将各种要求一并提出，这无疑更符合美国惯用的谈判策略。

四、WTO多边机制面临严峻挑战

中国的崛起，使得美国原本支持多边贸易的条件加速改变。即使是美国传统建制派的政治人物，也开始对美国推行的多边贸易体系产生怀疑。2016年奥巴马政府曾阻止韩国法官在WTO上诉机构的连任。美国贸易代表罗伯特·莱特希泽早在2010年3月在《纽约时报》撰文指出，“世界已经深刻变化，那种认为国际体系需要去帮助其他发展中国家来追赶西方国家的思路已经完全过时了”①。

问题的核心还在于，美国需要在WTO拥有和保持的是绝对的领导力。美国曾经一度努力将WTO保持为一个亲美国的，或是由美国主导和规范的多边机构。历史数据反映出，美国通过WTO争端解决机制处理问题的效果比其他谈判机制更好，但美国依然着眼于其受到的政策约束和非优待地位，特别是在现在的WTO体系和

① As trade ministers have chattered on for nearly a decade, the world has changed. The notion that we should adjust global trading rules to help the rest of the world compete with the West has become outdated.

谈判中，美国并没有特别的优势。于是，特朗普选择远离和打击多边机制，进而转向美国擅长的双边直接对话机制。

诚然，WTO 多边机制在解决双边问题，特别是中美这样存在复杂关系的大国的双边贸易不平衡方面存在诸多不足，使我们不难理解美国想单独和中国谈。在解决双边复杂的贸易问题上，多边机制力有不逮，特定的双边谈判仍是必要的。不过，若 WTO 多边争端解决机制被架空甚至是冻结，对于全球贸易的打击无疑是巨大而深远的，这种可能性似乎越来越大，我们应该心中有数。

破解美国征税清单背后的密码 *

2018 年 9 月，美国正式对中国 2 000 亿美元输美商品征收 10% 的关税，按照计划到 2019 年 1 月 1 日税率还将提高到 25%。特朗普还威胁，如果中国胆敢反制，那么他就会对剩下的 2 670 亿美元中国输美商品征收关税。从 500 亿美元到 2 000 亿美元，再到全部 5 260 亿美元，税率从 10% 到 25%，美国步步紧逼，似有泰山压顶之势。但是，我们分析详细的数据发现，中国产品在美市场份额较高，他国一时难以替代，中国仍有一定的转圜空间。短期内我们可以“以打促谈”；中长期则要切实深化改革和扩大开放，让中国继续充当全球产业链的核心环节。

一、详细的数据分析

我们详细分析了 500 亿美元征税清单里的 1 097 项商品，2 000 亿美元清单里的 5 825 项商品，以及联合国商品贸易统计数据库公布的

* 本文首次发表为招商银行“首席观点”研究报告，2018 年 9 月 29 日。

全部 4 543 项中国对美出口商品的数据。根据 HS 编码[①]对上述两方面的数据进行了匹配。这里需要指出的是，美国公布的 500 亿美元和 2 000 亿美元清单，采用的是 HS8 分类，而联合国公布的数据是 HS6 分类，HS6 涵盖 HS8。在此基础上，我们计算了美国对中国 500 亿美元和 2 000 亿美元征税清单中每个 HS6 项目中国商品的“征税比例”。

$$\text{征税比例}=\frac{\sum \text{本HS6项目下美国征税的HS8分类金额}}{\text{本HS6项目下中国输美商品总额}} \tag{5.1}$$

我们进一步分析了 HS6 项目下，14 个美国主要进口对象国的全部输美商品，共计 40 690 项。在此基础上，我们计算了每个 HS6 项目中国和主要竞争对手国产品在美国进口市场上的“市场份额”。

$$\text{市场份额}=\frac{\text{某一国家在本HS6项目下对美国出口总额}}{\text{本HS6项目下美国进口总额}} \tag{5.2}$$

二、中国制造在美国市场的地位一时难以被撼动

（一）从总量上看，中国是美国最大的贸易进口国

2017 年，在美国 2.34 万亿美元进口规模中，中国出口的商品

① HS 编码，为编码协调制度的简称。其全称为《商品名称及编码协调制度的国际公约》。HS 采用六位数编码，把全部国际贸易商品分为 22 类，98 章。章以下再分为目和子目。商品编码第一、第二位数码代表“章”，第三、第四位数码代表“目”，第五、第六位数码代表“子目”。前六位数是 HS 国际标准编码，HS 有 1 241 个四位数的税目，5 113 个六位数子目。有的国家根据本国的实际，已分出第七、第八、第九位数码。

达到 5 260 亿美元，占比 21.6%，比第二位、第三位的墨西哥和加拿大分别高出 8.2% 和 8.8%，远高于日本和德国。

（二）从结构上看，中国对美出口商品高度集中

“机电产品”，也就是 HS85（电机、电气设备及其零件；录音机及放声机、电视图像、声音的录制和重放设备及其零件、附件）和 HS84（核反应堆、锅炉、机器、机械器具及其零件）两章的商品，在 2017 年我国对美出口额分别为 1 500 亿美元和 1 123 亿美元，分别占中国输美产品总额的 28.5% 和 21.4%，合计占半壁江山。HS94（家具；寝具、褥垫、弹簧床垫、软坐垫及类似的填充物品；未列名灯具及照明装置；发光标志、发光铭牌及类似品、活动房屋）、HS95（玩具、游戏品和运动用品及其零件、附件）、HS39（塑料及其制品）、HS87（车辆及其零件、附件，但铁道及电车道车辆除外）、HS73（钢铁制品）、HS60—HS66（针织物等零件等）也占比较大。

（三）中国输美重点产品市场份额较高，“头部效应”明显

占据半壁江山的机电产品（HS85 和 HS84）在美市场份额分别为 42% 和 32%，分别是第二位墨西哥的 2.5 倍和 2 倍。在其他输美重点产品类别中，中国的份额较低仅为 5%，HS90（光学、照相、电影、计量、检验、医疗或外科用仪器及设备精密仪器及设备；上述物品的零件、附件）为 14%，以及 HS29（有机化学品）为 17%。如果进一步细化，在 HS6 分类下前二十大中国输美产品（合计 1 909 亿美元，占比 36.8%）中，仅有 HS847150 一项的在美市场份额低于 20%。

（四）“一根筷子容易折，一把筷子难折断”

中国完备的工业体系既是满足现代复杂产品设计和生产的基础，更是嵌入全球价值链最大的竞争优势所在。虽然大部分中国商品仍处在全球价值链的中间环节，单个商品的竞争优势并不明显，但若从整个价值链体系看，完备的产业配套体系及专业性人才储备却可以形成合力，发挥产业链优势。举例来说，手机（HS851712）这一产品，中国在美的市场份额为79.7%，而第二名韩国、第三名越南的市场份额均不超过10%，这很大程度上得益于国内强大的研发、生产、装备、营销等一整套完备的产业链条。

三、美国心知肚明，加税过程精心设计

（一）美国对华征税清单的设计具有较明显的层次性和节奏感

针对某一类产品征税的三个条件：美国进口中国产品的规模大小；中国输美产品的市场份额大小；其他国家对中国出口产品的替代性。若美国自中国进口的某类商品规模不大，中国市场份额较低，且与其他国家份额接近，对中国产品的可替代性较强，则这类商品更可能成为美国的征税对象（500亿美元清单中多属于该类商品）；若美国进口规模较大，中国市场份额大，且可替代性很弱，则美国大概率不会对其加征关税；而处在二者之间的大多属于可征、可不征范畴，目前在美国对华追加的2 000亿美元关税的商品中不少属于此类。

（二）中国产品出口规模越大，被征税的概率越低

总体看，美国 500 亿美元和 2 000 亿美元两个清单，主要针对中国对美出口金额较小、征税后对美国物价影响有限的产品。从 500 亿美元清单看，这一体现尚不明显。从 2 000 亿美元清单看，则特别明显。HS84 和 HS85 征税比例分别为 41% 和 27%，而 HS94、HS87 和 HS73 等的征税比例分别达到了 78%、79% 和 69%。对于中国在美市场份额占比较高的（HS60—HS66）大部分商品，美国并没有将其纳入征税范畴。

（三）中国产品市场份额越大，被征税的概率越低

在 500 亿美元清单中，征税范围集中在少数几个技术较复杂、中国产品市场份额小的类别。该清单中，不少商品从墨西哥、加拿大等国进口的规模与中国相当，甚至超过中国，这表明美国在对上述商品加征关税以后，可以迅速在国际市场找到相关替代品，填补由中国商品所造成的市场空缺或可能带来的成本上升。

2 000 亿美元清单开始扩张到一些出口规模中等、市场份额占比较高的商品。研究发现，2 000 亿美元清单具有以下几个特点：一是对于出口规模较小的商品，不管市场份额多高，美国都倾向于征收关税；二是对于市场规模适度，容易被其他国家替代的这部分商品加征关税，目前该类商品已基本包含在 2 000 亿美元的清单中；三是对于中国不占绝对主导优势，或者征税对美国短期影响有限的部分商品，尽管出口规模较大，美国也已经开始征税。

我们进一步用气泡图描述了 500 亿美元清单中 HS4 类别下，中国对美的出口金额（气泡大小）、市场份额（横坐标）以及征税比例（纵坐标），从而用以衡量美国对中国征税的规律。从图 5.4 可以看出，

500亿美元清单的征税产品选择的多是中国对美出口金额不大的产品，而且明显呈现出市场份额越高征税比率越低的特点。从图5.5可以看出，2 000亿美元清单的征税范围已经比较广泛，除了两个金额最大的类别（两个最大的气泡）征税比率非常低之外，其他类别产品的征税与市场份额的关系并不明显（至少从气泡图上看是如此）。

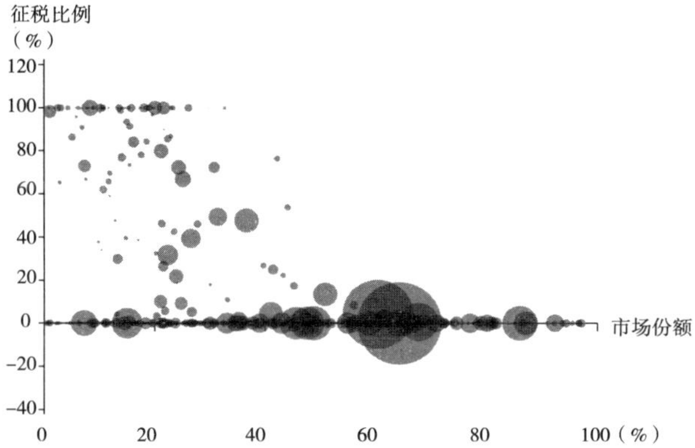

注：气泡大小表示该类产品的中国对美出口金额。

图5.4　500亿美元清单下的气泡图

资料来源：Comtrade，招商银行研究院。

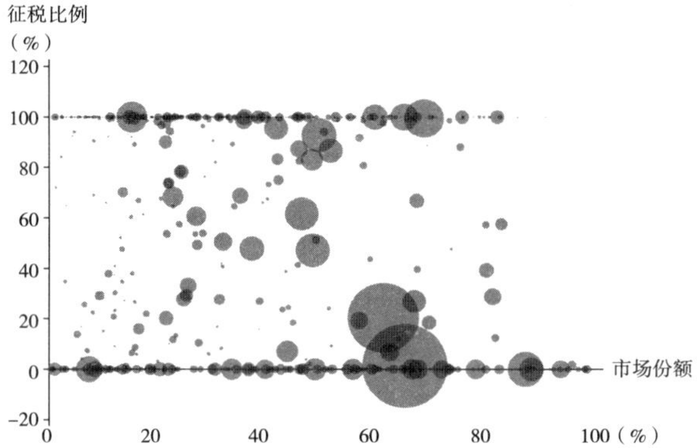

注：气泡大小表示该类产品的中国对美出口金额。

图5.5　2 000亿美元清单下的气泡图

资料来源：Comtrade，招商银行研究院。

（四）中国出口商品的可替代性越弱，被征税的概率越低

在 500 亿美元清单中，中国各类商品的加权平均市场份额占比为 34.4%，是第二名墨西哥的 3 倍；在 2 000 亿美元清单中该比例已扩大至 45.9%，是第二名墨西哥的 4 倍；而剩下还没有被征税商品的市场份额高达 66.5%，是第二名墨西哥的 13 倍。

基于经典个案的分析同样验证了美国征税清单制定者的老谋深算。我们进一步对 HS84、HS85 中占比较大的几类商品进行了 HS4 和 HS6 的类别对比，同样验证了出口商品规模越小、在美份额占比越低的商品，越早被加征关说，反之则越难加征关税。例如，在 HS8471 中，HS847170 规模不大，份额最小，最先被纳入征税范围，而 HS847130、HS847141、HS847149 三类商品由于在美国市场占绝对主导地位，很难被替代，因而还没有被纳入征税清单。HS8481 中的各类商品由于份额小、占比低，已经全部被纳入征税清单。其他商品征税情况与此相似。

四、我们还有一定的转圜时间

（一）短期内没有任何国家可以替代中国在全球价值链中的地位

我们梳理了 HS85、HS84 出口商品的全球分布，发现中国可谓一家独大，中国内地及中国香港的合计占比分别达到了 44.6% 和 25.1%；第二梯队中美国、德国、日本合计占比分别为 21.8% 和 32.6%；而第三梯队中印度、马来西亚、加拿大等国，合计占比均不超过 5%，虽然中国在全球价值链中的地位不高，但短期内没有

任何国家可以撼动这一地位，贸易摩擦的短期冲击相对有限。

（二）贸易摩擦也会推高美国物价，降低资源配置效率，美国也有与中国谈判的需要

全球价值链是数十年全球化市场分工的结果，贸易摩擦只会增加交易成本，加剧资源错配程度。美国劳工统计局的数据表明，特朗普政府对洗衣机加征 20% 的关税后，洗衣机在美国的市场价格于几个月内飙升了近 20%。据全美零售协会估算，若 2019 年初 25% 的关税正式生效，美国消费者将为家具价格上涨额外承担 45 亿美元的支出，为旅行用品额外承担 12 亿美元的支出。美国最大的零售商沃尔玛公司近期可能也在酝酿贸易摩擦后的首轮涨价。此外，中国对美国的贸易反击也会限制美国对华出口，加大美出口企业的生产压力。因此，短期内美国也有与中国谈判的需要。

（三）中长期产业对外转移可能是贸易摩擦对中国最大的挑战，但过程较为复杂，需要耗费一定的时间

大部分产品从工厂选址、投资建厂到产能输出可能需要数年甚至更长时间。而且，与低端加工业不同，多数机电类产品复杂程度较高，除工厂设备投资以外，还需要相应的产品配套体系和相当数量的专业劳动力。以苹果公司的生产为例，中国不仅具有相对低廉的劳动力，同时也拥有苹果公司在生产过程中所需要的大部分配套产业，更为重要的是中国还可以提供一大批专业能力极强的技术工人。厂房等设备的投资运作可能只需一年左右的时间，但完善的配套以及专业性劳动力的完善和培育却需要 3~5 年甚至更长时间的沉淀和积累。退一步来说，即使将苹果公司的生产线转移至美国等其

他国家，同样也会带来生产成本提升等问题。据有关测算，若苹果公司将 10% 的 iPhone（苹果手机）组装业务转移到美国，平均售价将上涨 8%；若转移 50% 或 100%，价格将上涨 14% 或 20%。

五、理性应对美国贸易摩擦

（一）短期应对：对冲和减税

第一，以打促和，做好政策对冲，尽可能降低贸易摩擦产生的不利影响。贸易摩擦没有赢家，中美都会面临经济下行和通胀上升的压力，对此双方应有客观、理性的判断，避免盲目乐观和悲观。

中国基建投资需求依然巨大，可以有效对冲出口回落，缓解经济下行压力。2018 年以来，受地方政府隐性债务清理等因素影响，基建投资大幅回落，但随着政府部门加快“补短板”以及隐性债务化解路径的明确化，基建投资潜力将逐步得到释放。通胀有望保持温和上涨，中国的反制措施可能会在一定程度上推高通胀水平，但整体影响有限。目前来看，温和通胀既有利于保持货币政策的整体稳定，也有助于提升名义收入，控制并降低宏观杠杆率。而且，国内金融市场对中美贸易摩擦的预期已较为充分，股市、债市、汇市风险在一定程度上得到了有序释放。

反观美国，情况似乎并不比中国乐观。面对经济下行压力，美国基建投资计划可能会步履维艰。一方面，美国就业水平已较为充分，基建投资反而会加剧经济过热；另一方面，美国政府债务高企叠加减税政策会进一步压缩基建投资空间。而且，美国征税清单中包括一大批生产生活必需品，加征关税必将推升其国内通胀，迫使美联储加快加息、缩表的速度，而这又会加剧美国股市、债市调整的压力。

第二，加大减税力度，改善市场预期，激发全社会活力。在货币政策空间和效果受限，社会总体杠杆率高企的情况下，加大减税降费力度成为当前政府可选的优先政策选项。对此，一方面，应以个税改革为契机，利用提高个税起征点及引入附加扣除项为居民减税，提高居民可支配收入，改善居民消费意愿，夯实消费升级的基础。另一方面，应适度降低增值税及企业所得税税率，减轻企业税负，改善企业盈利预期，激发经营活力，提高投资意愿，进而改善资本市场预期。

（二）中长期应对：加快产业升级，强化产业链优势

第一，保持战略定力，化压力为动力，加快推进国内产业结构升级。从全球产业链视角看，美国、德国、日本等国处在两端，占据高附加值部分，而中国仍以低附加值的中间环节为主。在对美出口国家中，德国、日本、英国、法国主要以汽车、医药、飞机零部件、艺术品和酒类为主；中国主要提供中间品或产品代加工，产业核心竞争力不强，关键核心技术受制于人。所以，面对中美贸易摩擦，保持战略定力，继续培育战略性新兴产业，做强《中国制造 2025》涉及的相关产业，才能真正掌握主动权，并立于不败之地。

第二，扩大对外开放，强化产业链优势，以更加积极的姿态融入全球价值链。完备的产业链是中国整体竞争优势的体现，也是应对中美贸易摩擦的底气。要充分挖掘中国庞大的市场潜力，以更加开放的态度，吸引国际优势产业进入中国、留在中国，强化产业链优势。此外，要以动态、开放的眼光寻找贸易伙伴，以“一带一路”倡议为契机，完善跨境融资支持机制，有效推进国际产能合作，拓展海外市场。

中美贸易协议执行情况评估*

2020年伊始，中美正式签订《中华人民共和国政府和美利坚合众国政府经济贸易协议》，美国对华平均关税由21%降至19.3%。2021年拜登正式上任后任命戴琦作为美国贸易代表，其提倡“公平贸易”而非“自由贸易”，支持关税的合理性，中美贸易再次成为焦点。2020年4月底戴琦表示维持目前的对华关税不变，将在评估中美第一阶段贸易协议执行进度后再行规划未来的对华贸易政策。同年5月27日，中美全面经济对话中方牵头人刘鹤与戴琦通话，中美贸易协议执行情况成为决定未来关税走向的关键因素。本文写在第一阶段贸易协议执行半年后，可管中窥豹当下中美贸易协议的执行情况。

一、新冠肺炎疫情下的中美贸易：相互依赖度增强

近年来，中美在政治、经济、科技和外交上摩擦不断，“脱钩论”甚嚣尘上。不过，与人们的直觉相反，2020年新冠肺炎疫情暴发以来中美贸易关系呈现出出乎意料的“韧性”。以中国出口情况

---

* 本文首次发表为招商银行“首席观点”研究报告，2020年9月29日。

看，2020 年 2—8 月美国市场所占份额由 13.6% 升至 19.0%；以美国出口情况看，第二季度对华出口率先回升，出口中国市场的份额由 5.2% 升至 8.0%，而对其他贸易伙伴的出口仍处于负增长区间。

中美双边贸易在新冠肺炎疫情困难时期的互相依赖，说明两国在过去 30 年构建的经贸关系具备相当的韧性。另一个影响因素就是中美之间达成的第一阶段经贸协议，即《中华人民共和国政府和美利坚合众国政府经济贸易协议》(以下简称《协议》)。

二、《协议》的内容与目标

《协议》的核心是中国扩大自美进口，要求 2020—2021 年“中国应确保在 2017 年基数之上，扩大自美采购和进口制成品、农产品、能源产品和服务不少于 2 000 亿美元”。其中，2020 年扩大进口目标为 767 亿美元，包括 329 亿美元制成品、125 亿美元农产品、185 亿美元能源产品、128 亿美元服务。

《协议》目标是以增量来描述的，即以 2017 年为基期扩大进口。而 2017 年是中国自美国进口（或美国对华出口）的峰值。在具体测算商品和服务的年度进口金额时，存在一个如何理解基数的问题。我相信两国的谈判团队对基数的理解不会有歧义，但从外界看，基期数据的口径仍模糊不清：究竟是基于中国进口数据还是美国出口数据？中美数据的差异，可能来自转口贸易、运输、保险成本以及关税等方面。根据美国贸易代表办公室发布的事实清单倒推出来的 2017 年基数，不仅高于美国当年的出口数据，也高于中国的进口数据（见表 5.1）。一种可能的解释是：美国事实清单的目标金额是其附件所列 558 种商品（HS 四位编码）分项进口目标的加总，而每一分项的基数很可能是单独选择的[①]，即一部分商品进口以中国数据为基数计算，另一部分商品进口以美国数据为基数计算。《协议》文本只约定了大类商品和服务的总增量，并没有给出558种分项商品的具体目标，这加大了外界评估《协议》执行进度的难度。

表5.1　基于不同数据口径计算的2020年中方自美进口目标（亿美元）

	《协议》文本中扩大购买的金额		基于中国进口数据		基于美国出口数据		基于美国事实清单数据	
	2020年	2021年	基数（2017年）	2020年进口目标	基数（2017年）	2020年进口目标	基数（倒推）	2020年进口目标
制成品	+329	+448	779	1 108	502	831	871	1 200
农产品	+125	+195	241	366	209	334	240	365
能源产品	+185	+339	68	253	76	261	116	301
服务	+128	+251	862	990	550	678	871	999
合计	+767	+1 233	1 950	2 687 +767	1 337	2 104 +767	2 098	2 865 +767
	合计增加2 000亿美元							

资料来源：USITC（美国国际贸易委员会），中国海关总署，招商银行研究院。

三、2020年上半年完成《协议》年度目标的25%

根据中美两国的公开数据，我们对上半年协议执行情况进行了估算。[②]在商品进口方面，两个口径匡算的结果基本一致：制成品、农产品和能源产品三大类协议商品进口额合计完成全年目标的

① 参见 https://www.csis.org/analysis/mystery-math-us-china-phase-1-purchase-figures-do-not-add。

② 中方数据来自“海关统计数据在线查询平台”；美方数据来自美国国际贸易委员会网站。

23%；线性估计对应上半年时点目标完成率为 46%（见图 5.6 和图 5.7）。在服务进口方面，受出入境限制的影响，上半年中国的服务进口不增反降。根据美国出口数据（服务贸易仅有美方数据），上半年美国对华服务出口累计同比下滑 33%，第二季度单季同比下滑 43.5%。美国对华服务出口 191 亿美元，按金额计完成率约为全年目标的 28.1%；线性估计对应上半年时点目标完成 56.3%。

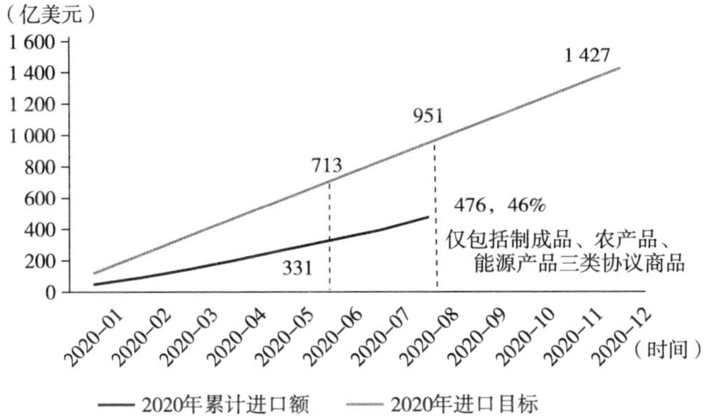

图 5.6 《协议》商品进口目标完成率（美国数据口径）

资料来源：美国人口局，PIIE（彼得森国际经济研究院），招商银行研究院。

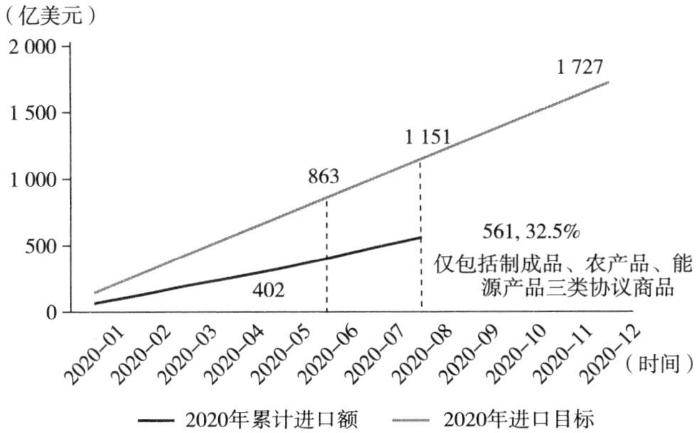

图 5.7 《协议》商品进口目标完成率（中国数据口径）

资料来源：中国海关总署，PIIE，招商银行研究院。

整体来看，上半年中国自美进口商品和服务共 521 亿美元（美国数据口径），《协议》总采购年度完成率为 25%，半年时点完成率为 50%。

四、2020 年下半年《协议》执行明显提速

观察协议执行的“动能”（进口当月同比）更有意义。进入第二季度，中国从美国进口和采购逐步提速，特别是能源产品。根据中国进口数据，第二季度以来我国自美进口金额显著回升，已恢复至疫情前水平，增速高于其他国家。8 月自美进口同比增速为 1.8%，自非美国家进口增速为 –2.4%。从分项数据看，第二季度以来《协议》相关商品进口增速显著回升，由负转正，高于其他非《协议》商品（–13%）。

在 1—8 月的美国数据口径下，《协议》商品全年目标完成进度为 33.4%；中国数据口径为 32.5%，均较 1—6 月提升了近 10%。

五、2020 年《协议》完成情况评估

要评估全年《协议》完成情况，需要进行逐项分析。数据上，制成品采购两国数据口径的差距不大；农产品采购中国数据口径高于美国数据口径；能源采购美国数据口径高于中国数据口径；而在服务贸易方面目前只有美国数据口径的数据。

（一）农产品

依据美国数据口径，1—8 月农产品采购完成全年进度的

28.7%，比上半年提速 9.3%。

由于占据中国自美进口农产品近六成（2019 年 54%），大豆进口对《协议》农产品采购目标的完成情况至关重要。上半年我国进口大豆同比增长 13%，但自美进口大豆增速为 –53.7%，主要由收割季节错位导致。上半年正值南半球大豆的收割旺季，我国自巴西进口大豆占比为 73%，从美国进口仅占为 17%。美国大豆的主要收割季在 10 月，相信下半年将迎来美国大豆进口旺季。我国大豆供给长期依赖进口，且目前大豆库存位于低位，为增加采购美国大豆提供了空间。进入 2020 年第三季度，中国开始加速采购美国大豆。7 月，美国农业部开始陆续披露中国买家签订大规模大豆采购合约，8 月 6 日单周购买量创 2016 年 11 月以来最高。

过去几年，我国大豆进口均在 350 亿 ~ 460 亿美元，若 2020 年进口总量达近年高位，在不影响我国与巴西、阿根廷的大豆贸易的情况下，预计最多可以自美进口价值 210 亿美元的大豆，较 2017 年增加 50%，对应《协议》中 2020 年农产品进口目标的 60%。

除大豆外，我国对其他农产品采购实现了强劲增长，1—8 月累计同比增速达 76%。其中，猪肉的采购同比增速大幅提高，1—8 月累计同比增长 251%，占农产品采购的比重从 2019 年末的 6% 升至 2020 年 1—8 月的 13%。此外，根据美国农业部高频数据，7—8 月我国加速购买棉花、玉米、高粱等农产品。考虑相关农产品收获期都在下半年，采购有望进一步加速，与历史规律相符。综合来看，除大豆外其他农产品的全年采购增速有望超过 90%，对应《协议》中 2020 年农产品进口目标的 40%。

综上，在乐观情形下，2020 年我国采购美国农产品的目标仍有可能实现。

（二）能源

1—8 月能源采购完成进度偏低，且中美两国数据口径差异较大。按孰高原则也只有 18.4%（美国数据口径）。原油占中国自美进口能源产品的八成，但第一季度采购金额明显受到价格大幅下跌的拖累。随着油价在 5 月回升，原油采购金额同比增速大幅回升，上半年累计同比增长 28%。5 月单月进口创 2013 年有数据以来最高。5—7 月，我国自美原油进口金额已恢复至疫前水平，处于贸易摩擦开始前的高位。

我国原油进口主要源自中东、西非和俄罗斯等地区，美国的份额一直很低（2%）。完成《协议》目标需要调整进口来源的结构，考虑到原油采购主要由政府企业主导且具有很强的执行能力，全年仍有可能实现协议目标。

以当前原油价格水平计（41 美元 / 桶），完成《协议》目标需自美进口原油 7 500 万吨。假设 2020 年我国原油进口量增长 10%（过去 5 年均值水平），则我国自美进口原油占比将由 2% 大幅提升至 13%，对其他来源地的份额形成一定挤出。

（三）制成品

1—8 月制成品进口累计完成率约为 40.0%（美国数据口径）。制成品包含的协议商品（HS4 位编码）种类最多，占 558 项中的 295 项。1—8 月中国自美进口制成品累计同比增速为 2.7%。占比最高的制成品分项包括集成电路（占比为 16.4%）、汽车（占比为 14.7%）、半导体制造设备（占比为 7.4%）和医学仪器（占比为 6.5%）。

制成品采购完成协议目标有较大难度。原因有三：一是从分项商品看，占比最高的四个分项涨跌不一，近期并无明显改善。其中，集成电路进口保持较强韧性；半导体进口增长强劲，但增速快速回落；汽车进口增速大幅受挫，虽然8月单月显著回升，但累计同比仍为–28.2%；医疗器械进口仍处于负增长。二是制成品项目进口弹性较小，从过去三年的经验来看，月度波动并不显著，8月当月同比增速已创近三年新高，下半年持续回升动力有限。三是制成品项目分项较多，进口主体多元而且多由市场主导，政府推动进口的能力不足。

我们预计，乐观情形下，2020年制成品采购目标的最高完成率约67%。

（四）服务

新冠肺炎疫情对全球服务贸易冲击巨大。1—7月我国服务贸易进口显著萎缩，逆差大幅缩窄43.4%。旅行、运输、知识产权使用费三大主要分项的逆差均大幅缩减，分别下滑46.8%、29.6%和7.9%。旅行项（含留学、旅游、就医）占总服务贸易逆差的八成左右，新冠肺炎疫情之下旅游项几乎完全停顿。运输项近期虽有所修复，但仍大幅低于疫前水平，7月当月同比下降–28%。在知识产权服务方面，中美贸易摩擦将对该项持续形成拖累。

我们预计，2020年服务进口将大幅缩减，《协议》目标的最高完成度仅为一半。

综上所述，乐观情形下，预计2020年协议目标完成水平为60%~70%。商品进口整体最高完成协议目标的80%，其中农产品和能源产品存在完成目标的可能，制成品最多完成目标的67%。服务类无法完成年度《协议》目标。

六、中美贸易关系展望

随着《协议》于2020年1月15日正式签署，2月15日生效（美国东部时间），历时两年多且不断升级的中美贸易摩擦终于偃旗息鼓，双方对加征关税按下暂停键。根据《协议》安排，双方会定期举行各层级会议，包括“指定官员”的每月会谈、“双边评估和争端解决办公室”负责人的每季度会议、定期宏观经济会议，以及每6个月的“贸易框架小组”会议。

在双方政治、外交和军事对话机制不畅的情况下，《协议》的对话机制可能超出贸易范畴，在当前中美关系极度动荡的时刻，成为两国之间为数不多的制度性对话通道。

基于上半年《协议》执行大大落后于时间进度，本应于2020年8月15日举行的第一次“贸易框架小组”会议取消，引发市场诸多联想。后来，在双方共同努力下，会议于当月25日举行。会后中美双方分别发表声明，表示将继续推动《协议》执行。

《协议》中规定了双方争端解决机制，如一方认为另一方的行为不符合《协议》，可通过申诉发起争端解决程序，由“双边评估和争端解决办公室”评估后，以最高效的方式进行磋商。若双方达成共识，可调整《协议》内容；若双方不能达成共识，被申诉方可退出《协议》。

总体来看，2020年我国对美国商品的采购难以全面实现《协议》目标，双方都应该有思想准备。从首次“贸易框架小组”会议的会后声明来看，美方对《协议》执行进度的心态十分微妙，为未来中美贸易关系的演进提供了启示。

首先，美方难以承认中方完成了《协议》内容。其次，美方应当也不愿意对《协议》内容做出有利于中方的调整。《协议》约定，“如因自然灾害或其他双方不可控的不可预料情况，导致一方延误，无法及时履行本协议的义务，双方应进行磋商”。现实中新冠肺炎疫情不可抗力的影响已经发生，但要承认这一点似乎与特朗普一贯的性格不符。最后，美方也难以退出《协议》。新冠肺炎疫情蔓延之下，美国经济仍然疲弱，对中国市场的依赖程度不降反升，《协议》的继续执行明显对美国经济有利。

在我看来，美方的最优回应就是延续《协议》框架，回避对数量性目标的定量评估，而注重对结构性问题的定性评估。这与美方在 2020 年 8 月 25 日声明的立场一致，暂时搁置《协议》执行的分歧，用时间换取空间。下一次高层级会议将在 2021 年 2 月 15 日召开，届时美国大选结果已经揭晓，中美贸易或将迎来全新的框架。

七、启示：坐下来谈

在中美关系全面倒退的背景下，中美贸易由于《协议》的存在而起到了“压舱石”的作用。2018 年以来，中美双方历经 13 轮艰难谈判，其积极意义不在于谈成什么样子的协议文本，而在于谈判过程本身，这一启示对中美关系的未来发展是极为深刻的。

回顾 20 年前关于中国加入 WTO 的谈判和这次的贸易协议谈判，我们都很容易将重点放在了最终的协议文本上。不管是当时为加入 WTO 而做出的承诺还是现在关于扩大从美国进口的承诺，都有人说我们让步太多。在激进民族主义抬头的今天，甚至有“不平等条约”的不实之说。

如何管控中美关系？关键在于“谈”。要避免出现最坏的结果，就需要回到谈判桌上，而不是隔空对骂。谈判就要准备做出妥协和让步。美方还不愿意撕毁《协议》，仍希望中国能继续扩大从美国的进口。

拜登新政与中美关系 *

2020 年 12 月 14 日，美国民主党候选人拜登获得 306 张选举人票，正式成为第四十六任美国总统。2021 年 1 月 20 日，拜登宣誓就职，正式入主白宫。特朗普执政时代宣告结束，但他留下的“政治遗产”还将继续对拜登新政产生深远影响。

特朗普执政期间，美国内政和外交均偏离了传统框架，其崇尚的单边主义和重商主义加速了逆全球化的浪潮，加剧了世界的动荡。新冠肺炎疫情冲击下，全球经济的波动和不确定性大幅上升。面对日益严峻的内忧外患，从政经验丰富的拜登将采取何种内政外交方略，值得关注。

拜登任期刚刚开始，从其竞选纲领、内阁构成等方面，可以管中窥豹，观察其新政的思路、逻辑和框架。目前来看，拜登新政将以内政为主，外交为辅，力求重塑美国领导力，维持单极化的世界格局。

一、内政：维稳、修复、增长

拜登面对的是特朗普政府留下的“烂摊子”：不断蔓延的新冠

* 本文首次发表为招商银行“首席观点”研究报告，2021 年 3 月 11 日。

肺炎疫情、遭受重创的国内经济、急剧分裂的社会。拜登胜选后面临着四大挑战，一是控制新冠肺炎疫情蔓延，二是恢复经济增长，三是弥合社会分裂，四是应对气候变化。可见，内部事务在拜登新政中拥有最高优先级。

在新冠肺炎疫情防控方面，由于特朗普政府防疫不力，新冠肺炎疫情在美国境内持续肆虐，新增确诊人数和死亡人数仍在快速攀升。新冠肺炎疫情对美国经济形成巨大冲击，其破坏力甚至超过有形战争。全美累计死亡人数已经超过两次世界大战和越南战争阵亡人数的总和。2020 年美国季度经济增速同比一度跌至 –9.0%，失业率升至 11.1%，均高于二战时期。防疫封锁和扩大社交距离阻断了正常的生产和生活活动，大量劳动者失去工作，尤其是服务业人员。居民工资等内生性收入大幅收缩，申领失业救济人数升至历史高点。新冠肺炎疫情对美国劳动力市场产生的负面影响是长期性的，尽管目前美国临时性失业人数迅速回落，但永久性失业人数却在不断上升。

在此基础上，新冠肺炎疫情加剧了美国社会的撕裂。不断拉大的贫富差距是美国社会分裂的根本原因。民意调研显示，美国民众普遍认为富人拥有强大的政治和社会影响力，而低收入人群发展机遇受限，使得美国阶层固化，造成“富人更富，穷人更穷”的社会现实。其中，美国不同种族之间的贫富差异尤为突出，新冠肺炎疫情大幅加剧了这一贫富差异，激化了美国的种族矛盾。2020 年 11 月的数据显示，美国白人失业率为 5.9%，非裔失业率则高达 10.3%。

这场危机与拜登任副总统时所经历的次贷危机不同，货币政策难以独挑经济复苏的大梁。原因是美联储的常规政策武器业已“弹尽粮绝”：政策利率已至“零下限”，资产负债表规模也处于历史峰值。

虽然，恢复美国的经济增长，在很大程度上，并不取决于宏观政策，而是取决于新冠疫苗的广泛接种带来的经济恢复，但是，政府的财政政策可以缓解民众在经济方面的痛苦。所以，拜登将更多依赖财政政策来达成目标，在刺激经济的同时兼顾公平。考虑到民主党在参众两院选举中取得全面胜利，加之财政部长珍妮特·耶伦极力支持加大财政支出以恢复经济，拜登上任后的首要任务，就是推出力度更大的财政计划，刺激消费、扩大投资，促进经济复苏。

首先是“保消费”。消费在美国经济总量中占比超过八成，是美国经济的支柱。为纾困居民企业，刺激消费，2020 年国会通过了几轮救助计划。2021 年，拜登又提出 1.9 万亿美元的“救助计划”，包括约 1 万亿美元的现金发放，4 160 万美元用于新冠肺炎疫情的应对和新冠疫苗的生产与分发，为全民免费接种新冠疫苗提供资金保障。

其次是“扩投资”。一是制造业投资。制造业外流是美国近年来面临的难题之一。拜登在竞选时提出的“美国制造”计划使其赢得了“铁锈地带”关键摇摆州的选民支持。这一计划将耗资 7 000 亿美元以建立现代制造业，提高制造业竞争力，力促制造业回流 。二是新基建。绿色经济是拜登经济学的核心，也是拜登经济政策的长期目标。政府将投资 2 万亿美元用于加大清洁能源和基础设施建设，以期在 2050 年前实现 100% 清洁能源经济，来应对日益严峻的气候变化挑战。此外，拜登还提出投资 3 000 亿美元用于多个领域的新技术研发，包括 5G、人工智能、新材料和电动汽车等。

同时，拜登还将通过调节税收、普及全民医疗和高质量教育来实现社会公平。税收方面，贫富差距扩大是社会分裂的根本原因。因而拜登主张提高对富人和企业的税收，减少低收入居民的税收，提高最低小时工资 ，从而缩小贫富差距。医疗方面，将保护并扩大“奥巴马医保”以实现“全民医保”。教育方面，为让美国人能够获得公平优质的教育资源，提升美国工人的技能和潜力，拜登承诺将投入 1.9 万亿美元用于普及学前教育、支持高质量 K–12 教育、降低高等教育费用负担，以求重塑自由平等、开放包容的社会环境。

二、新一轮财政刺激方案评估：收益与风险并存

美国东部时间 2021 年 3 月 10 日，总额约 1.9 万亿美元的新财政刺激计划《美国救援计划法案》在美国国会两院投票通过。这一法案的通过，被视为拜登上任后的第一个重大政治胜利。

新冠肺炎疫情暴发后，美国政府已推出了四轮共计约 3.9 万亿美元的财政刺激，对疫后经济迅速复苏起到了至关重要的作用。特别是第三轮“关怀法案”及其补充方案（共计约 2.7 万亿美元）减轻了新冠肺炎疫情对企业和居民资产负债表的冲击，复工后零售消费和就业超预期修复，带动需求“外溢”。与前四轮财政刺激相比，本次法案有三点主要不同。

一是本轮刺激法案未获共和党支持。法案存在较大争议，主要集中在必要性和可行性两方面。随着新冠疫苗接种率提高和新冠肺炎疫情得到控制，市场担忧过度的财政刺激将使经济过热，从而大幅推高通胀预期，迫使利率上行，打乱经济恢复节奏。二是多轮补贴使美国政府杠杆率突破 100%，达到二战时期的峰值水平。同时，法案“夹带私货”，包含一些与新冠肺炎疫情不直接相关的拜登竞选承诺和民主党长期政策目标，如增加有孩家庭的税收补贴以及扩大颇具争议的平价医保的适用范围并补贴保费等。三是法案对小企业的补贴力度相较前两轮显著降低，但对地方、州政府和学校教育机构等的支持力度提升。

民主党的“大政府”有可能刺激美国经济增长。根据穆迪测算，在拜登的4年任期内，美国年均经济增速将达3.8%，创造1 410万新增就业，并在2022年末达到充分就业。但天量的财政刺激将使美国政府的杠杆率快速上行。一方面，美国财政已严重收不抵支。新冠肺炎疫情下，联邦财政收支状况严重恶化，财政盈余连续18年为负；另一方面，即使提高富人和企业的税收，财政收入依然无法抵销巨额财政支出，公共债务的快速增长将影响美国经济的稳定性。美国国会预算办公室预测，2030年美国公共杠杆率将从2020年的98%升至106%；2050年将进一步升至195%，债务付息开支将占全年GDP的8.2%。

庞大的政府债务规模对财政可持续性形成了挑战。为了减少付息成本和融资成本，政府不得不把利率维持在低位。低通胀是低利率的前提，债务是否可持续将取决于未来通胀的走势。新冠疫苗接种和拜登新政巨大的财政支出，一方面提升了经济复苏的预期，另一方面也必将带动通胀预期的上升。随着通胀预期上升，宽松货币政策退出，利率上行，债务可持续性将面临挑战。

三、外交：回归美国传统

在以内政为主的情况下，拜登的外交政策意图明显，就是回归美国外交传统，输出美国价值观，最终“重塑领导力”。特朗普执政的4年间，美国外交政策完全偏离了传统框架，与传统盟友关系严重受损，国际领导力显著下降。拜登就任后将着力修复与传统盟友之间的关系，外交政策可能呈现与特朗普时期不同的新特征。

一是以内政为主，外交为辅。拜登竞选纲领中指出，美国国内的安全、繁盛、民主是保持外交领导力的先决条件。外交政策将根植于满足美国中产阶级的需求，建立一个具有活力、公平和强韧的社会，为“美国力量”提供源泉。在美国经济衰退、社会日益分裂的当下，外交的优先级下降，内政将处于拜登新政的核心地位。

二是外交政策回归专业，可预测性大幅提升。民主党主张“专业的人干专业的事”。从目前拜登提名的外交团队主要官员来看，这些候选人专业性极强，且几乎都有奥巴马政府相关部门从政的经验，与拜登具有较强的政策共识，因而在外交政策上更具备可预测性。不过，值得注意的是，虽然拜登政府在主要人员构成上与奥巴马政府大致相同，但由于中美相对力量的变化和意识形态冲突的加剧，拜登内阁官员对华立场明显转向“鹰派”。

三是重回多边主义，巩固和拓展盟友关系。民主党纲领中指出，盟友是美国国家安全中不可替代的基石，可以为美国提供巨大的战略优势。拜登就任后将重回“多边主义”并计划在任期第一年召开“民主峰会”，修复传统盟友关系并拓展认同美国“民主”的新盟友。具体来看，拜登外交将特别注重“加固”与欧洲和亚太盟友的关系，从而对俄罗斯和中国形成“包围圈”。在新盟友方面，人口和经济快速增长的非洲引起了美国的关注。民主党认为与非洲合作将有利于美国的利益和经济发展，将抓住苏丹和埃塞俄比亚脆弱的政治转换期，加强与非洲主要国家在贸易、气候变化、新冠肺炎疫情防控等方面的合作。

四是回归国际组织，重新构建美国的领导力。民主党认为，二战结束后美国所建立和领导的国际组织为美国带来了巨大的投资收益。只有在美国主导国际关系、决定国际规则、形成国际协议、领导国际机构时，美国的安全和繁荣才会得到保障。拜登就任后将马上重回世界卫生组织、联合国人权理事会、联合国人口基金会等国际组织，强化美国在国际事务中的领导地位。此外，拜登在就任当天签署重回《巴黎协定》的行政令，力求在防止气候变化和新能源经济的发展中占据主导地位。

五是开放移民。民主党认为开放边境并扩大难民庇护标准更能体现平等、自由和民主的“美国精神”。拜登将重申美国对寻求庇护者和难民的承诺，实施有效的边境检查，保留“童年抵美者暂缓遣返”计划，给予1 100万抵美者公民身份。在就任当天，拜登终止了特朗普对一些伊斯兰国家的移民禁令。拜登在任期内将着力使美国移民制度现代化，吸纳更多的移民以扩充劳动力市场并促进美国经济的增长。

四、中美关系前瞻：竞争与合作

随着中国经济快速崛起，遏制中国已经成为美国政界的共识。一方面，全球经济日益“双极化”，中美经济总量差距加速收窄，新冠肺炎疫情更是加速了这种趋势。有美国智库认为，中国经济将在2028年超过美国。另一方面，拜登认为美国不应该在清洁能源、量子计算、人工智能、5G等方面落后于中国，表明中美之间正在进行着一场面向未来的竞争。在特朗普对华持续进行负面攻击的情况下，美国民众对中国的负面情绪逐年加剧。根据皮尤研究中心的调研结果，2020年63%的美国民众认为中国崛起是美国最主要的威胁，而2017年这一比例仅为41%。

虽然美国对华强硬立场不改，但相较于特朗普的一味猛攻，拜登的对华政策具有隐蔽的“两面性”。拜登政府将在其优势领域与中国展开“竞争”，同时在部分领域与中国展开“合作”。民主党的纲领也印证了这一复合型的对华政策：将中国定义为“竞争者”，但同时提议在防控新冠肺炎疫情、应对气候变化等领域与中国合作。

在竞争方面，对华整体将延续奥巴马“重返亚太”的外交逻辑。民主党纲领中明确指出，美国将联合其亚太地区盟友共同抵御中国的崛起，在贸易、制造业、科技、地缘政治等领域对华施压。

关税仍然是传统经济竞争领域的主要工具。虽然民主党推崇自由贸易，但其支持的是“公平贸易”，并不完全反对加征关税。美国贸易代表戴琦在被问及新政府是否会延续特朗普政府对华贸易政策时表示，特朗普贸易政策的目的仅是填补贸易逆差，是一种被动防御的贸易政策；好的贸易政策应兼具攻击性和防御性，与国内和国际经济政策相协调。考虑到民主党对中国“竞争者”的定义，拜登并不会轻易废除特朗普的关税政策，而是会将之视为中美关系之中美方的筹码。由于拜登曾表示在全球经济恢复之前不会增加任何关税，美国对华平均关税短期内仍会维持。出于缓解和巩固盟友关系的需求，拜登或降低对欧洲和亚洲盟友的关税，间接提高对华关税。此外，考虑到美国及其盟友在中国对外贸易中的重要性以及中国对美国领先地位的挑战，拜登或在国内恢复安全和稳定后，联合盟友直接抬升对华关税，对我国外贸环境形成压力。

科技将成为中美竞争的新“战场”。科技创新是未来经济增长的主要驱动力，是未来各国竞争的焦点。民主党纲领中指出，只有当美国主导制定重要科技领域的规则时，才能最大化科技创新的收益并且最小化相关风险和混乱。由此判断，中美之间的“科技战”仍将持续，美国将继续加大在5G、半导体、知识产权等领域对中国的限制。

基于共同利益，拜登政府需要在多方面与中国开展合作。一方面，全球化高度发展，中美产业链深度融合，新冠肺炎疫情冲击下双边经济依赖度不降反升，表明中美难以“硬脱钩”。另一方面，作为全球最大的两个经济体，中美在全球治理的重大问题上缺一不可，如抗击新冠肺炎疫情、应对气候变化、防核扩散等。

总体上看，在竞争与合作并存的“战略性竞争”格局之下，中美关系将变得更加多维、复杂。

五、结语

美国总统的变更，并不会改变美国遏制中国崛起的野心。无论是经济还是政治政策，拜登的最终目标都是保持美国在全球的绝对领导力，稳固其“霸主”地位，我国仍将面临日趋复杂的国际环境。

短期内拜登将更集中于解决国内矛盾，如抗击新冠肺炎疫情和恢复经济等，中美关系迎来“窗口期”。我国可在具有共同利益的抗击新冠肺炎疫情、恢复经济、应对气候变化等方面表达合作意愿，恢复或拓展对话通道，如构建中美抗疫交流平台，协商碳排放目标，共建绿色经济等。但在中长期，我们需要清楚地意识到中美之间的“竞争”和“对抗”关系，主动调整经济结构，力促经济由“外”转“内”，构建“双循环”发展新格局，以应对外部环境的不稳定性和不确定性，保证我国经济社会稳定、协调发展。

后记

一

到招商银行工作已经5年了，这应该是我职业生涯的最后一站。从事经济研究工作并不是我青年时的梦想，甚至可以说我曾经刻意抵抗过这种命运的安排。

1984年大学毕业，我被分配到交通运输部人民交通出版社编辑部工作。在北京的两年，先是去印刷厂检字实习，再跟师傅学习文字校对，然后才学做专业图书的责任编辑。每天上班先去锅炉房打开水送到各办公室，然后开始8小时的工作，与厚厚的书稿打交道，夜里挑灯复习功课，单调得很。虽然在工作上受到各种表扬和提携，但我的心却早已飞向南方。1986年考上研究生，要去广州读书。我是出版社第一个考取研究生的，单位领导待我真的不薄，安排我作为先进工作者去北戴河疗养一周，编辑室还开了一个欢送茶话会。离开的时候用单位唯一的上海牌小轿车送我去火车站。走之前，编辑部的领导对我说你做文字工作是一把好手，可惜了。

我的硕士课题是关于过渡期香港中资企业的发展策略研究，

排名第一的导师时任香港中文大学工商管理学院院长。1989 年春，他邀请我去香港调研实习和撰写毕业论文。我给不少中资公司的领导写信求见，应者寥寥。招商局的领导接见了我，而这次见面也改变了我的人生。要知道，20 世纪 80 年代广东省正是对外开放的前沿，那时的蛇口就像是过去的延安，袁庚的改革试验充满感召力。毕业在即，我有两个选择：一是去香港工作，我认为招商局的领导看上我了；二是读博，导师对我的评价也还不错，要我继续读他的博士研究生。那年夏天，国内外形势急转直下，签证办不下来。秋天，我毕业留校做了一名大学教师。邓小平南方谈话之后，国门又打开了。我几乎同时收到交通运输部外派香港招商局工作的调函和香港中文大学博士研究生的入学通知书，而此时学校不愿意放人。几经波折，达成一致：学校同意将我借调到招商局，但人还是属于学校的，也只能在职兼读香港中文大学的博士课程。平日在香港工作，每个月还要回广州为 MBA（工商管理硕士）班授课。1993 年我在学校申请破格晋升，在最后的环节被卡住了。分管校长找我谈话，说只要你回来，就可以成为校史上最年轻的副教授。重要的是，他说我的性格只适合当老师。

到了 1995 年，我的多面人生混乱不堪。我倡议的招商局集团事业部制改革进入关键阶段，学校认定我是“借荆州”一去不返，我还在一家美资企业“炒更”赚外快，香港中文大学的导师对我的博士论文逐渐失去了信心。现在回过头来看，我最大的遗憾就是辜负了他对我的期望。我的导师热爱祖国，为推动我国经济管理教育的国际化做出过重大贡献，对我的学术素养和研究方法的培养倾注了心血。他认为我若能心无旁骛，集中精力做学术研究，应有一番成就。这话似曾相识，但彼时的我已经听不进去了。导师认为我在商界的前景未必平顺，可能会前路艰难。他的预言得到应验，我马上陷入了事业上的困境：企业机构改革举步维艰，学校离职手续办理困难，博士论文半途而废。

1996 年，我做了一个了断。离开招商局、从大学离职、放弃博士学位。我不想做学问了，要去看看外面的世界。后面发生的事情就简单多了。1997 年，一位师兄介绍我去美国洛杉矶，为广东某出口企业做融资工作。我在加利福尼亚大学洛杉矶分校附近租了一间公寓，白天无所事事，就常去这所学校听各类讲座，五花八门，一周总有三四次，这让我眼界大开。日常在校园闲逛，漫无目的，遇到什么课就蹭什么课，反正不要钱。有一次我忍不住参与了课堂讨论，被老师赶了出来。许多的傍晚和不相识的墨西哥人、黑人踢街球，我的英语腔调有点街头的味道，就是那时候练成的。1998 年我去加拿大温哥华，在当地的银行工作，做过前台柜员，也做了一小段时间的财富顾问，主要是卖互惠基金和理财产品。进入新千年，北美互联网泡沫破灭，金融机构裁员，我只好回香港另谋出路。好在招商局领导不计前嫌，收留了我这个回头的浪子。我于 2001 年初再次加入招商局集团的发展研究部门，为亚洲金融危机后的战略重组做些策划工作；2009 年主动要求回内地工作，先是去招商证券分管卖方研究工作；2017 年再调至招商银行创办招商银行研究院。

兜兜转转，最终还是做了一名经济研究人员，继续与文字打交道。我现在才明白，当年的编辑部领导、大学校长和我的导师都是对的，我的职业道路似乎是注定的——最终回归书桌。

二

经济研究不好做，涉及公共政策的讨论更难。难在哪里？难在需要有人做“魔鬼代言人”。

“魔鬼代言人”这一概念，可以追溯到中世纪的罗马天主教会。

教廷在册封圣人的过程中会指定一位或几位专家担任“魔鬼代言人”，他们的职责是质疑封圣候选人中的美德和神迹，与支持封圣的“上帝代言人”进行辩论，主要背负着“挑毛病者”的使命。如果过不了“魔鬼代言人”这一关，是无法被封为“圣人”的。

教会的安排显然是为了争论而争论，但争论本身是具有意义的。约翰·密尔在《论自由》中提出“反驳的自由”：要认定某个观点正确，就要没有任何反驳可以推翻它，这与不允许有任何反驳有着天壤之别。反驳的意义在于确认真相，这就是“魔鬼代言人”的使命。

根据市场原则，通过自由竞争，商品价格会被收敛到适当的水平。意见市场也一样，通过辩论和反驳，优秀的思想会脱颖而出，粗劣的观点会被淘汰。在一个组织内部，越是直言不讳，越能提高决策的质量。否则，就会出现决策理论上所说的“团体迷思”，形成一种表面上团结一致的错觉。

政治心理学家欧文·贾尼斯研究过一系列重大历史事件背后的决策过程，发现诸多如“猪湾事件”“水门事件”“越南战争”等由高学历精英集合在一起，最终却做出极其愚蠢决策的案例。不论个人的知识水平有多高，志同道合、背景相同的人聚在一起，决策的品质都会下降。2021 年 8 月，美军仓促撤离阿富汗导致乱象频生，成为国际笑柄，这可能也是“团体迷思”的产物。这时就需要一位“魔鬼代言人”，有意识地“在鸡蛋里挑骨头”。

约翰·肯尼迪总统在讨论如何应对“古巴导弹危机”时，指定他的弟弟、司法部长罗伯特·肯尼迪和他的撰稿人泰德·索伦森担负起“魔鬼代言人”的角色，专门针对各种应对方案提出反驳意见，以彻底揭示相关的风险和弱点。最后，他拒绝了参谋长联席会议先发制人的“武力攻击”方案，而选择了温和的“海上封锁”方案。如果当时没有设置“魔鬼代言人”，或许今天的世界就不一样了。

作为市场机构的经济学家，在参与讨论公共政策议题时，应该有意识地扮演类似“魔鬼代言人”的角色，尝试从政策的制定者和辩护者的对立面思考并立论，这样才能提高决策的质量，减少政策失误的可能性。从这个意义上讲，“魔鬼代言人”可能是令人不快的，但也是不可或缺的。这就是经济学家的使命。

三

我在招商证券工作的时候出版过一本名为《资本市场札记》的集子，销量并不好。早年参与的译著、教材和论文集，都是20世纪90年代的作品，市面上已经难觅踪迹。我一直对是否再出版一本新的文集有些犹豫。更重要的是，我一直在思考，数字图书和屏幕阅读已经伴随我们10多年，纸质书籍是否还有阅读价值的问题。

对大多数阅读者而言，纸质图书与数字图书不同。纸质阅读有点像冥想，我们的注意力集中在静止的页面上。与屏幕阅读相比，纸质阅读提供了一种完全不同的触感和深邃的沉浸感。在自媒体充斥的时代，人们阅读屏幕的速度太快了，一切都在指尖快速流逝。这正是数字阅读的陷阱所在，如此随意、快捷和方便，以至于我们没有时间真正辨别、理解和思考我们所阅读的东西。

“标题党”就是这么来的。屏幕阅读者过于依靠标题来获取主要观点，无暇顾及复杂的细节、推理和论据，甚至没工夫去甄别信息本身的真伪。一切都发生得太快了，一切都匆匆而过。这就是屏幕阅读的“浅水假说”，对于复杂的、专业的主题，这种浅的阅读通常是无法理解其中的内容的。或许，该停下来，体验一下纸张的质感、油墨的味道和书页“沙沙”作响的声音了，这对某些人来说仍是具有吸引力的。所以，我接受同事们的建议，将过去几年的文章汇集成书，寻觅那些执意进行纸质阅读的知音。

本书将我过去发表的研究报告重新归类，分为大流行病与经济对策、转型与增长、金融监管、资本市场策略和中美经贸关系 5 个部分。读者可能会发现我喜欢数据和细节，不善于宏大叙事，这与我的经历相关。这些文字大都在各种杂志专栏和招商银行研究院公众号上发表过，此次出版又做了全面的整理和修订，删去了大量的数据图表，保留了原始的观点。

我要感谢我的同事，特别是谭卓博士和颜琰博士，还有我以前的助手成亚曼博士，他们都做了大量的案头工作；感谢招商银行研究院的领导孙怀宇、谭海鸣、陆小磊对此项工作的大力支持。

感谢高善文博士为本书作序。早就拜读过他的研究报告，为他的深刻见解所折服，8 年前才有机会和他一起去沃顿商学院进修，颇有相见恨晚之感。感谢中信出版集团，专业水平高超的编辑和精美的装帧设计，为此书增色不少。

在我的职业道路上，要感谢的人太多、名单很长，一一铭记在心，在此打住不表。

丁安华

2021 年 11 月